JULIAN ASSANGE
O GUERREIRO DA VERDADE

JULIAN ASSANGE
O GUERREIRO DA VERDADE

WIKILEAKS
A BIOGRAFIA DO CRIADOR

Valerie **Guichaoua** & Sophie **Radermecker**

Tradução
Luiz Roberto Mendes Gonçalves
Thaïs Costa
Denise Tavares Gonçalves

PRUMO
retratos

Título original: *Julian Assange – Wikileaks: Warrior for Truth*
Copyright © 2010 by Valerie Guichaoua and Sophie Radermecker

Todos os direitos reservados. Nenhuma parte desta obra pode ser reproduzida ou transmitida por qualquer forma ou meio eletrônico ou mecânico, inclusive fotocópia, gravação ou sistema de armazenagem e recuperação de informação, sem a permissão escrita do editor.

Gerente editorial
Jiro Takahashi

Editora
Luciana Paixão

Editor assistente
Thiago Mlaker

Assistente editorial
Diego de Kerchove

Revisão
Rebecca Villas-bôas Cavalcanti
Ivan Suvarin

Capa, criação e produção gráfica
Thiago Sousa

Assistentes de criação
Marcos Gubiotti
Juliana Ida

Imagem de capa: @ Jillian Edelstein/CAMERA PRESS LONDON/cogitomedias

CIP-Brasil. Catalogação na fonte
Sindicato Nacional dos Editores de Livros, RJ

G971j   Guichaoua, Valérie
        Julian Assange, o guerreiro da verdade: WikiLeaks, a biografia do criador / Valerie Guichaoua, Sophie Radermecker; tradução Luiz Roberto Mendes Gonçalves, Thaïs Costa, Denise Tavares Gonçalves. – São Paulo: Prumo, 2011.
        312p. : il. ; 23 cm

        Tradução de: Julian Assange Wikileaks : warrior for truth
        Caderno de fotos
        ISBN 978-85-7927-128-1

        1. Assange, Julian Paul. 2. Wikileaks (Organização). 3. Editores e edição - Biografia. 4. Radicais - Biografia. 5. Abertura de informações ao público - Aspectos políticos. 6. Segredos de Estado. I. Título.

11-1614.   CDD: 920.4
                                                                     CDU: 929:655

Direitos de edição para o Brasil: Editora Prumo Ltda.
Rua Júlio Diniz, 56 – 5º andar – São Paulo/SP – CEP: 04547-090
Tel.: (11) 3729-0244 - Fax: (11) 3045-4100
E-mail: contato@editoraprumo.com.br
Site: www.editoraprumo.com.br

Sumário

Prefácio 9

INTRODUÇÃO

A prisão 13

PARTE I | O MUNDO COMUM

Capítulo 1: A Ilha Magnética 19
Capítulo 2: Élise 23

PARTE II | O APELO DA AVENTURA

Capítulo 3: Mendax 31
Capítulo 4: Diálogo de *hackers* 37
Capítulo 5: Sophox 45

PARTE III | VOLTA À REALIDADE

Capítulo 6: Élise e Xavier 51
Capítulo 7: Experiências de vida (1990 - c. 2006) 57

PARTE IV | OS MENTORES

Capítulo 8: A influência materna 69
Capítulo 9: Inspiração e referência 73

PARTE V | A TRAVESSIA DO LIMIAR

Capítulo 10: A gênese do WikiLeaks 81
Capítulo 11: A organização 85
Capítulo 12: O primeiro vazamento 95
Capítulo 13: Julian visto por Élise 103

PARTE VI | PRIMEIRAS PROVAÇÕES

Capítulo 14: Uma série de vazamentos 111
Capítulo 15: O projeto B 119

PARTE VII | ALIADOS, INIMIGOS, DISSIDENTES

Capítulo 16: A Islândia como base 133
Capítulo 17: Um companheiro de jornada 139
Capítulo 18: O amigo que lhe quer bem 145
Capítulo 19: Um comitê holográfico 147
Capítulo 20: O dublê 151
Capítulo 21: Cryptome 155
Capítulo 22: DDoS: Daniel Domscheit-Berg, ou Schmitt 159
Capítulo 23: Davi e Golias 173
Capítulo 24: Apoio político 179

PARTE VIII | NO CORAÇÃO DA CAVERNA

Capítulo 25: Herança 189
Capítulo 26: As sombras de Assange 193
Capítulo 27: Ondas de choque 199
Capítulo 28: Uma parceria inusitada 209
Capítulo 29: Revolução 217
Capítulo 30: Virada de 180 graus 225
Capítulo 31: Transparência 233

PARTE IX | O TESTE FINAL

Capítulo 32: O homem e seu oposto 245
Capítulo 33: Represálias 251
Capítulo 34: Histórias de procuradores 257
Capítulo 35: Confronto de verdades 265
Capítulo 36: Rumo à rendição 271
Capítulo 37: Atrás das grades 279

Conclusão 287
Epílogo 291
Agradecimentos 295

Prefácio

Nossa história humana está ligada aos mitos através do imaginário. Ao longo de nossas vidas, atravessamos diversas etapas que nos abrem para nós mesmos. Alguns tornam-se heróis. A palavra pode parecer forte, no entanto algumas grandes personalidades marcarão nossas vidas para sempre.

O desafio aqui era avaliar as realizações de um homem vivo, Julian Assange, que deseja mudar o mundo. Longe de qualquer julgamento, acompanhamos seu caminho do nascimento até hoje. Desejávamos compreender o homem por intermédio de sua história. Não para julgá-lo, mas sobretudo para apresentá-lo o mais perto do que ele é e, sobretudo, do que ele permite ver de si mesmo. Tivemos a intenção de separar sua história pessoal de sua missão, colocando em evidência suas realizações pela liberdade de imprensa e de expressão na internet.

Parece-nos claro que os atos de Julian Assange podem elevá-lo à posição de herói, como definida por Joseph Campbell[1]. Na verdade, desde seu envolvimento na aventura da internet, Julian Assange superou diversos desafios que fazem dele um homem extraordinário. Por sua determinação a seguir o caminho da verdade, ele viveu um longo processo de autodescoberta e revelou sua personalidade.

Nosso objetivo era reunir e cruzar informações suficientes para que o público se faça outras perguntas, além das propostas pela mídia. Julian deve ser julgado como um homem ou merece ser considerado o guerreiro da verdade?

Ao perscrutar o vasto mundo imaterial da internet, encontramos pessoas envolvidas e responsáveis: *hackers* e blogueiros em busca da verdade e engajados a favor do compartilhamento da informação. Também constatamos que alguns deles estão às vezes mais bem documentados que os jornalistas. O WikiLeaks, na verdade, redefiniu o papel da mídia.

É por isso que introduzimos os personagens fictícios de Élise e Xavier. Eles são inspirados em nossos encontros com *hackers* e blogueiros, assim como em nossas leituras de *blogs*. Eles representam os indivíduos que agem na rede. Desejamos, assim, prestar-lhes uma homenagem.

---

1 – Joseph Campbell (1904-1987) é um mitólogo americano célebre pela reflexão sobre os heróis, pelas motivações, pelos sucessos e também pelos erros.

Julian Assange, para chegar à sua posição de herói, precisa de tropas que o sustentem. Pessoas que são, elas também, atraídas pela aventura da internet e que acompanham e confortam sua ação.

Como homem, ele também deve enfrentar as acusações que lhe são feitas. Cada um poderá compreendê-lo ou condená-lo depois do esclarecimento feito por este livro. Julian Assange é um herói de nosso tempo por ter ousado ir longe em sua ação. Envolver-se e agir sob o risco de sua vida no que ele acredita já nos parece honroso. Ele nos mostra que um grupo de homens pode erguer-se contra uma burocracia perfeitamente desorganizada. Nisto, achamos que sua ação merece ser ressaltada.

Ousar agir além do comum faria dele um homem melhor? Não acreditamos. Somos apenas espectadores do caso Assange, atualmente em conflito com as autoridades, enquanto também temos um papel a exercer na defesa de nossas liberdades na internet. Que possamos nos mobilizar diante dos atos de governos do mundo inteiro, que tentam controlar o fluxo de informações na rede.

Que este livro possa apaixonar e informar, para que cada um se posicione e reaja através de uma reflexão justa, uma opinião justa e uma ação justa. Homens e mulheres já se envolveram: Kristinn Hrafnsson e Jacob Appelbaum, por seu trabalho constante no WikiLeaks; Birgitta Jónsdóttir, por seu posicionamento comedido em relação a Assange e por sua ação a favor da liberdade de imprensa, acompanhada por Smari McCarthy; John Young, por seu envolvimento através do *site* Cryptome; Daniel Domscheit-Berg e seus companheiros, na tocha que acendem com o OpenLeaks, e muitos outros ainda...

O exército dos guerreiros da verdade se levantou. Hoje cabe a nós, os combatentes, escolher nossa fileira antes de sermos obrigados a aderir àquela da maioria silenciosa, das pessoas sem força de opção, a dos fantasmas do mundo.

Julian Assange está hoje em sua provação final? Podemos lhe conceder a posição de herói? É a vocês, leitores, que cabe decidir.

Introdução

Não há história tão terrível, nem acidente do destino...
que a natureza humana, pela paciência, não consiga superar.
– Eurípedes

A prisão

Segunda-feira, 6 de dezembro de 2010, em uma hora improvável da noite. Julian está completamente imóvel diante de seu computador, a não ser pelos pés que batucam um no outro. Sue está ao seu lado. Ela presta atenção à tela e de vez em quando toca o teclado para que o computador não entre em repouso.

Quando Vaughan entra na sala, ela o olha com ar de interrogação.

– Não se surpreenda, ele é sempre assim quando está concentrado – diz.

Vaughan de repente tem a impressão de ser um pouco inoportuno, mas Julian sorri para ele. Julian sabe fazer isso muito bem, fazer a pessoa sentir que é muito importante para ele, enquanto a maioria das pessoas na sua situação se sentiria bem mais preocupada por você testemunhar esse tipo de coisa. Vaughan aprecia muito esse atributo da personalidade.

Vaughan Smith é o anfitrião de Julian Assange desde sua chegada à Grã-Bretanha. Ofereceu-lhe sua bela mansão georgiana de dez quartos como endereço residencial, para que Julian pudesse ser libertado sob fiança.

Vaughan Smith é um cidadão britânico de 47 anos. Ex-oficial granadeiro no mesmo regimento de seu pai, ele se torna um pioneiro do videojornalismo independente nos anos 1990. Cobre pessoalmente vários conflitos pelo mundo, como Iraque, Afeganistão, Bósnia, Kosovo e outros mais. Para garantir a cobertura desses conflitos, fundou uma agência de notícias *free-lance* com outros três jornalistas, a Frontline News TV, a fim de representar os interesses dos jovens jornalistas-videografistas e de promover seu trabalho. Em 2003, prosseguiram sua ação pelo jornalismo independente, criando o Frontline Club, cuja vocação é promover uma melhor compreensão da informação internacional.

Vaughan não tomou o partido de Julian, mas, quando o viu nas mãos da polícia britânica, decidiu garantir que não fosse privado de seus direitos mínimos.

Essa decisão o fez viver o mais estranho Natal de sua vida.

Tudo começa pela forma que esta noite tomará: todos reunidos ao redor de um computador, falando via Skype com Mark Stephens, um dos advogados de Julian em Londres.

Julian passa o tempo todo sentado diante de sua máquina, totalmente imerso; é impossível interrompê-lo. Vaughan pensa um pouco em uma forma de descontrair o ambiente; imagina a si mesmo perambulando pela vasta sala de jantar fantasiado de palhaço, entoando cantigas de Natal. Mas ele bem sabe que Julian não prestaria a menor atenção nessa brincadeira em sua homenagem. Ele tem essa mania bem pessoal de ficar hipnotizado pelo monitor. Mas quando alguém o cumprimenta gentilmente ele se interrompe de repente e pode passar meia hora conversando.

Mark faz um resumo da situação; todos o escutam com atenção.

O relato termina, Julian se levanta e aproxima-se da lareira. Olha para as chamas que dançam. Nesse exato instante, está a mil quilômetros da mansão do século XVIII. Os amigos e simpatizantes presentes começam a discutir, mas a conversa para rapidamente, pois todos ouvem o pedido de Mark Stephens. Julian os escuta e continua silencioso. Alguns propõem hipóteses. Parece que há várias opções. Mas, como gravetos de palha, Assange queima uma a uma.

Ele não quer agir como se houvesse algo a esconder. A polícia britânica disse que o queria e ele se entregará.

Sue e os outros comentam essa decisão. Vaughan pega sua câmera e começa a filmá-los enquanto preparam a logística. Ele não trabalha para o WikiLeaks. Não quer nem entrar na discussão de se o WikiLeaks está certo ou errado. Para ele, a questão é antes de mais nada continuar de pé diante do tirano. Ele ainda quer crer que seu país, que é historicamente tolerante, independente e uma terra de acolhimento, continua fiel a seus valores fundamentais.

Depois de alguns minutos, Julian despenca no sofá. Ele se deita e dorme. Está em pé há 48 horas. Vaughan para sua câmera; não vai filmar as instruções nem as decisões.

Algumas horas depois, é preciso preparar-se. Mark e a equipe encarregada de sua defesa pediram que Julian viesse às 7 da manhã. Ele deve se apresentar à polícia às 9. Sue e Jeremy tentam desesperadamente apressar Julian, e fazem tudo para que o ambiente continue agradável e o mais descontraído possível. Brincam com ele, embora sabendo que há muito pouco tempo para isso.

Todo mundo está exausto. É chegada a hora de entrar no carro. Sue retém as lágrimas ao embarcar atrás de Julian. Vaughan dirige; o silêncio é pesado, entre a tensão e a esperança de que todos voltem naquela mesma tarde.

Quando chegam à casa de Mark Stephens, ainda está escuro. Vaughan percebe um fotógrafo que aguarda diante do advogado. Sua máquina está pousada no capô do carro. Ele bem mereceria tirar algumas fotos por ter tido a coragem de esperar assim no frio glacial da madrugada em Londres, mas não vai conseguir. Eles estacionam um pouco mais à frente.

Mark combinou o encontro em um pequeno bar perto dali. Eles tomam o café da manhã em uma sala dos fundos. Julian está com muita fome; não jantou na véspera.

Mark entra imediatamente no assunto principal:

— A polícia mudou a delegacia na qual você deve se apresentar para o relatório diário — diz a Julian.

Julian começa a comer sem responder, mas escuta atentamente. O tom de Mark Stephens é grave mas reconfortante. A tensão que Julian sente é palpável. Sem suportar mais, Sue se levanta e sai para fumar.

Jennifer Robinson chega poucos minutos antes de eles partirem. A advogada loura, jovem e dinâmica é especialista em mídia, difamação e direitos humanos. É Sue quem dirige; Vaughan fica ao seu lado. Julian está cercado pelos dois advogados. Mark Stephens passa quase todo o trajeto ao telefone; Julian está mais uma vez pregado ao computador; trabalha na declaração que fará em virtude do mandado de prisão europeu emitido contra ele.

A tela emite sua luz conhecida sobre os passageiros do carro.

Pouco depois, Vaughan nota que a tela entra em repouso. Julian não faz um gesto para reacendê-la. Seu olhar traspassa o tenebroso pequeno retângulo. Suas ideias se turvam naquele exato momento. Nuvens de opções angustiantes assombram seu espírito. Vaughan desvia o olhar para a rua para encontrar em si mesmo um pouco de empatia pela situação de Julian Assange.

Quando eles se apresentam diante do edifício branco da delegacia londrina da Holmes Road, o destino que ela dará a esse mandado ainda não está claro.

O portal azul se abre. O carro o ultrapassa em um segundo, um segundo difícil de viver para Julian. Um segundo em que tudo desfilou em sua cabeça em uma mistura de sentimentos; a vontade de fugir misturada com coragem, o desespero ao lado de uma fé furiosa. "Eu fiz o que tinha de fazer."

As grandes portas voltam a se fechar. Um universo balança. Vários policiais sem rosto cercam o carro. O espaço do veículo se restringe enquanto os passageiros são mais ou menos analisados. Mark e Julian saem. Uma mulher de uniforme indica a Sue um lugar minúsculo, onde ela tem grande dificuldade para estacionar o carro. Ela está incomodada. Sente uma onda de calor ao longo da espinha e uma leve umidade nas axilas. Gostaria de suavizar esses momentos penosos, e poderia gritar para o mundo: "Por que tornar as coisas ainda mais difíceis?".

Ela e Vaughan sentem-se intimidados. Vaughan já havia visitado delegacias e prisões, mas nunca havia se sentido tão pouco à vontade. Em que pele está vivendo nesse momento, pergunta-se. Jornalista, acusado, amigo, representante do Frontline Club?

Depois de estacionar o carro, eles correm para encontrar Mark e Julian. Um policial lê com voz clara as quatro principais acusações suecas. Julian escuta o homem, com o rosto impassível. Sabe há muito tempo que acendeu um pavio que agora queima até a explosão. WikiLeaks não pode ser detido, os vazamentos não podem mais ser interceptados, a marcha começou, aconteça o que acontecer.

Um homem diante da justiça. A mídia muitas vezes o apresentou como um indivíduo frio, calculista, quase maquiavélico, saindo subitamente de seu esconderijo como o diabo. O principal esconderijo era, certamente, o Frontline Club, local no qual diversos membros puderam entrevistá-lo.

Vaughan considera por um instante o mal que a mídia causou a Assange, transformando-o no Bin Laden da internet. "Terrorista" é a palavra que aterroriza todo mundo hoje. Agora a atenção está completamente fixa na discussão entre Julian e o tribunal, para que ninguém se concentre nas opacidades dos sistemas políticos que os vazamentos do WikiLeaks expuseram à plena vista.

Quem, hoje, fala sobre o verdadeiro combate do homem do WikiLeaks? Ninguém. Fala-se em um homem suspeito, acusado.

Segundo essa cobertura da mídia, Julian não pode mais ser considerado um indivíduo comum. Vaughan descobriu um homem certamente criativo e obcecado, mas também engraçado e alguém que sabe tomar distância em relação a si mesmo. Através das revelações do WikiLeaks, ele despertou um vulcão, e as consequências são inevitáveis, a lava queima. Na opinião de Vaughan, o ataque das autoridades só demonstra fraqueza. A vítima talvez seja vulnerável, mas sua mensagem, já muito difundida, está pronta para ser repetida várias vezes.

Vaughan não gostaria de abandonar Julian porque, sem se esforçar para dizer se o WikiLeaks é bom ou ruim, ele quer acreditar que seu país luta por princípios fundamentais como a justiça, e decidiu ingressar nas fileiras.

Parte I
O mundo comum

A infância sabe o que quer. Ela quer sair da infância.
– Jean Cocteau

1
A Ilha Magnética

Um céu muito azul, um mar extraordinariamente límpido, rico, com uma diversidade excepcional de fauna e flora na barreira de coral. A areia é branca e fina. O verde vivo das árvores contrasta maravilhosamente com o cinza dos rochedos. Esse pequeno paraíso tem um nome predestinado, o de Ilha Magnética. O capitão Cook a batizou assim em 1770, devido ao efeito aparente que Magnetic Island teve sobre a bússola de seu navio, enquanto ele navegava ao longo das costas australianas.

Magnetic Island fica a 8 quilômetros de Townsville, no Queensland, costa nordeste da Austrália. É uma grande ilha montanhosa, com 52 quilômetros quadrados. Ou um minúsculo ponto no mapa-múndi. Uma ilha sobre a qual ninguém fala. Cerca de mil habitantes, isolada. Paraíso dos surfistas, ela vive do turismo, graças à beleza de seu parque natural de 27 quilômetros quadrados.

Em 1971, Christine Assange chega aqui com suas malas e o pequeno Julian Paul. Mãe solteira, ela aspira a uma vida simples e natural para ela e seu filho. Quer ser livre e viver sem códigos. Magnetic Island é nessa época um lugar de reunião dos *hippies* australianos. É o estilo de vida que Christine adotará, passando a maior parte do tempo de biquíni.

Julian e sua mãe vivem primeiro na praia de Picnic Bay, em um pequeno chalé que custava 12 dólares por semana.

Em 1973, Christine inicia um relacionamento com um diretor de teatro itinerante. Julian terá então um pai durante alguns anos, um pai que lhe dará um nome. O homem se chama Brett Assange.

À beira-mar ou em uma fazenda abandonada, Jules, como sua mãe gosta de chamá-lo, tem uma infância muito livre. Movimenta-se bastante, mas sabe perfeitamente se ocupar sozinho. É um pequeno Tom Sawyer. Passeia, observa a natureza, pesca. Constrói uma balsa, ou cava um poço, tem até seu próprio cavalo para percorrer a natureza do nordeste australiano. Inventa redes de túneis e pontes.

Um dia, cai de uma árvore e quebra o braço. Ele mente para o pai sobre o acidente. Este reconhece no menino uma certa coragem, mas Julian não quer demonstrar seus sentimentos. Quer ser mais forte que aquela dor. Ele pensa que caiu por erro. Deveria ter escolhido melhor seu apoio na árvore.

Brett o descreve como uma criança especial, de uma inteligência afiada e muito autoconfiante. Ele lhe dá, ainda hoje, um apoio incondicional em qualquer coisa que faça.

A vida do teatro itinerante, da qual Christine Assange participa, os faz mudar muito. Eles levam uma vida de ciganos, não conformista. Brett e Christine montam juntos pequenas produções teatrais excêntricas, especializadas em marionetes. Quando tem pouco mais de 5 anos, Julian se diverte desmontando e montando material de vídeo, áudio, refletores, todo tipo de coisa que Brett traz para casa. Este vê que Julian é uma criança diferente das outras, às vezes capaz de violentas explosões de raiva.

Brett é um pai gentil, mas bebe. Pouco depois de Julian completar 9 anos, Christine termina o relacionamento com ele. Então começa a frequentar a casa de um músico amador com o qual terá uma relação tumultuada.

Christine casa-se então com esse "suposto" filho de Anne Hamilton-Byrne, membro de uma seita australiana homônima. Ela terá um filho dessa união. Em 1982, o casal se separa e briga pela guarda do meio-irmão de Julian. Christine quer proteger seus filhos daquele homem violento. Além disso, conhece os preceitos da seita. Anne Hamilton-Byrne tem "sob a asa" 14 crianças que isola completamente do mundo, que droga regularmente para mantê-las calmas e deixa famintas para ter um controle total sobre elas. Ela sabe, por seu companheiro, que Anne submete as crianças a uma disciplina de ferro que inclui frequentes castigos corporais.

Julian sempre sentiu medo desse homem manipulador, que mais tarde qualificará como um "perigoso psicopata". Para não atrair a fúria de seu padrasto, ele fica muitas vezes em silêncio e o observa, como que fascinado. O homem tem em sua carteira nada menos que cinco cédulas de identidade prontas para serem usadas. Ele inventa sua vida à vontade, seu trajeto e até a cidade onde nasceu!

Christine foge então com os dois filhos. Eles têm de se mudar com frequência, mudar de cidade e às vezes de nome. São perseguidos tanto pelo ex-marido de Christine como por problemas com o sistema de seguridade social.

Julian passa de escola em escola para escapar do padrasto. Sua capacidade de adaptação é especial, pois ele não se mostra afetado por esse modo de vida excepcional. Algumas crianças acham horrível mudar de escola, mas ele gosta.

Tem gosto pela errância, como a mãe. Os ancestrais de Julian pelo lado materno chegaram à Austrália em meados do século XIX. Vieram da Escócia e da Irlanda, em busca de terras para cultivar. Assange desconfia, meio brincando, que sua propensão à errância seria genética. De qualquer modo, foi um modo de vida que ele conheceu desde a infância. Não se preocupar com mudanças, apreciar essa perpétua descoberta e redescoberta de paisagens e de seu ambiente.

Ainda hoje ele adora viajar. E diz que muda de local de moradia a cada seis meses em períodos calmos!

Ainda criança ele não suporta a injustiça. Enfurecia-se quando um bando atacava um menino sozinho. É desse tipo de criança que deixa as aranhas correrem, enquanto todas as outras só querem pisá-las.

Depois de deixar Brett, Christine muda-se com o pequeno Jules para a cidade de Lismore, 1.500 quilômetros ao sul. Ele frequenta a escola primária de Goolmangar, perto de lá. Goolmangar é uma comunidade particularmente rural, cercada de campos a perder de vista. Julian tem dificuldade para se integrar a essa escola, para entender-se com os outros alunos, filhos de fazendeiros de espírito mais terreno que ele. Para contornar essa dificuldade, Christine dá aulas em casa. Conforme os anos e os lugares onde eles pousam, ela matricula os meninos em cursos por correspondência. O importante para ela, antes de tudo, é que a personalidade de seus filhos não seja comprometida pelo sistema escolar. Ela já lhes ensina a não respeitar cegamente as figuras de autoridade.

Ao crescer, Julian forja um caráter sólido, não distante dos outros, mas verdadeiramente centrado em si mesmo. Passa horas lendo na biblioteca. Devora os livros que caem em suas mãos, um atrás do outro. Anota certas frases, que transforma em lemas. Ele forma assim sua própria bíblia, ao redor de suas ideias e de suas convicções profundas.

Compreender, cruzar, refletir.

Antes dos 14 anos, Julian já frequentou 37 escolas. Nesse momento ele mora na periferia de Melbourne, em frente a uma loja de informática. É nessa loja que Julian escreve seus primeiros programas. Christine não tem meios para lhe comprar um computador. Mas sua paixão nascente e suas predisposições lhe valem o direito de passar várias horas por semana nas máquinas da loja. Conscientizando-se das aptidões do filho, Christine economiza o que pode e lhe dá seu primeiro Commodore 64, de segunda mão. O jovem rapidamente consegue entrar em programas conhecidos nos quais seus criadores deixaram mensagens escondidas.

Ele tem então uma atração fatal pelas máquinas. Uma máquina é algo muito simples. Se ela comete um erro é porque você se enganou. Não é porque ela não o ame, nem porque se sinta ameaçada por você, nem porque você seja um pequeno bandido, nem porque ela não goste de ensinar e que ela não deveria estar ali. É preciso jogar, só isso.

E decifrar um programa é como jogar xadrez, um jogo intransigente. As regras são simples. Não há acaso, e o problema é muito complexo. São desafios na medida do espírito de Julian Assange.

O rapaz vive como *outsider*. É um pequeno grupo que se identifica assim, encolerizados contra a cultura dominante e ferozmente decididos a criar dificuldades para todas as cabeças bem-pensantes.

Em 1987, Julian Assange ganha um modem que lhe permite transformar seu computador em um portal. Ele tem 16 anos. Nessa época, pode-se comprar um modem por 90 dólares. É o aparelho indispensável para os apaixonados por computadores. Os *sites* da *web* ainda não existem, mas desde 1984 a internet é utilizada e mil computadores estão ligados através do mundo. São principalmente *sites* de universidades e governos que se conectam.

Na juventude australiana, enquanto a maioria se diverte com Flight Simulator, outros brincam de entrar em rede. Julian faz parte destes. Passa inúmeras horas diante do computador. Quer conhecer diferentes sistemas, compreendê-los e aperfeiçoá-los.

É como programador capaz de invadir os sistemas mais seguros que ele ganha nome. Não sabe ainda que para alguns vestirá a capa de justiceiro da verdade. Ele escolhe ironicamente seu codinome inspirando-se em uma fórmula do poeta romano Horácio: *splendide mendax*, ou seja, "mentiroso brilhante". É possível esconder a verdade em um fim justo? É a pergunta principal que Julian Assange se faz então. Essa interrogação ele já responde pela negativa. Não há ninguém para julgar o que é bom ou ruim no lugar do próprio indivíduo. Então, ele vai trabalhar nesse sentido. Codinome: "Mendax".

2

Élise

Élise acende o aquecedor elétrico e deixa a água escorrer. Seu corpo pede um banho bem quente, como ela gosta. Tira lentamente as roupas. Primeiro a gola desce, ela massageia o pescoço e os ombros. Depois desabotoa o *jeans* e libera finalmente os quadris. As peças se amontoam no chão como pele morta. Uma blusa bege cai sobre o pulôver azul, meias finas e a calcinha branca enfeitam o montículo. Ela respira e sorri. Finalmente só.

Entra delicadamente na banheira, atenta à reação de sua pele em contato com a água a quase 40 graus.

Ela se alonga e mergulha agora até as orelhas. Está como que numa caixa de alta pressão. Os ruídos de fora são surdos e perdem toda a importância. Seu corpo sobe e desce calmamente na banheira, ao ritmo de sua respiração. Ela deixa o espírito divagar. O mundo não existe mais, Élise não existe mais. É apenas um prolongamento da água que a sustenta e a absorve sucessivamente.

Uma lágrima sobe a sua pálpebra, então ela mergulha o rosto na água. As pequenas alegrias, os remorsos, o passado, as grandes felicidades desfilam em sua cabeça, poucas coisas exprimíveis, apenas emoções.

Ela passa sobre o corpo um creme para banho com perfume de orquídea e se deixa invadir pelo aroma delicado. Imagina-se cercada de flores, fecha os olhos e respira forte por um instante.

Élise dobra naturalmente os braços sobre o peito e depois abre os olhos. Seu pé desliza pela parede da banheira, ela passa a corrente ligada à tampa do ralo entre os dedos do pé. Sua pele está ligeiramente rubra devido ao calor do banho. Ela aspira os eflúvios de orquídea ainda presentes. O espelho do banheiro está coberto de vapor, ela sente calor. Seu pé brinca um pouco com a corrente, alguns segundos de imobilidade. O tempo fica suspenso. Depois, instintivamente, puxa a corrente de uma vez. O ambiente do banheiro muda. A água começa a escorrer ruidosamente pelo ralo, seus ouvidos se abrem para os ruídos lá fora, a banheira se esvazia. Ela tenta deter o tempo permanecendo imóvel. Agora não há mais água na banheira, que não passa de um ninho frio e duro. Ela precisa se decidir a sair.

Élise veste um pijama de microfibra e escolhe um par de meias rosa para alegrar o conjunto. Sai do banheiro cheirosa, o dia de trabalho já longe. Dirige-se para a cozinha para preparar uma bandeja, que leva para a sala em poucos minutos. Uma salada de lentilha, uma tortinha de queijo, um iogurte natural e uma maçã. Ela liga a TV. São 19h44 do dia 5 de novembro de 2010. Julian Assange é o convidado do telejornal da TSR, um dos canais da Suíça francesa.

O jornalista inicia a entrevista falando de combate com os Estados Unidos. Élise sorri dessa frase. É possível que um homem sozinho entre em combate contra a superpotência? Ela conhece um pouco o movimento WikiLeaks, mas não seu porta-voz. Xavier lhe falava a respeito de vez em quando, até quatro meses atrás. Pouco antes de se separarem. Élise se lembra que ele apresentava o movimento explicando que queria liberar a informação invadindo segredos de Estado, de bancos ou de grandes organizações. Eles divulgam milhares de documentos em seu *site* na internet, acessível a qualquer pessoa. Até mesmo os jornais usam o *site* para levar informações aos cidadãos.

Para dizer a verdade, antes daquela noite de 5 de novembro de 2010 Élise não havia se interessado pelo movimento. Xavier passava tempo demais diante do computador. Então seu combate havia se voltado contra o WikiLeaks e aqueles *hackers*-jornalistas-ideólogos que acreditavam poder mudar o mundo divulgando informações pela internet.

Eles pregam a total liberdade de imprensa e uma difusão maciça de informações em bruto. Ela não sabe muito mais que isso. Nunca visitou o *site*. Ela se lembra principalmente de ir para a cama sozinha, Xavier grudado ao computador por causa de alguma informação de que o mundo necessitaria. Ela o revê em pensamento, os olhos vagos, lembra-se de que diversas vezes ele tentou lhe explicar o teor de seu envolvimento. Todas as vezes ela freou suas tentativas com uma frase picante. Sentia-se em competição com o movimento. Xavier estava de tal modo transportado por sua missão, tão entusiasmado com a ideia de que estava no caminho certo... Seu relacionamento se esgarçou, com Élise sentindo que não estava à altura, que não o levava tão alto como parceira. Quando ele começou a viajar, na primavera anterior, ela travou sua última batalha.

– Se você for embora, vamos acabar nos separando...

– Élise, é uma coisa importante demais. Isso vai realmente mudar as coisas.

– E por nós, você não quer mudar as coisas?

– Escute, eu posso lhe contar alguns detalhes e você vai compreender.

– Não quero saber mais nada, Xavier.

Ela perdeu a guerra e Xavier viajou. Ele voltou em 5 de abril, e em 6 de junho deixou o apartamento. Dividiram educadamente os bens comuns. Ela ficou com o quarto, Xavier levou a sala. Cada um tinha sua escrivaninha, o resto eram coisas sem importância. No verão, Élise comprou um sofá branco e uma mesa baixa quadrada. Ela acaba de comprar uma pequena poltrona de couro marrom que combina perfeitamente com o conjunto. Sente-se bem nesse lugar tão seu. Ela mudou muito nesses quatro meses.

Élise observa a encenação do telejornal. O jornalista está à vontade e sorri quando cumprimenta Julian Assange. Este é filmado quase de costas, e Élise nota que se acomoda ligeiramente na cadeira quando o apresentador cita seu nome. Suas costas parecem rígidas e, a não ser por um primeiro sinal de cabeça do jornalista, Élise sente que ele controla cada um de seus movimentos. A câmera gira e revela o rosto de Julian Assange.

Ele tem a pele pálida, apesar da maquiagem televisiva. Sua testa é larga e alta. Os cabelos, que parecem tingidos, são penteados para trás. Isso acentua ainda mais o tamanho da testa. Seus olhos cinzentos fixam o jornalista, e um pequeno sorriso impassível se desenha em seu rosto. Élise observa o homem atentamente, como para melhor perfurar seus segredos. Ele pisca os olhos várias vezes. Estaria ligeiramente nervoso? Mas nada muda em seu rosto até que ele fala sobre informações. Nesse momento exato, seu sorriso desaparece e ele parece exprimir coisas de uma importância fundamental. Teria dado mais furos em algumas semanas do que o *Washington Post* em 30 anos.

Enquanto Julian Assange fala ao vivo, as palavras dançam na cabeça de Élise. "Revelações, documentos, pequena organização, coisas importantes, Afeganistão, Rússia, Europa, lavagem de dinheiro..." Termos que ela já escutou na boca de Xavier.

Agora ela parece hipnotizada por aquele homem na tela. Hipnotizada pelo mundo que ele abre de maneira tão impassível. Isso tem o sabor de uma realidade, um mundo acima do cotidiano. Seria possível que ele se envolva de tal maneira apenas para informar ao cidadão? Qual seria seu segredo?

De repente Élise percebe a que mundo ela pertence: o da ignorância do tabuleiro internacional, dos assuntos e seus subterrâneos. Um pouco banalmente, ela se deixou levar pelos lugares-comuns: "O mundo é podre"; "Na política, todos são parecidos. É farinha do mesmo saco"; "O que você quer que façamos em nossa escala, se nem vale a pena falar?"; etc.

Ela descobre um homem que parece caminhar tranquilamente na direção de sua ideia fixa: revelar ao mundo os segredos dos poderosos. E naquela noite surge nela a vontade de saber, a vontade de compreender. Quem é aquele homem? Qual é sua mensagem? Ele é realmente quem parece ser? Seria uma espécie de justiceiro dos tempos modernos? Por um rápido instante, Élise duvida da realidade. Ela se vê em um filme de agentes secretos, perseguida pelos capangas do Estado. Mas quem é afinal Jason Bourne?

Julian Assange explica agora o risco de sua ação. Ele tem de mudar de residência, não se hospeda em hotéis e troca com frequência seu número de telefone. Vive como um fugitivo. Quem quer a pele de Jason Bourne?

O coração de Élise começa de repente a bater mais depressa e ela sente um leve peso no estômago quando o entrevistado explica que as atividades do WikiLeaks são perigosas não somente para ele, mas também para os voluntários que trabalham com ele. Naquele momento, ela pega maquinalmente seu telefone e digita o número de Xavier.

Três toques...

"Droga, caixa postal", ela pensa.

"– Amigos e inimigos, vocês estão na caixa postal de Xavier. Deixe sua mensagem e eu ligarei de volta, seja quem for."

– Xavier, sou eu. Acabo de ver uma entrevista de Julian Assange na TSR. Pensei em você... Não sei muito bem o que dizer, mas gostaria de ter notícias suas, saber se tudo vai bem. Ligue para mim.

Ela desliga, visivelmente decepcionada. O peso em seu estômago continua presente. Onde está Xavier?

Quantas vezes eles se falaram nesses quatro meses? No primeiro, várias vezes, para acertar a divisão dos móveis. E também porque nenhum dos dois queria encontrar o outro nas festas de amigos; preferiam se entender antes e não incomodar ninguém com sua presença comum. No mês seguinte, não foram mais convidados para as mesmas reuniões. Não precisavam mais se telefonar. Nessa noite, Élise queria apenas falar com ele. Saber onde estava e o que fazia. O trabalho, a organização, seu envolvimento.

– Acho que o homem está em sua melhor forma quando tem uma verdadeira paixão por alguma coisa, e eu tenho muita sorte – diz Julian Assange ao jornalista.

Élise pensa ouvir Xavier quando este tentava lhe explicar que não tinha necessidade de dormir oito horas por dia e que passar algumas horas da noite diante do computador alimentava mais seu dia do que passá-las na cama.

Um novo ponto de vista sobre seu ex-namorado se esboça no espírito de Élise naquele 5 de novembro de 2010.

Ela desliga diretamente a televisão ao fim da entrevista, magnetizada pelo mundo que acaba de entrever. Seria possível que Xavier colocasse sua própria vida em risco para buscar informações? Ela está impressionada.

Élise volta à cozinha para deixar a bandeja e põe água para ferver. Depois vai para o escritório, liga o computador. Espera que a máquina entre em operação e manda tocar *Kid A,* do Radiohead.

A água já ferve na cozinha. Ela enche uma xícara, pega um saquinho de chá no armário e o coloca em um pires com a xícara. Leva tudo para o escritório e se instala diante da tela. Digita no teclado a URL www.heroesbysophox/wordpress.com, senha: dontforget.xav.

Aparece a homepage com fotos tipo *pop art* de Marilyn, John Lennon, Kennedy e outras personalidades que se acrescentam na medida em que Élise constrói seu *blog*. Há alguns dias ela decidiu escrever sobre Michael Jackson. Como rei do *pop*, ele tem um grande espaço no *blog*.

Faz apenas dois meses que ela escreve; usa o *blog* para exprimir seus estados de espírito sobre si mesma e sobre o mundo. Coloca ali o que contaria em um diário íntimo? Não, de modo algum, porque não escreve somente para si. Gosta de ver as reações dos outros blogueiros. E as recebe de todos os gêneros. Reações íntimas, ajudas para formatar o *blog* e também informações sobre os grandes destinos e as personalidades de que se ocupa. Fica surpresa ao ver quantos fãs ainda têm todos esses "profetas" assassinados. Paralelamente, os fãs que se interessam pelos assassinos, pelas investigações e pela rede permitem veicular todo tipo de teoria. Na internet podemos encontrar de tudo, o pior ao lado do melhor em termos de informação, e todas as suposições são permitidas sob a cobertura do anonimato; algumas pessoas dão vazão à imaginação, enquanto outras brincam de investigadores, no estilo *CSI: Polícia Científica.*

Élise dá uma olhada rápida em seu *blog* e passa diretamente à seção "bilhetes de humor" para compartilhar o que acaba de sentir. Ela escreve...

Julian Assange
Publicado em 5 de novembro de 2010 por sophox | Deixar um comentário |

☆ ☆ ☆ ☆ ☆   Sua avaliação

Acabo de descobrir Julian Assange no telejornal da TSR. O WikiLeaks eu conheço um pouco, mas eis que surge em minha paisagem midiática: o Senhor WikiLeaks.

O homem é impressionante, calmo e confiante. Adorei seu sorrisinho sarcástico. Difícil saber se ele se sente realmente superior, mas parece que zomba ao se controlar em sua cadeira, como se retivesse uma grande gargalhada.

– É uma batalha entre Hillary Clinton e mim. – Isso o diverte? Estou intrigada. Ele parece estar ameaçado, depois prestes a pedir asilo político na Suíça. Como um único indivíduo pode fazer tremer os Estados Unidos e de repente tornar-se o homem a ser abatido?

É um fugitivo. Isso deve ser difícil. Não sente vontade de parar de vez em quando, em vez de viver como um nômade? A aposta deve ser alta.

Mas nosso país é mesmo bem acolhedor. Não sei o que pensar, mas vou descobrir.

Ele diz que sua paixão o vitaliza. A paixão merece todos esses sacrifícios? Bem, eu acho tudo isso um pouco exagerado. Para se tornar o inimigo público número 1, é preciso que o jogo valha a pena. Está bem, eles mentem para nós. Sim, os governos cuidam de administrar o mundo enquanto trabalhamos como idiotas para pagar 15 dias de férias. Mas o que podemos fazer? Mesmo na escala de minha cidade, tenho a sensação de que minha voz não conta. O fato de eu estar ou não aqui não vai mudar a cara do mundo.

Então por que ele se levanta e aciona esse mecanismo que finalmente o faz ser considerado um homem perigoso? Acho que ele parece mais um anjo.

Esse homem é misterioso, vou pesquisar. Hoje declaro aberta em meu *blog* a seção ASSANGE.

Esta anotação foi publicada em Humores. Você pode colocá-la em seus favoritos através deste *link*.

☆ Gostei   Seja 0 primeiro a marcar esse post.

Parte II

O apelo da aventura

Você, que entra no baile da vida, escolha bem sua máscara.
– André Maurois

3

Mendax

"Mendax." É seu mundo agora. O mundo do elétron e do interruptor, a beleza do baud[2].

Julian aproveita a força de dois amigos *hackers*[3], Prime Suspect e Trax, para criar o grupo chamado *International Subversives*. Eles usam o serviço de linhas telefônicas existentes, sem pagar, pirateando.

Exploram. Entram em sistemas na Europa e na América do Norte, cuja rede pertence ao Departamento de Defesa americano, assim como no Laboratório Nacional Los Alamos, um laboratório governamental de pesquisa especializado em medicina e tecnologia.

Os três jovens aspiram ao conhecimento. As regras de ouro do *hacking* já estão em vigor: não danificar os sistemas visitados, não modificar as informações nesses sistemas, a não ser os *logs*, para encobrir suas pegadas e impedir que sejam rastreadas, e finalmente compartilhar as informações assim obtidas.

Na rede, eles existem sem cor da pele, sem nacionalidade, sem dogma religioso. Criam outra vida para si mesmos. Uma segunda existência que às vezes beira a obsessão, a ponto de fazê-los esquecer a primeira. A curiosidade como uma droga. Ir sempre mais longe, conhecer, compreender, ultrapassar a si mesmo e a todos. As horas noturnas escorrem de uma maneira estranha, rapidamente. Olhos, mãos, uma tela e tudo o mais se apaga pouco a pouco. Nada mais que os cliques do teclado no silêncio da obscuridade. Alguém está aí, alguém me escuta, alguém me vê agora que não sou mais eu mesmo? Não estou perdido. Ninguém conhece meu rosto, mas tenho um nome. Eu me chamo Mendax.

É preciso ter um certo *savoir-faire* para atravessar os terrenos eletrônicos ocultos que ligam os sistemas de telecomunicações e as redes de computadores. É um belo desafio para os *outsiders* da *International Subversives*, bem mais que uma simples

---

2 – Unidade de velocidade de fluxo de informações digitais; a velocidade em bauds nem sempre coincide com a medida em bits por segundo (bps). [Dicionário Aurélio Eletrônico]

3 – "Piratas" da internet; pessoas que dominam a tecnologia informática e invadem *sites*, com fins criminosos ou de ativismo político. (N. da T.)

partida de xadrez. Poder explorar o mundo e envolver-se na política internacional sem sair de seus quartos lhes dá a sensação de estar no caminho certo. Resolver problemas, construir coisas e acreditar na liberdade e na ajuda voluntária, essas são as peças-chaves do jogo de Julian e de seus dois amigos.

É a experiência que alimenta a personalidade desse jovem. Ele sente que pode contribuir para mudar as coisas que o indignam. É preciso reconhecer as injustiças, é preciso ter um ideal, é preciso compreender o mundo. Mas na rede as pessoas são julgadas pelo que pensam e pelo que dizem, e não por sua aparência.

Julian é um rapaz muito esperto, logo se frustra com os espíritos mais lentos. Na rede, encontra concorrentes a sua altura. É criativo e nunca se obriga a dedicar-se a tarefas entediantes, exceto para adquirir cada vez mais competência.

Suas novas ferramentas lhe dão uma crescente sensação de liberdade. Sua ligação com a rede acentua o fascínio, e ele trabalha sem descanso.

Ao mesmo tempo, percebe que os autoritários se alimentam de censura e de segredos. E que desconfiam da ajuda mútua e do compartilhamento de informações. Que só apreciam a cooperação quando a podem controlar. Julian desenvolve então uma hostilidade instintiva pela censura, o segredo. Ele identifica os que usam a força ou a intimidação para dominar adultos responsáveis.

Julian tem 18 anos e as preocupações de sua idade, apesar de uma propensão a preferir as máquinas aos humanos. Apaixona-se por uma garota de 16 e deixa rapidamente a casa da mãe para morar com ela. Algumas semanas depois da união do jovem casal, a polícia irrompe repentinamente em seu apartamento.

– Polícia do Estado, não se mexam! Apreendam todo o material! Parece que você está envolvido em um roubo de 500 mil dólares no Citibank. Já o conhecemos como *hacker*... Mendax, não é?

Julian não responde.

– Ah, você gosta de fazer seus pequenos tráficos, mas desta vez vamos levar tudo. Então não vai poder bancar o esperto esta noite.

Afinal não foi feita denúncia contra Assange. Ele recuperaria seu equipamento alguns dias depois. Para ele, a lição é clara: vigilância e discrição serão agora obrigatórias em seus atos de pirataria.

Julian e sua namorada vivem algum tempo em um *squat*[4] em Melbourne, até

---

4 – Casa ou apartamento desocupado e invadido sem permissão. [N. da T.]

ela ficar sabendo que está grávida. Julian quer assumir a responsabilidade, então decide se reaproximar da mãe, Christine. Também coloca entre parênteses seus estudos universitários para poder cuidar de seu filho, Daniel.

O *hacking*, atividade noturna por excelência, continua uma paixão, apesar das obrigações de jovem pai. E a excitação da explosão digital continua presente. Os conhecimentos se ampliam na *International Subversives*. As autoridades permanecem à espreita de suas atividades. A polícia federal abre uma investigação sobre o grupo. Seu nome: operação Weather ["clima"]. Começa o jogo de gato e rato.

A mãe do pequeno Daniel deseja uma vida muito diferente. Mas constata que as atividades de seu companheiro continuam sendo prioridade. Ela não aprecia a atitude de Julian nem a de seus acólitos, e deixa o "marido". Na verdade, eles haviam se unido em uma cerimônia informal pouco antes do parto.

Os *International Subversives* visitam habitualmente o principal terminal da Nortel, companhia de telecomunicações canadense baseada em Melbourne. Em uma noite de setembro de 1991, Assange entra no sistema um pouco mais cedo que de costume. Dessa vez, um administrador da Nortel ainda está conectado e detecta Assange de imediato. O erro é fatal. Ele precisa definir uma resposta rapidamente.

E faz sua opção. Vai reagir com humor. Envia a seguinte mensagem para o administrador: "Assumi o controle", escreve sem dar seu nome. "Há anos eu luto nesta coisa cinzenta e finalmente encontrei a luz."

Nenhuma resposta, então ele decide enviar uma última mensagem: "Foi um prazer brincar com seu sistema. Não causamos nenhum dano e até melhoramos duas ou três coisas. Por favor, não chame a polícia".

Mas a identificação das incursões dos *International Subversives* no sistema da Nortel chega em boa hora à operação Weather. A presença do administrador permite manter uma pista da intrusão e localizar a linha telefônica usada por Mendax.

Assange escuta as conversas dos investigadores da operação Weather. Ele sabe que eles sabem. Sabe que virão buscá-lo. Fugir seria confessar um crime que ele considera que não comete; então espera, petrificado de medo.

Quando o investigador Ken Day chega à casa de Julian, diz:

– Acho que você sabia que viríamos.

Ken Day, hoje consultor em gestão de riscos, fez este comentário sobre Julian: "Ele é o mais esperto e o mais dissimulado do grupo. Parece agir com a ideia de que qualquer pessoa pode ter acesso a todas as informações. Ele se opunha ao Big Brother e às restrições às liberdades de comunicação. Seu senso moral sobre a violação dos sistemas de informática o fazia dizer: 'Não provoco nenhum dano, então qual é o problema?' Mas é como se um ladrão entrasse na sua casa e dissesse: 'Vim apenas passear'. É um pouco leviano como defesa!".

A Austrália foi um dos primeiros países a processar os *hackers*. O governo fundou uma célula de combate ao crime informático em 1989, depois de um caso que a Nasa qualificou de "Pearl Harbor eletrônico". De fato, a poucos minutos do lançamento do ônibus espacial *Atlantis*, em outubro de 1989, os computadores do Centro Espacial Goddard, em Washington, deixaram de funcionar subitamente. A tensão atingiu o auge naquele momento. Era o primeiro voo desde o lançamento da *Challenger*. Naquele instante, ninguém mais pôde atuar nos computadores; as senhas foram modificadas. *"Your system has been officially WANKed."* O grupo de *hackers* que havia cometido essa infração se autodenominava "Worms Against Nuclear Killers" (WANK), o que significa "vermes contra assassinos nucleares". Ao mesmo tempo que apareceu a frase, uma mensagem sonora foi ouvida sob a forma de um refrão de uma canção do Midnight Oil: *"You talk of times of peace for all and then prepare for war"* (Vocês falam em tempos de paz para todos e então se preparam para a guerra).

Ninguém considerava possível tal ação, e o pessoal da segurança informática da Nasa ficou marcado. As investigações da polícia federal acusaram seis jovens *hackers* da periferia de Melbourne. Quais deles eram fãs de Midnight Oil? Provavelmente todos! As autoridades federais australianas não encontraram provas suficientes para denunciar os autores da pirataria. Mas suas suspeitas se voltaram claramente para os *hackers* que já infiltraram uma série de prestigiosos sistemas de informática de universidades, do poder e das telecomunicações. O governo teve de agir. Sem provas, a reação oficial só pôde assumir a forma de uma força de dissuasão.

A primeira batida ocorreu depois de uma escuta de oito semanas de um *hacker* chamado Phoenix e de seus dois comparsas, Nome e Electron. As conversas tratavam claramente de suas façanhas e dos futuros alvos de *hacking*.

A célula era bem formada, e os investigadores foram eficazes. A segunda jogada de rede apanhou os três jovens membros da *International Subversives*: Mendax, Prime Suspect e Trax.

A operação Weather chegou ao fim, mas as autoridades demoraram três anos para levar o caso à justiça.

A equipe de segurança informática da Nortel no Canadá redigiu para o processo um relatório fingindo que a ação dos *hackers* causou prejuízos no valor de

100 mil dólares, que deviam ser pagos. O procurador-geral descreveu Julian Assange como um indivíduo que obteve acesso ilimitado à rede e agia como um deus todo-poderoso na esfera virtual. E ele é, de certa forma, pois nenhum sistema supera sua sede de conhecimento.

Diante da solicitação do procurador-geral, que pediu uma pena de dez anos de prisão, Julian se viu repentinamente em um estado de confusão. Ele considerou que o *hacking* "que olha e vê" é um crime sem vítima e tem vontade de lutar, mas os dois outros membros do grupo decidiram cooperar com as autoridades. Julian considerou isso uma traição e não pôde aceitar a confissão de Prime Suspect.

Quando o juiz tomou a palavra no fim do processo e anunciou: "O acusado deve se levantar agora", ninguém se moveu. Julian decidiu, com uma grande força de caráter, não se levantar.

No entanto, iria se declarar culpado em 24 das 30 acusações; as seis outras foram abandonadas. Durante a sentença final, o juiz Leslie Ross declarou: "Parece-me claro que os fatos não passam de uma extrema e inteligente curiosidade combinada ao prazer de ser capaz de surfar nesses diferentes computadores".

Assange recebeu como pena uma multa de aproximadamente 2 mil dólares.

Julian nunca se sentiu culpado por essa vontade de conhecer e aprender tudo o que o mundo da informática colocava a sua disposição. Ele diz hoje que aquela época contribuiu para sua educação geopolítica. Orgulha-se de ter sido um ativista tão jovem. Ele fazia o aprendizado de dois mundos que já se enfrentavam. O mundo virtual, que revela a verdade nua do funcionamento dos sistemas, das empresas e dos governos, e o mundo real, no qual se é processado e punido pela vontade de aprender e pela capacidade de conhecer.

O mundo virtual oferece a Julian uma vida mais rica e mais viva, não importa quais sejam as provações que isso implique no mundo real.

O que ainda é possível fazer em um mundo onde o acusam mesmo que não tenha feito vítimas? O apelo da aventura das redes está aí, bem próximo, com seus desafios, seus combates, suas revoluções.

4
Diálogo de *hackers*

Xavier Mattelet raramente veste as duas alças de sua mochila preta. Ele a joga sobre um ombro sem cuidado e deixa o escritório às pressas.

É um homem dinâmico e entusiasmado. Saiu da escola de engenharia um ano antes. Tem apenas 23 anos. Três anos depois, trabalha em segurança informática como autônomo, para ter mais liberdade. O emprego às vezes exige que ele viaje para uma auditoria, mas na maior parte do tempo seu trabalho é sedentário. Como todos os dias desta semana, por volta das sete horas sai da Rue des Maraîchers. Absorto em seus pensamentos, não vê que passa por uma senhora com um cão, uma mãe de família com seus dois filhos e um homem de terno que fará meia-volta em sua direção depois de tê-lo observado por um instante.

Ele vira à direita um pouco mais adiante, na Rue des Bains. Ao passar diante do Centro de Arte Contemporânea, sorri, pensando que nunca pôs os pés ali. Mais uma vez à direita e depois rapidamente à esquerda, e está na Rue Charles-Humbert, número 5. Ele mora em um bonito prédio antigo no centro de Genebra. A inquilina do térreo sempre coloca flores na janela. Ele pensa que as pessoas moram no mesmo lugar, não obrigatoriamente no mesmo mundo. Quarto andar, sem elevador, uma bonita porta de madeira antiga. Ele gira a chave e entra.

Sua primeira ação é sempre ligar o computador, antes mesmo da luz, antes mesmo de tirar o blusão e os sapatos. Ele abre seu cliente IRCII e entra em seu canal pessoal. Depois vai até a cozinha, coloca dois sachês de café na máquina e aperta o botão para ligar.

Quando volta ao monitor, Neo212 já está na sala de bate-papo, fiel a seu posto.

Neo212: Olá, Clue, quais as novidades na sua esfera, a engenharia?

Clue: Acabo de terminar um negócio para o Parlamento Europeu. E você, novidades?

Neo212: Eu me diverti com o modelo de deformação de estrutura da MS Research, posso deformar meu rosto em todo tipo de truque ;-)

Clue: Bacana.

Neo212: A informação está no fórum.

Xavier aumenta o termostato do aquecedor em dois graus. Depois vai buscar sua xícara de café na cozinha, enquanto a água acaba de passar. Algumas gotas caem no lugar previsto para esse fim. Ele caminha sem ruído pelo apartamento e pousa a xícara sobre a mesa.

Neo212: Fiz um aplicativo FB[5]. 400 mil jogadores em um dia. Eu lhe digo os resultados: mais de 90% de *like*. Diga *who's the king?*
Fkb00: Diga, "king", estou vendo os passaportes de todos os caras da faculdade, as senhas mais comuns são "senha" e "casa". Que falta de imaginação...
Neo212: Não é a toa que Jazz desenvolveu seu truquezinho que permite determinar o nível de dificuldade para descobrir senhas. Você o encontra em vários *sites*.
Fkb00: Eu acho que vai ser preciso colocar isso na universidade, porque lá foi fácil demais.
Clue: A primeira reunião do partido *hacker* será na semana que vem. Vocês vão conseguir deixar seus computadores para ir?
Neo212: ????
Fkb00: Explique melhor.
Clue: Com o que sabemos fazer, podemos mudar as coisas.
Fkb00: Mudar o quê?
Clue: Melhorar a democracia, desenvolver a distribuição de informação. Melhorar o *open source*. Ir além da *fun attitude*.
Fkb00: Hum, tudo está em jogo, não? A terceira guerra mundial já começou, talvez até já tenha terminado. Quem percebeu?
Neo212: Estou na matriz, sei que posso fazer o que quiser ;-)

Xavier sorri.

Clue: Falando sério. Somos nós que vamos desenvolver os aplicativos que a democracia de amanhã vai utilizar. Devemos definir agora que sistema queremos. (...) Eles vão inventar um monte de leis para tentar reprimir um movimento que eles não compreendem.
Neo212: Não me importam as leis, quero definir o futuro. E que esses dinossauros que estão no mundo não entendam nada, isso me diverte.

---
5 – Facebook.

Fkb00: Você não é o único.

Neo212: Ah... é, sim, justamente. N3rd está muito orgulhoso. Você tem um plano para um cara como eu?

Fkb00: Se eu tivesse, não contaria! Mas não vamos pôr esse assunto na mesa. Clue não conseguiria sair dele.

Neo212: Não sou muito a favor das federações.

Clue: Não se trata disso, mas simplesmente de definir juntos os novos códigos democráticos antes que outros o façam por nós...

Clue: ... em um sentido que não nos interessa.

Clue: O WikiLeaks começa a sacudir o coqueiro. Vai haver um estrangulamento do mundo antigo.

Fkb00: Então, geração. Apresente-se. Bom, a batalha será travada na rede, não?

Neo212: A democracia está na fronteira da tecnologia. É muito legal viver isso na rede.

Clue: Vocês viram o que fizeram com as despesas dos parlamentares ingleses? Agora eles prestam um pouco mais de atenção antes de gastar o dinheiro do contribuinte.

Neo212: Não acompanhei bem. Explique...

Clue: Os *hackers* conseguiram os dados e forneceram uma cópia das notas de despesas de 646 deputados ingleses para o *Daily Telegraph*, que publicou o caso. Já faz mais de um ano. Abusos e reembolsos excessivos, não somente às vezes fraudulentos, mas eles perceberam que o próprio sistema permitia absurdos. Por isso agora aprovam novas leis para adaptar o sistema.

Fkb00: Deveriam fazer isso em todos os sistemas políticos.

Clue: Se todos nos envolvermos, isso vai acontecer. Um WikiLeaks para cada país.

Fkb00: Desde que a gente saiba que as pessoas têm interesses pessoais, queremos saber para que lado elas vão fazer pender a balança. Como uma curiosidade para analisar nossa própria verdade humana. A verdade liberta o homem?

Clue: A verdade liberta das manipulações e das restrições mentirosas. Então cada um pode escolher seu caminho.

Neo212: Para escolher a via da paixão, seria preciso explodir vários sistemas. Incluindo o sistema escolar com os pedaços de papel que chamamos de diploma.

Clue: Para tudo isso é preciso libertadores, sabotadores da verdade que destruam cada edifício corrupto.

Neo212: E a revelação bastaria para destruí-los. Se for preciso entrar em sistemas com segurança, eu sou o homem ideal.

O telefone toca naquele momento. São cerca de 20 horas e tudo está tranquilo nesse mês de novembro de 2010. Xavier dá uma olhada para o aparelho e identifica o número de quem chama. Suspira. Os fantasmas do passado ressurgem por um instante nele. O sopro de um amor perdido.

Ele pega a xícara e bebe um gole de café frio. Isso o transporta diretamente para uma realidade bem clara. Se deixamos um café esfriar, ele se torna mais amargo e difícil de engolir. Então ele não quer desistir, é nesses momentos que as coisas são jogadas. Ele se aproxima um pouco mais do teclado.

Clue: Todos os sistemas de governo são autoritários. Eles usam o sigilo para virar suas ações a seu favor sem que o cidadão conheça o teor dessas ações.

Fkb00: Você chegaria a dizer que se trata de uma conspiração?

Clue: Foi você quem disse a palavra!

Neo212: Podemos fazer modelos das estruturas de poder para descobrir suas falhas.

Clue: Para tornar impossível todo sistema conspiratório, a primeira ideia é organizar vazamentos maciços.

Neo212: *Leaks, leaks,* quando você nos domina!

Fkb00: Estratégia de desorganização, nada mal!

Clue: Se os vazamentos forem maciços, o ambiente dos sistemas vai mudar graças à revelação de seu modo de funcionamento.

Fkb00: Colocando de outro modo, quando as pessoas sabem dos desvios, elas se rebelam.

Clue: Pelo menos elas pressionam de uma maneira ou de outra. Os sistemas abusivos de governo deverão então enfrentar cada vez mais restrições que os obrigarão a se reformular ou a desmoronar.

Neo212: Parece simples, mas as diferentes estruturas de poder são afetadas diversamente pelos vazamentos.

Clue: Trata-se principalmente de revelar seus verdadeiros motivos, e que cada pessoa possa se posicionar em relação a isso.

Fkb00: Eu diria até que a injustiça só pode encontrar resposta quando é revelada. Para que o homem possa agir com inteligência, precisa conhecer a verdade sobre o que acontece.

Neo212: Conspirar vem do latim *con,* juntos, e *spirare,* respirar.

Clue: É isso aí, disse tudo!

Neo212: E o que faremos agora? Respiramos juntos, ou não?

Fkb00: 1d1o7a! A conspiração está na retenção de informações!

Clue: Calma, gente! Me acompanhem.

Clue: Para mudar radicalmente o comportamento de um regime, devemos pensar clara e corajosamente, pois se aprendemos alguma coisa é que os regimes não querem ser mudados. Precisamos pensar mais longe do que os que nos antecederam.

Neo212: As novas tecnologias e o que nós somos capazes de fazer nos dão meios de ação de que nossos antecessores não dispunham. Não esqueçam, *I'm the king*. Eu posso agir...

Fkb00: Ora! Eu lhes pergunto que estrutura-chave engendra o mau governo. E eu respondo: o sigilo, a manipulação e a sensação de poder que resulta deles.

Clue: Então precisamos desenvolver uma concepção dessa estrutura que seja suficientemente forte para nos tirar do atoleiro das morais políticas rivais e para ascender a uma posição de clareza.

Neo212: Não sou a favor de partidos, não gosto da moral, vocês entendem o que eu faço no virtual!

Fkb00: Chega de direita e esquerda. Todo mundo compreendeu que o fruto está podre em quase todos os sistemas. Toda a elite política conspira, mas nem sempre pelos mesmos motivos. Algumas desejam mais poder, outras favores financeiros, outras... Devemos hierarquizar esses motivos?

Neo212: A conspiração é de todo modo o principal método para planejar a manutenção ou o reforço do poder autoritário. Eu fugi desse mundo podre para me divertir deformando minha cara e a de meus amigos.

Clue: O chocante é que os poderes autoritários rejeitam entre a população o desejo de verdade, de amor e de autorrealização. Afinal, as pessoas nem sequer lutam mais contra as injustiças, mas as aceitam, não acreditam mais em sua força de ação nem no peso de seus votos.

Neo212: E Neo viu a fonte à sua frente irradiando tudo, então ele avançou para se fundir com ela!!!

Xavier pensa que Neo212 deve ser bem jovem ainda, para sempre voltar às referências a *Matrix*.

Fkb00: Nossa ação na rede se engendrou sozinha. Curiosidade e desafio técnico. Estamos todos conectados. É mesmo uma força de resistência.

Clue: É por isso que deve ser posta a serviço do maior número de pessoas. Uma vez que sejam revelados os planos subjacentes à ação de um regime autoritário, haverá uma resistência maior de parte do povo.

Neo212: O povo, o povo não parece um pouco bolchevique?

Clue: O problema é que os conspiradores e as conspirações estão todos em cadeia. Vejamos isso como uma rede de fios sobre pregos. Prego = conspirador; fio = elo de informação. Todos os pregos estão conectados, seja dois a dois, seja passando por outro prego. Alguns estão assim na margem da conspiração, outros estão no centro e se comunicam com um número maior de conspiradores, outros ainda conhecem apenas dois conspiradores, mas constituem uma verdadeira ponte entre duas grandes partes da conspiração total.

Neo212: Agora fazemos um pouco de trabalhos manuais. É seu lado engenheiro que sobressai.

Clue: Lembre-se do cronograma de *Heroes*. Sabendo que um conspirador não pode conspirar sozinho, qual é o número mínimo de elos que devem ser cortados para partir em dois a conspiração? Vamos, rapazes, é agora que devem fazer funcionar seus cérebros!

Fkb00: Assassinar um conspirador é um método radical e eficaz se esse conspirador faz o papel de ponte.

Clue: É verdade, mas vamos utilizar nossos neurônios para encontrar uma resposta que seja válida em geral, para todas as conspirações. A não ser que Fbk00 queira atuar como matador de aluguel.

Fkb00: Isso me faria bem, lhe garanto. O trabalho na universidade é desesperador. Diria eu que há odores de conspiração?

Neo212: Falta alguma coisa na sua teoria para que ela seja representativa.

Clue: ????

Neo212: Seria preciso acrescentar uma importância para cada tipo de informação. Um peso, como nos diagramas lógicos. Quando você olha para a diplomacia, há diplomatas que não comunicam nada de importante, enquanto outros cuidam de guerra e paz em certas regiões do mundo.

Clue: Obrigado por seus esclarecimentos de analista. Você tem razão. O peso do elo é essencial, mas sou da opinião de me interrogar sobre as conspirações em geral, seja qual for o peso de cada elo, porque este muda de uma conspiração para outra.

Neo212: Então para cortar uma conspiração em dois basta cortar em dois a rede que liga os conspiradores. Dividir para melhor governar.

Clue: Há uma diferença crucial entre uma conspiração e os indivíduos que a compõem, porque quando os indivíduos estão isolados eles não conspiram. É provavelmente aqui que é preciso acrescentar o valor abstrato do peso do elo entre dois conspiradores, e assim podemos calcular o poder conspiratório total. É a soma dos pesos dos elos entre os conspiradores.

Neo212: Oh, como ele critica minha ideia! É sempre assim entre o engenheiro e o analista.

Clue: Volte aos trabalhos manuais com os pregos e você coloca fios mais ou menos grossos conforme a importância ou o número das informações trocadas.

Fkb00: Seu "poder conspiratório total", além disso, é independente da disposição específica dos elos entre os pregos conspiradores.

Clue: Exato. Dividir uma conspiração em dois significaria então dividir em dois o poder conspiratório total. Toda metade destacada poderia por sua vez ser considerada uma conspiração em si, e assim poderíamos continuar indefinidamente a dividi-la do mesmo modo.

Neo212: É verdade que dá para se divertir implementando isso graficamente, com *bleeps* e *woofs*, como em *War Games*.

Fkb00: Outra possibilidade: estrangular as conspirações, reduzindo o peso dos elos pesados que fazem a ponte entre regiões dotadas de um mesmo poder total de conspiração.

Clue: Um cara de que eu gosto muito escreveu: "Um homem acorrentado sabe que deveria ter agido mais cedo, pois sua capacidade de influir no poder do Estado chega ao fim". Diante de poderosas ações conspiratórias, devemos então nos antecipar. Podemos prejudicar uma conspiração restringindo drasticamente as informações de que ela dispõe. Se a atacarmos suficientemente, ela não terá mais condições de compreender seu ambiente, nem ao mesmo tempo de formular um plano de ação coerente.

Neo212: Bela "demo". Isso promete uma linda confusão na diplomacia dos países. Trata-se de atacar o modo como a informação é transmitida e o tipo de informação. Os meios informáticos hoje reforçam a capacidade de conspirar dos Estados. E nós, *hackers*, somos por assim dizer os únicos capazes de lutar nesse campo para encontrar sistemas mais justos.

Fkb00: Isso me parece claro. Ainda quero discutir isso ao vivo na quinta-feira.

Neo212: Concordo, mas, se para tanto é preciso se reunir em um partido, acho que não. Não é a minha, pronto. Por outro lado, sou a favor de apoiar a ação através de minha competência técnica. De qualquer modo, mantenha-me informado.

Clue: Obrigado pela conversa, rapazes.
Fkb00: Envie-me as informações sobre quinta-feira.
Neo212: Vou me divertir um pouco, até a próxima.

Xavier sai do canal e vai para o Twitter ver suas últimas DM (*Direct Message*). Tem novos seguidores. Um certo @SciF0r parece se interessar por suas ideias. Novas mensagens aparecem no canto da tela. Ele não presta mais atenção. Decide passar a noite em um novo código de criptografia.

5

Sophox

HACKER
Publicado em 8 de novembro de 2010 por sophox | Deixe um comentário |

☆ ☆ ☆ ☆ ☆ Sua avaliação

Nunca se sai incólume da infância. Pais, encontros e lugares nos marcam para sempre. Julian teve uma vida épica. Verdadeiro Tom Sawyer australiano, viveu muito livre em plena natureza durante os primeiros anos de sua vida. Educado ora em casa, ora na escola ou através de cursos por correspondência, isso o tornou um homem mais centrado em si mesmo. Julian parece feliz em dizer que tem a sorte de fazer o que gosta, de ter uma paixão. Ele se orgulha de si.

Quando penso em sua infância, suponho que ele ficou marcado pela convivência com um padrasto que pertencia a uma seita ou com a qual tinha alguma ligação. Esse homem era filho de Anne Hamilton-Byrne, que criou a seita também conhecida como "a família". Ela vestia todos os seus pretensos filhos da mesma maneira e lhes descoloria os cabelos. Se você viu o filme *A cidade dos amaldiçoados* pode bem imaginar o que é isso. É bem aterrador. Fazendo uma pesquisa de imagens de Julian, fiquei espantado por ver que há muito tempo seus cabelos parecem descoloridos. Será que ele fazia parte da seita? Ao dar entrevistas à emissora de TV suíça TSR, seus cabelos eram castanhos-claros. Isso suscita dúvidas. Ele pintou os cabelos? Ao tornar-se uma figura pública, ele quis mudar sua imagem física. A questão sobre seus cabelos ressurge com frequência. Sua mãe conta que eles embranqueceram a reboque de uma extenuante batalha judicial pela guarda de seu filho. Julian conta uma história bem diferente:

"Eu era bem louro até cerca de 12 anos, até a puberdade. Aos 15 anos, construí um tubo catódico na escola e o liguei ao contrário. O contador de partículas Geiger mostrava 1.000, 2.000, 3.000, 40.000. Foi questão de tempo. Antes disso, também fiz algumas tomografias da cabeça, pois tive uma espécie de encefalite viral. Ela era benigna e perdi apenas a sensibilidade em uma bochecha. Mais tarde, por volta dos 9 anos, tiraram raios X da minha cabeça, pois a bati em um globo terrestre".

Fiz algumas pesquisas sobre seu padrasto, mas Julian é muito discreto sobre as ligações do homem com a seita. Um indivíduo que tem cinco carteiras de identidade e mente sobre seu passado e seus estudos deve ser um manipulador extraordinário. Será que Julian também é assim?

Christine Assange fugiu para proteger seus filhos, mas com isso os privou de raízes. Mudando o tempo todo, às vezes fugindo rapidamente como criminosos, como ele poderia fazer amigos?

É por causa dessa vida que ele ficou mais apegado às máquinas do que a seus congêneres, de forma que não tinha amigos, ou isso se deve a uma propensão natural?

Ele sempre evita falar sobre sua infância, e na internet há pouca coisa sobre esse período de sua vida. Será que ele tem um segredo que deve ser desvendado? O fato de ele ter uma avó que era chefe de seita desperta muitas conjecturas.

Passemos a sua vida como *hacker*, algo que conheço e compreendo! Por que desde o início a sociedade tem uma visão negativa sobre essa prática? A ignorância tem medo do conhecimento! Integrar o conhecimento da rede e a tecnologia da internet ao cotidiano foi uma verdadeira revolução. Apaixonante para aqueles que cresceram com isso, como Julian Assange, mas bastante perturbador para a velha guarda. O pessoal da Nasa, dos departamentos de defesa e de grandes laboratórios trabalha com a internet, mas Assange se diverte e ainda foi parte integrante da criação da internet. Dominar as máquinas deve dar uma sensação de poder, já que a maioria das pessoas é tão ignorante sobre seu funcionamento.

Por que os *hackers* sempre foram considerados criminosos? A ética do *hacker*, porém, é clara: conhecimentos e melhoramentos. É verdade que, às vezes, sem que ninguém lhes peça, eles se dão o direito de interferir em programas que não lhes pertencem. A ilegalidade só é presente porque o sistema é oculto; se este fosse de livre acesso, o *hacker* iria se intrometer da mesma maneira devido à sua sede de conhecimento e do eventual aperfeiçoamento do programa.

Considerar tudo um sistema com falhas e tentar solucioná-las. Como passei alguns anos com um *hacker*, posso assegurar que eles são obcecados por seus computadores. E hoje, o computador não passa de um meio de se envolver diretamente

com o mundo. Para nós há o Facebook e a Wikipédia, para os *hackers*, os códigos-
-fontes e os fóruns de *chat*.

Mas, afinal, quem é Julian Assange?

Eu me informei sobre o que o trouxe à Suíça neste início de novembro. Ele veio participar de uma conferência organizada na ONU por uma ONG chamada Institut International pour la Paix, la Justice et les Droits de l'Homme (IIPJDH). Seu diretor é Mehdi Ben Hamida, que explica que a organização atua contra as guerras no Iraque. Ele levou três meses para convencer Julian a falar nessa conferência, que se reportava ao Conselho de Direitos Humanos da ONU.

O diretor do IIPJDH pediu a ele que apresentasse os casos de tortura protagonizados pelos Estados Unidos no Iraque e em outros lugares, e denunciados através de documentos publicados em seu *site* WikiLeaks. Como essa ONG não é conhecida, Julian inicialmente ficou desconfiado, mas depois aceitou vir a Genebra, sob a condição de ter um aparato de segurança constante.

Na sexta-feira, 5 de novembro, o Conselho de Direitos Humanos examinou o caso dos Estados Unidos. Mehdi Ben Hamida achava que essa era uma ocasião ímpar para poder influenciar a política americana. Na tarde desse mesmo dia, Julian compareceu ao palácio das Nações Unidas para uma reunião organizada pelas ONGs à margem da sessão do Conselho. Ele estava acompanhado por dois seguranças, e a polícia internacional de Genebra se encarregou da segurança do edifício.

No interior, em uma sala no subsolo, ele fez uma apresentação de cerca de uma hora, como testemunha especializada que pôde examinar os 500 mil documentos sobre o Iraque e o Afeganistão sob uma ótica jornalística.

Sua posição é estranha, pois ele é não só uma testemunha especializada de todas as ações "secretas" dos Estados Unidos, mas também vítima de violação da liberdade de expressão conforme ela se aplica à sua organização.

A ameaça que pesa contra ele é bem real, e a pressão só aumenta. O governo americano declarou que pretende persegui-lo nos tribunais e eventualmente processar outros membros do WikiLeaks. Embora ciente de ter respeitado os procedimentos do jornalismo, Assange sabe que certas ramificações de governos podem agir fora da lei. O WikiLeaks resistirá sob a ameaça da maior potência mundial?

Assange explica que ouviu um resumo de instruções de uma hora por parte de Geoff Morrell, porta-voz do Pentágono. Os Estados Unidos exigem que o WikiLeaks destrua tudo o que foi publicado sobre o Iraque, o Afeganistão e o Pentágono.

Qual foi o impacto desse resumo em nome da Secretaria da Defesa, do Departamento de Estado e da Casa Branca sobre os voluntários do *site*? Eu só imagino se fosse com Xavier, meu ex, que é justamente um *hacker* e trabalha nas "telecoms" da Suíça. Empenhado em mudar o mundo, de repente ele se veria em uma guerra mais perigosa do que a luta pela verdade.

Aí vêm eles de novo, com seu autoritarismo e censura. E Julian os despreza tanto quanto há vinte anos.

Ele conhece muito bem os segredos e as artimanhas da maior potência mundial. Ele imagina jogar tudo pelos ares para que a massa desperte e possa retomar o gosto pela liberdade e a verdade nua.

O governo americano exige que a organização rompa a ligação com suas fontes. Esse caso de intimidação é o primeiro na jurisprudência americana. Será que eles enlouqueceram? Chegaram ao ponto de dizer que obrigarão a organização a respeitar essas exigências. E quando Julian lhes perguntou que mecanismos iriam usar para obrigá-los a respeitar isso, a resposta foi: "Nós somos o Pentágono, o direito não é problema nosso, e sim responsabilidade de outras organizações".

É justamente contra isso que Julian Assange batalha. Será que ele é o Dom Quixote da verdade?

Ele deseja que, pelo menos uma vez, um governo deva responder por seus atos, incluindo todas as circunstâncias e consequências. Que ao menos uma vez um governo pare de se comportar como um sistema burocrata dividindo as responsabilidades que engendram a irresponsabilidade.

Os advogados preveniram Assange das eventuais possibilidades que o governo tinha no decurso dessa batalha. Assassiná-lo é uma dessas possibilidades, e o governo tem muitos agentes que fazem isso de forma competente. Amigos o aconselharam a ficar atento a janelas abertas e a evitar parar perto de pontes. Os "acidentes" podem ocorrer num piscar de olhos. Isso parece um filme ruim de espionagem, mas, se acontece com você, não dá para rir despreocupadamente. Julian é um homem amedrontado.

Para acabar com a credibilidade do WikiLeaks, eles tentam atingir a credibilidade do homem que entrega a mensagem. Agora é preciso fugir novamente como tempos atrás, em sua infância. Ele deve prever ataques à sua vida pessoal. Que formas eles poderão ter? Ele não tem mais direito de ser um homem?

⭐ Gostei   Seja 0 primeiro a marcar esse post.

Parte III

Volta à realidade

O carneiro que vai atacar começa recuando.
— Anônimo

6
Élise e Xavier

Há uma semana Élise está fascinada pelas aventuras de Julian Assange. Ela recolhe numerosas informações e entra em um mundo novo com o qual já flertara quando vivia com Xavier. Este lhe enviou um SMS convidando-a para tomar café em um bar de uma rua de comércio em Genebra, no dia seguinte, às 10 horas.

Élise chega um pouco atrasada ao encontro. Ela prefere ter certeza de que Xavier estará lá.

– É um prazer revê-lo – diz ela, abraçando-o.

– Foi você quem ligou primeiro – ele responde, brincando –, e isso me surpreendeu um pouco, pois seu tom de voz parecia apreensivo. Não entendi bem.

– Na verdade, vi recentemente uma entrevista de Julian Assange e de repente lembrei de que você se interessava pela organização WikiLeaks. Ainda se interessa por isso?

– Sim, acompanho o WikiLeaks desde seu surgimento. Eu baixei telegramas, pesquisei as fontes e fiz um programa para analisá-los e lê-los. Eu queria ver um pouco como são publicados e em qual formato. De início, eu queria fazer um programa para tornar os telegramas disponíveis no iPad e ver se a Apple os autorizaria na Apple Store. Nesse meio-tempo, alguém fez um aplicativo WikiLeaks não oficial que foi recusado pela Apple. Era inútil eu continuar tentando, e desde então só acompanho o que acontece de novo. E você, por que esse entusiasmo súbito pelo WikiLeaks?

– Julian Assange me deixou verdadeiramente intrigada quando o vi na televisão e fiquei interessada em saber mais sobre ele. Passei então a procurar informações na rede e nos jornais. Acabei de ler *Underground*, o livro que ele escreveu com a jornalista australiana Suelette Dreyfus sobre o universo dos *hackers*. Agora quero ter uma ideia mais clara sobre sua honestidade. Ele chega de repente, do nada, e monopoliza as atenções com todos os seus segredos.

– Até agora, o que o WikiLeaks divulgou é uma compilação do que se acha em tudo que é canto da *Web* , com, é claro, alguns fatos novos, mas que não têm nada verdadeiramente importante, pois só dizem de novo o que todo mundo já sabe.

Eles causam inquietação principalmente por causa do que será divulgado a seguir. Aparentemente, o WikiLeaks liberou no máximo um por cento dos documentos que tem em sua posse. E é isso que perturba os governos.

– O que eles podem fazer? Matar o cara?

– Imagino que, se quiserem, eles podem, mas acho que não vão querer transformá-lo em vítima. Os governos tentam sobretudo utilizá-lo como exemplo, a fim de cercear a liberdade na rede. Na França, as leis Loppsi e Hadopi já conseguiram limitá-las bem.

– Você me dá uma pequena aula sobre isso?

– Loppsi é uma lei de 2002 que reorganiza as estruturas encarregadas da segurança interna do país. O governo francês está prestes a votar a Loppsi 2. Essa lei permite um controle das informações que circulam na internet. Prevê também a conservação de informações envolvendo os conteúdos trocados *on-line* durante um ano: endereço IP, pseudônimo, material utilizado e até as coordenadas da pessoa, incluindo os identificadores de conteúdo, os *logins* e as senhas.

– E a Hadopi?

– A Hadopi é uma lei de 2009 que visa impedir a difusão livre e proteger a criação na internet. O governo quer acabar com a troca de arquivos, pois esse compartilhamento é ilegal.

– E quem define o que é ilegal? Os grandes produtores de música, por exemplo?

Xavier sacode os ombros.

– Para os mp3 talvez, mas a meta do governo é sobretudo inserir um organismo "independente" entre a entidade local que gera o registro dos endereços IP e o provedor de acesso à internet. No final, esse organismo terá autoridade para cortar o acesso à internet de quem o governo julga fraudador.

– O problema é que segurança e liberdade não combinam.

– Eu acredito que menos liberdade não significa mais segurança, mas é isso que estão tentando nos fazer crer. Com essas leis, a França restringiu as liberdades da internet com os mesmos argumentos que a China!

– O tempo todo ficamos com medo dessas criaturas maldosas que agem para todo lado. Mas os outros países não adotarão necessariamente as leis francesas.

– Na Bélgica de fato tentaram aprovar o mesmo tipo de lei, mas não deu certo. Mas quando se vê o que fazem a Assange! Esse pessoal fica muito aborrecido com o fato de alguns consiguirem divulgar coisas em grande escala. Na área da música, isso incomoda os grandes produtores, mas os segredos que o WikiLeaks pode revelar apavoram os governos.

— Nós, em nossa pequena esfera, podemos fazer alguma coisa?

— Élise, na medida em que você tem um computador nas mãos, sua esfera é mundial! Não é preciso mais ter medo do *hacker* que conhece a linguagem das máquinas, na medida em que você usa seu computador como televisão e agência de correio. Hoje, todo o conhecimento é acessível a todos graças à rede: a música, as informações ou os cursos de Stanford. Tudo o que você quer está lá, e vou continuar lutando por essa liberdade. Fluxo livre, acesso livre.

— E como você vai fazer isso?

— Indo a um IRC você vê um monte de coisas acontecerem.

— IRC?

— Internet Relay Chat, um fórum de *chat* em tempo real.

— Ah, sei, como os BBS em *Underground*, onde os *hackers* dos anos 1990 se encontravam para dar suas opiniões dentro dos grupos de discussão e eventualmente trocavam informações ilegais.

— É, exceto que na época levava trinta minutos para se conectar a esse tipo de sistemas, o que lembrava reuniões de ativistas em porões. Sobre os IRC, as trocas são mundiais. Você pode ver tanto os apelos do WikiLeaks quanto os do "Anonymous".

— O que é "Anonymous"?

— É a ideia sob uma máscara. A ideia que nunca morre. Graças a seu anonimato, ela pode ser retomada por qualquer um, e se um de seus representantes morre outro toma seu lugar. É a ideia da reprodução ao infinito. A ideia do compartilhamento de informações na rede, a ideia do fluxo incessante. A representação do movimento é a máscara de Guy Fawkes. Aquela criada por Alan Moore e David Lloyd na história em quadrinhos *V de Vingança*.

— Quem tomou a iniciativa desse movimento?

— É um movimento que existe há muito tempo e começou com uma ideia em um fórum que acabou crescendo. Há diversas versões de "Anonymous". Qualquer um pode fazer um ato de pirataria e dizer que é "Anonymous". Trata-se de uma ideia. Na realidade, não há um cabeça e não se sabe quem são os simpatizantes, qual é a profissão deles ou onde moram. Nós não colocamos esse tipo de questão.

— Nós? Você se considera um deles?

— Em certas ações, sim. E concordo com a ideia de que a internet é sagrada. Não se deve mandá-la pelos ares, e sim deixá-la em paz. Quero ter voz ativa se alguém ameaçar essa liberdade. Além disso, me agrada muito saber que a ideia de liberdade pertence a todos, pois se oculta sob uma máscara. É a ideia que é poderosa. Como o grupo não tem estrutura de comando, não fica à mercê de um ataque contra seu estado-maior. Se alguém tenta tomar a dianteira, todo mundo o coloca em seu devido lugar. Se nós nos guiássemos por um chefe e este se tornasse alvo de um ataque, todo o movimento estaria em perigo.

– É justamente isso que acontece com Julian Assange. Os ataques pessoais a ele vão enfraquecer o movimento. O "Anonymous" luta pelo quê?

– A ideia é proteger a neutralidade da *Web*. O "Anonymous" se define como um grupo que visa evitar as censuras. Somos solidários e atuantes com o *site* WikiLeaks para defender a liberdade de informação e a divulgação de vazamentos. Somos a favor da existência do WikiLeaks. E, se as autoridades tentam impedir seu funcionamento, vamos intervir de uma ou outra maneira.

– Isso é perigoso?

– Nós fazemos ataques DDoS, enviamos solicitações inúteis para *sites* e, quando elas se acumulam demais, o servidor é paralisado. Isso não danifica o sistema, apenas impossibilita a conexão por algumas horas. É como um protesto pacífico do tipo *sit-in* diante da placa de uma grande loja. É como as manifestações dos anos 1960, quando a única possibilidade de se fazer ouvir era imprimindo panfletos, juntando um máximo de pessoas e indo para as ruas. Hoje, sem sair de casa, você pode juntar pessoas de todos os cantos do mundo. É a expressão popular com os meios contemporâneos. Os governos, porém, não gostam que escapemos pelas brechas da rede e fazem o possível para asfixiar movimentos como o "Anonymous". Já houve investigações na Inglaterra e nos Países Baixos. O endereço IP a ser atacado é posto em um fórum IRC. Quando ocorre um ataque, há meios de descobrir o computador que ataca por seu próprio endereço IP. O que fazemos na *Web* deixa rastros. Você pode entender por que o aumento de controles pode nos deixar em alerta.

– Eu compreendo bem por que Julian Assange se diz jornalista. Isso lhe dá o direito de se exprimir e de divulgar suas informações.

– Justo. É assim que ele pretende que seu direito seja respeitado. No entanto, os Estados Unidos querem fazê-lo passar por terrorista. O mesmo acontece com o "Anonymous": a mídia tem medo e usa a desinformação para fazer o movimento passar por terrorista.

– Como você explicaria isso?

– Chris Landers, do *Baltimore City Paper*, deu esta bela definição:

"'Anonymous' é a primeira superconsciência construída com a ajuda da internet. 'Anonymous' é um grupo parecido com o voo de um pássaro. Como ter certeza de que se trata de um grupo? Porque eles viajam na mesma direção. A qualquer momento, os pássaros podem entrar ou sair do grupo, ou ir em uma direção totalmente contrária à dele".

– É muito libertário...

– Vou dar outro exemplo. Alguém diz em um fórum o que lhe choca e o que quer fazer, mas o ataque não funciona a menos que a ideia seja aprovada por um grande número de pessoas. Portanto, se ele falar uma bobagem, normalmente nada acontece.

– Isso se as pessoas atrás dos computadores têm ideias democráticas, mas e caso se passe o contrário?

– É também um problema de não ter líder. Qualquer um pode ter uma ideia razoável ou irrefletida e querer transformá-la em uma ação. Fora isso, há sempre os cordeiros que podem seguir e isso se tornar perigoso. O "Anonymous" pode ser perigoso se as pessoas não refletem sobre o que fazem. Pessoalmente, tenho confiança no bom senso coletivo. Em todo caso, prefiro agir no interior do movimento e dar minha voz ou meu computador a uma ação na qual acredito.

– Mas, se todo mundo pode entrar nos fóruns de *chat*, os governos também podem estar presentes.

– É, mas os *hackers* sempre têm menos coisas a esconder do que um governo. Para nós, esse não é um grande problema. E, depois que uma ideia ou um endereço IP é dado, a ação é retomada muito rapidamente centenas, milhares de vezes, o que faz com que seja muito difícil saber rapidamente de onde ela partiu.

– É como o caso do WikiLeaks. De nada adianta proibir o *site* porque todas as informações reaparecem em centenas deles.

– Não há ligação entre o "Anonymous" e o WikiLeaks. O "Anonymous" se apresenta como o gentil defensor da *Web* . As ações são empreendidas unicamente com a finalidade de preservar a neutralidade da *Web* . O WikiLeaks vive da neutralidade da *Web* . Ou seja, o "Anonymous" apoia indiretamente o WikiLeaks, já que sustenta seu direito de existência e de expressão.

– E o que você acha de Julian Assange?

– Acho que é um *hacker* nato. Ele vê tudo como um sistema que pode ser melhorado. E em determinado momento, para fortalecer mais sua atuação, ele decidiu fazer acordos com a imprensa e se expor cada vez mais. Isso deixou muita gente nervosa. Mas é a solução que ele escolheu. E você, de onde vem esse interesse repentino?

– Há dois meses estou fazendo um *blog* sobre heróis. Faço um paralelo entre as grandes figuras de nossa época e sua queda. Podemos imaginá-las como profetas que vieram para transmitir uma mensagem, fazer o mundo avançar, mas foram assassinados ou tão incompreendidos que se tornaram depressivos, alcoólatras, drogados ou outras coisas. Em seguida, com a história de Assange, passei a me perguntar se ele também é um profeta da nossa época, um herói. Caso seja, será importante reconhecer isso para ajudar a humanidade a progredir.

– Herói, talvez, mas com um ego bem humano. Herói porque assume uma missão de envergadura mundial, mas nem por isso menos homem diante das tentações da vida. E, com a notoriedade que adquiriu, elas devem ser muitas.

– Obviamente, o WikiLeaks ainda é uma pequena empreitada, apesar de sua repercussão mundial. E, como em toda empresa iniciante, o patrão ou líder é muito importante. A ideia é baseada nele, naquilo que ele pensa. Portanto, os ataques são feitos à sua personalidade, em uma manobra para enfraquecer o movimento! Pode-se cogitar também que o governo americano esperava que a fraqueza do homem se manifestasse para colocá-lo em seu devido lugar.

– Ele continua altamente interessante para mim, seja como homem, aventureiro, profeta ou herói...

Élise e Xavier já conversavam há mais de uma hora. Então, despediram-se prometendo trocar informações sobre os assuntos de seu interesse: a liberdade, o "Anonymous", o WikiLeaks e Julian Assange.

7
Experiências de vida (1990 - c. 2006)

Julian é ingênuo até que, aos 16 anos, descobre uma nova fonte de diversão com seu computador doméstico Commodore 64. O equipamento lhe insufla um ânimo extraordinário para colocar seu espírito à prova de uma maneira bem simples e direta. Julian parece uma criança que descobre um mundo onde tudo é possível. Um mundo no qual ele busca seu lugar. Um mundo no qual se instala "sentindo-se em casa". Ele vive seu retorno à natureza; a sua natureza humana. Pôr à prova a construção de seu espírito, sua densidade e sua vitalidade o torna mais forte.

No início de 1990, Julian, sua mãe e o novo companheiro dela vivem em um casebre no subúrbio de Melbourne. Com 18 anos, Julian conhece uma garota dois anos mais nova, inteligente e ligeiramente introvertida. Rapidamente eles passam a ter uma relação bem íntima.

O jovem casal então se muda para uma pequena casa de campo dividida em dois cômodos, a alguns quilômetros dos "pais". Julian passa a maior parte do tempo diante de seu monitor. À medida que a internet se expande, o número de computadores de *hackers* aumenta, oferecendo a Julian um campo de aprendizagem excepcional.

Sua tez muda. Mendax assume a palidez do vampiro que se nutre à noite daquilo que o sol e o dia não podem lhe proporcionar. Sua bebida é uma série de zeros e uns, um código Basic ou agregador.

Nem o nascimento de seu filho Daniel faz Assange desgrudar de seu recém-adquirido Amiga 500. O vizinho estranha ver aquela mocinha sempre só, fazendo compras com seu bebê no carrinho e lavando as roupinhas do pequeno no tanque. É muito raro ver o casal junto!

Algum tempo depois, sentindo-se isolada, a pequena família volta para Melbourne. O casal se desentende de vez e se separa. A jovem parte com o bebê. Julian está só quando a polícia invade seu apartamento.

Em outubro de 1991, Julian está em estado deplorável. As noites de sono trazem seu quinhão de fantasmas. Ele sabe que é vigiado. Mendax começa a sonhar com batidas policiais, com ruídos de passos estalando no cascalho do estacionamento, com sombras na obscuridade da madrugada, com uma esquadra policial armada arrombando a porta e invadindo o quarto às cinco da manhã. Ele dorme raramente e mal come. Sua casa é um verdadeiro pandemônio. Sua coleção de velhos exemplares da *Scientific American* e da *New Scientist Magazine* está jogada em um canto. Ele está abandonado; comunica-se com seus companheiros do *International Subversives* unicamente por telefone.

Ele acha um equilíbrio vital graças à colmeia que possui. As abelhas o fascinam. Ele adora vê-las interagindo e estudar sua sofisticada estrutura social. Tira proveito de seu número impressionante para esconder seus disquetes de dados sob a tampa da colmeia. Só depois de escondê-los ele consegue ter um sono um pouco reparador. Julian domesticou as abelhas para evitar ser picado durante a guarda de seus arquivos. Ele alimenta os insetos por meio de um pano umedecido com água açucarada previamente impregnado com o suor de suas axilas. Assim, as abelhas associam seu odor ao néctar de flores.

Ele conecta seu telefone a um rádio e escuta os sinais da polícia. Portanto, não é surpresa quando um policial bate à sua porta. No entanto, fica surpreso de ser acusado de cerca de trinta casos de ciberdelitos, sem nem sequer ter tempo de organizar seus disquetes em seu meloso esconderijo.

Enquanto aguarda o resultado do processo, Julian fica deprimido e passa uma semana no hospital. A seguir, tenta passar um tempo com sua mãe; mas após alguns dias parte sem destino e dorme em parques. Ele perambula através das densas florestas de eucalipto no parque nacional Dandenong Ranges, onde os mosquitos se fartam picando seu rosto. Para ele, esse momento é uma experiência mística. Primeiro, seu diálogo interno é fortemente estimulado por um desejo de falar, de contar coisas a si mesmo, de se exprimir. Nessa floresta, onde não encontra eco, sua voz interna acaba se acalmando. Sua visão de si mesmo desaparece, dando lugar a questões mais filosóficas. O que estou fazendo da minha vida?

Então, uma necessidade se revela a ele: a necessidade de experiências. Em seguida, ele verá o que fazer, aquilo que satisfará sua sede interna. Uma ideia se delineia: "Após uma certa soma de experimentações, saberei como desenvolver minha personalidade".

Em 1994, ele se inscreve na Central Queensland University para um curso básico de programação! Por que um *hacker* de seu nível se inscreveria em um curso para principiantes? Será que ele precisaria ficar a par das novas maneiras de programar?

No mundo dos *geeks*, os *hackers* trocam programas e informações. Portanto, a formação é contínua. As linguagens da informática funcionam como as línguas: quanto mais línguas sabemos, mais rápido aprendemos outras. Assim, tal suposição não é muito absurda.

Será que ele queria adotar uma boa conduta após esse longo processo? Isso parece possível, mas por que se inscrever em uma opção que ele conhece perfeitamente? Seria para ter sucesso nos exames "com o pé nas costas" ou para forjar uma nova identidade? O mistério perdura, visto que ele se envolve em outra batalha: a guarda de seu filho, uma luta que começou no início de seu próprio processo.

Assange e sua mãe se empenham em uma campanha para recuperar a guarda integral de Daniel. Essa batalha legal se mostra, em certos aspectos, mais difícil de encarar do que sua própria defesa enquanto "criminoso". Julian e Christine estão convencidos de que a mãe do pequeno Daniel e seu novo companheiro colocam a vida do menino em perigo. Eles estão decididos a reduzir os direitos dela. Em compensação, o que Julian tem a oferecer? Talvez uma inscrição recente na universidade que reabilitará sua condição de jovem pai? Mas o relatório da agência para proteção de infância (Health and Community Service) discorda de seu pleito.

As explicações específicas dadas pela agência são tão pouco convincentes que Julian e sua mãe não se dão por satisfeitos. Eles se veem diante da falta de profissionalismo e de respeito por seu requerimento.

A agência conclui que a criança vive em um ambiente familiar sadio. Julian e Christine não encontram meios de recorrer contra essa decisão e se sentem impotentes diante da máquina burocrática. Para eles, trata-se de um grande exemplo de injustiça. Eles descobrem rapidamente que a agência não deu atenção suficiente à sua petição. Percebem também que seu caso não é isolado e que há falhas graves nessa administração.

A burocracia é um sistema que esmaga as pessoas. Essa sempre foi a ideia de Christine, que educou Julian dentro de uma profunda antipatia por esse sistema absurdo que produz injustiças. Ele podia constatar isso nesse momento preciso. A batalha pela guarda vira uma rixa amarga contra a instituição. Christine e Julian lançam uma organização de campanha contra as autoridades locais de proteção à infância, à qual dão o nome de Parent Inquiry Into Child Protection (PIICP).

Com seu passado de ativista, Christine conhece os métodos: achar pessoas da própria agência, encontrá-las, falar com elas e criar um elo de confiança para que possam se abrir, compartilhando os segredos que pesam cada vez mais em seu espírito com o passar do tempo. Depois, pacientemente, com presença e insistência, dar-lhes a força de se exprimirem para um número maior de pessoas. Ao encontrá-las, os membros do PIICP querem forçá-las a fazer confissões e gravá-las secretamente. A organização australiana pede o apoio da Ação pela Liberdade de Informação e obtém documentos da Agência de Proteção à Infância (HCS). A seguir, eles distribuem os panfletos "Você pode ficar anônimo se quiser" aos funcionários da HCS, estimulando-os a lhes dar informações internas da própria agência. Isso alimenta um banco de dados que eles acabam de criar. Um dos funcionários lhes fornece um importante manual interno.

A batalha está quase ganha. Eles têm um espião dentro da agência, o qual garante a veracidade das informações e sobretudo cava brechas com facilidade no interior de um movimento que se fragiliza. O espião age às cegas, pois não sente necessidade de questionar sua ação nem de compreender suas implicações e consequências. Outros estão lá para analisar e guiar os que aceitam se rebelar.

Um embrião do WikiLeaks se delineia: pesquisar a verdade, estimular os vazamentos, coletar informações por uma questão de cidadania.

Em 1995, uma comissão parlamentar acusa a agência de negligência e de não se ocupar de certos casos de desvio das normas. É preciso esperar 1998 e três dúzias de apelos e de inquirições posteriores para que Assange faça um acordo com sua ex-mulher em relação à guarda de Daniel.

Essa experiência é extremamente penosa e estressante para Julian. Christine assegura que seu envolvimento é total. Ele se sente como após um choque pós-traumático, como quem volta de uma guerra, e seus cabelos, que eram castanhos-escuros, perdem a cor.

Julian precisa se afastar um pouco de tudo isso e resolve fazer uma viagem durante todo o último trimestre de 1998. Ele então escreve este *e-mail*:

> *Estou prestes a escapar dos perigos de um verão na "cidade mais suportável do planeta" (Melbourne, Austrália) e a partir com a mochila nas costas para o mundo maravilhoso da neve, do gelo, do estrume e do comunismo que implode.*
>
> *Vou andar pelos EUA, a Europa ocidental e oriental, a Rússia, a Mongólia e a China (nessa ordem). Se alguém quiser compartilhar uma cerveja, uma vodca, um filé de urso siberiano ou simplesmente bater papo, fique à vontade.*

O itinerário abaixo é (bem) aproximado. Um local de hospedagem pitoresco, um coração caloroso, uma Ethernet vibrante, uma companhia interessante (ou algo do gênero) podem mudar minhas datas e itinerários. Viajo de mochila nas costas pela Europa oriental e a Sibéria, portanto nenhuma morada, divã ou quarto de hóspede é pequeno demais (mesmo na região de São Francisco) e será altamente apreciado.

28 Out 98 São Francisco
05 Nov 98 Londres
06 Nov 98 Frankfurt/Berlim
09 Nov 98 Polônia/Eslovênia/Europa ocidental com pouquíssimo dinheiro
15 Nov 98 Helsinque
16 Nov 98 São Petersburgo
20 Nov 98 Moscou (Transiberiana)
25 Nov 98 Irkutsk
29 Nov 98 Ulan Bator
03 Dez 98 Pequim

Saudações,
Julian

De volta da viagem, ele decide retomar a vida normal. Chega a hora de colocar seus conhecimentos a serviço de empresas e organizações. Ele quer um pouco de paz e novas experiências no mundo real.

Sua ideia de igualdade o leva a participar do desenvolvimento da *open source*. Ele cria em 1995 o Strobe, um *software* de segurança para computadores. Esse programa respeita os critérios de gratuidade, livre distribuição e reprodução, assim como um acesso ao código-fonte e a seus trabalhos derivados. Em 2000, ele cria o Surfraw, um aplicativo que permite interagir diretamente com diferentes *sites* e motores de busca diretamente a partir da linha de comando. Julian Assange é considerado pela comunidade dos *hackers* um bom desenvolvedor.

Julian participa ativamente do desenvolvimento da internet na Austrália. A partir de 1993, é administrador do sistema da Suburbia. Essa associação é o mais antigo provedor de acesso gratuito à internet da Austrália. Lançada em 1990, desde 1993 é aberta a todos, muito antes de a internet se tornar uma rede comercialmente viável. Enquanto outros concorrentes criaram uma identidade comercial, a Suburbia se atém a suas ambições originais: oferecer um sistema privado e seguro que apoia os grupos de discussão e de edição *on-line* de conteúdo.

A Suburbia é uma associação sem fins lucrativos que defende a causa da liberdade de imprensa. Não recebe subvenção alguma e existe unicamente graças à generosidade de seus membros que doam tempo e material voluntariamente.

Os membros incluem magistrados e políticos adeptos da causa, assim como *hackers*. Ele se unem em torno da ideia de que toda pessoa deve ter o direito de publicar na internet, sem se preocupar com política, opiniões, pressões ou meios financeiros.

Desde 2008 a Suburbia deixou de aceitar novos membros, pois as demandas são por demais numerosas. No entanto, ela está aberta a contatos feitos por ONGs com uma necessidade específica ou por pessoas cooptadas por um membro atual. Ela também pode fazer uma filtragem para evitar uma intrusão "maligna" que contrarie seus interesses básicos.

Ao analisar os nomes de domínio, pode-se ver o de suburbia.com.au hospedado em um dos servidores do *site* www.whistleblowers.org.au/, que pertence à associação Whistleblowers Australia Inc. Um *whistleblower*, ou "lançador de alerta", é alguém que busca mostrar a corrupção ou a negligência no interior de organizações e revela o segredo. O procedimento padrão é expor as práticas condenáveis dando provas dessas más condutas. O lançador de alertas, portanto, investiga por diferentes meios que ele não divulga, sobretudo na imprensa. O cerco a esses informantes é grande, pois as pessoas que eles investigam muitas vezes são criminosos, gente que tem cargos importantes ou grandes organizações. É frequente eles terem inimigos poderosos nos partidos políticos, departamentos de Estado e grandes empresas.

Em represália, o lançador de alerta muitas vezes é atacado pessoalmente, sendo chamado de criador de problemas, de louco ou de "mentiroso maligno". Isso pode se traduzir pela frieza extrema por parte de seus colaboradores ou de sua hierarquia, assim como por outras maneiras, incluindo ataques físicos.

Brian Martin, eminente professor de ciências sociais na Universidade de Wollongong (Austrália), é membro ativo dessa associação desde 1991 e assumiu sua presidência em 1995.

Em um artigo no *UPIU*, periódico de aconselhamento para futuros jornalistas, Martin explica: "A melhor ilustração de nossas atividades é exercer um poder dentro da sociedade. Acredito que para a maioria de nós é melhor estar em um contexto no qual todos são iguais. Isso significa sermos livres para falar e negociar as coisas livremente. A maioria das organizações e, por certo, os governos são extremamente hierarquizados, e as pessoas dos níveis mais baixos não têm liberdade de expressão. As pessoas podem se reunir na esquina da rua e dizer todos os tipos de coisas. Hoje, você pode criar um *blog* e publicar todos os comentários que queira. Fundamentalmente, se você fala bobagem, você perde sua credibilidade". O jornalista acrescenta: "Talvez a perda de credibilidade e a má reputação devessem ser as únicas punições para quem faz acusações falsas. Quando uma ação 'criminosa' é trazida à tona, parece natural que alguém ligado a ela seja exposto à opinião pública. Com muita frequência, os lançadores de alerta são atacados por ter tornado as provas públicas".

Quando Julian Assange começa a trabalhar na Suburbia em 1993, Brian Martin e seus *whistleblowers* já estão em atividade há dois anos. Como administrador da rede da Suburbia, Julian tem acesso a todas as informações que circulam através do *site*. Isso lhe dá grande inspiração.

Certo dia, um requerimento enviado por um defensor da Igreja da Cientologia chega à Suburbia. Ele pede à sociedade que bloqueie um *site* que revela documentos confidenciais do movimento e denuncia certas práticas.

Julian Assange recebe essa demanda, mas se recusa a atendê-la e encaminha o requerimento para a direção. Mark Dorset, encarregado desse tipo de decisão, teima com Julian.

O criador desse *site* se chama David Gerard e nessa época mora em Melbourne. Acima de tudo, ele criou seu *site* para criticar e condenar um ator mundial contra a liberdade de expressão, os abusos de direitos autorais e a perseguição daqueles que os criticam. Rapidamente ele é descoberto pelo movimento cientologista de Ron Hubbard e ambos brincam de gato e rato durante vários anos. O *site* sobre a Igreja da Cientologia continua *on-line*, mas não é atualizado desde 2000.

David Gerard testemunha, em 2010, para um jornalista da *Forbes*: "Assange tem colhões de titânio". Ele elogia sua coragem de ir contra essa organização para proteger um combatente da liberdade de expressão.

Por volta de 1997, Assange colabora com Suelette Dreyfus na elaboração do livro *Underground*, que aborda a vida de seis famosos *hackers* australianos: Phoenix, Nome, Electron, Prime Suspect, Trax e Mendax.

Julian Assange jamais confessou publicamente que era Mendax. São as numerosas semelhanças com sua vida que tornam isso evidente. Julian adora dizer a certos jornalistas que foi apenas consultor do livro!

Na mesma época, os dois autores e Ralph-Philipp Weinmann inventam o sistema de criptografia Rubberhose, concebido como uma ferramenta para as organizações de direitos humanos que precisam proteger dados sensíveis sobre o assunto.

Em 1998, enquanto sua batalha familiar ainda não terminou, Assange funda com Richard Jones sua primeira empresa, a Earthmen Technology, visando desenvolver tecnologias de detecção de invasão de rede; na verdade, trata-se de uma associação de *hackers*, pois Richard Jones é nada menos do que o célebre Electron. É Jones que administra a maioria das novas tecnologias e, nessa época, cria programas de *hacking* do Kernel Linux e algoritmos rápidos de *fast-pattern matching* (filtragem por tema utilizado na detecção de intrusão).

Trata-se de um bando de *geeks* desenvolvendo *softwares* de segurança em sua sala, mas o lado "empresarial" nunca decolou.

Ralph-Philipp Weinmann também faz parte da turma. Hoje pesquisador de criptologia na Universidade de Luxemburgo, ele desenvolveu um programa de decifração de dados criptografados em máquinas Apple, que hoje são utilizados pela maioria dos *hackers* de iPhone.

Durante esse período, Julian Assange também se interessa por política. Homem de "desafios", ele se preocupa com o mundo e deseja fazer aquilo que o Partido Trabalhista Australiano inicialmente fazia: lutar pela igualdade. Julian Assange é o tipo de pessoa que pode dizer "quero fazer isso" e realmente fazê-lo, enquanto os outros ficam só na conversa. Após um flerte com a esquerda, ele se desiludiu. Na sequência de uma reunião em Melbourne, ele despreza a classe política, dizendo que é formada por espíritos confusos. Ele vê o governo como uma farsa. *Geek* brilhante e desajustado social que quer interagir mais com a máquina do que com as pessoas, ele também está determinado a mudar o mundo.

Seus amigos o descrevem como alguém que não acata ordens, um homem do Renascimento com os instrumentos do século 21 à sua disposição. Ele percebe muito cedo que o mundo não é justo, mas pode ser, e que a internet representa um meio para criar um campo de batalha do mais alto nível em termos de justiça. Ele caminha naturalmente, lentamente e de forma segura rumo a uma solução para colocar tudo isso em ordem.

Em 2003, Julian retoma seus estudos e se matricula na Universidade de Melbourne, a fim de estudar matemática e teoria da física. Damjan Vukcevic, diretor do departamento de matemática da universidade, recorda-se de Assange como alguém que tinha opiniões políticas corajosas, um conhecimento impressionante de computadores e uma aura de mistério.

Assange jamais obteve o diploma. Desapontado, ele interrompe o curso, pois vê muitos estudantes e universitários fazerem suas pesquisas bancados pela defesa americana e agências de espionagem. Em 2004, antes de abandonar a universidade, ele se encontra por lá ao mesmo tempo que seu filho, Daniel. Então com quinze anos, Daniel faz o primeiro ano de genética. Em uma apresentação sobre seu percurso durante uma conferência acerca da democracia, Julian disse ter se debruçado sobre neurociências e filosofia, e também que frequentou seis universidades. Nenhum traço de inscrição real foi encontrado, exceto na universidade de Melbourne. Ao que parece, ele apenas esteve presente em algumas conferências. É a imprensa ou o personagem que tem tendência a globalizar a experiência?

Em 2005 ele parte para uma viagem de motocicleta na rota de Hanói, Vietnã. A princípio ele deseja seguir os rastros do jovem Che Guevara, mas depois pondera que, politicamente, há países mais interessantes para visitar.

Os caldeirões, ou cavidades abertas por enxurradas ou pela pisadura de animais, na estrada chamam sua atenção. Eles não só a tornam perigosa como são um vestígio da guerra que não sai da memória de todos os envolvidos.

Por analogia, Julian elabora uma teoria da informação. A partir de uma descrição física da formação dos caldeirões, ele chega à conclusão de que é preciso agir com presteza para não ter de fazer grandes reparos mais tarde. Lamentavelmente, as pessoas preferem seguir em frente, pensando em suas preocupações corriqueiras, a tentar consertar a estrada. E por que pensamos mais nessas preocupações? Porque não damos ênfase ao possível impacto desses caldeirões a longo prazo.

Ele faz tal alegoria para chegar ao verdadeiro problema: a falta de informações. O mundo é feito de caldeirões informacionais; se ficamos cegos por outras preocupações, deixamos que eles se desagreguem.

Em dezembro de 2006, ele escreve a um amigo para contar sua experiência em Hanói. Ele acha seu *e-mail* tão bem escrito que resolve postá-lo em seu *blog*, e aqui vemos a análise final:

Fazer projeções requer informações confiáveis sobre o atual estado do mundo. A capacidade cognitiva então permite fazer inferências no sentido de projeções, enquanto a estabilidade econômica lhes dá sentido. Não é apenas no Vietnã que os segredos, os desvios de dinheiro e a desigualdade de acesso reduziram a pó o primeiro requisito da projeção: (a verdade e nada mais).

A projeção pode produzir resultados que asseguram a todo mundo interesses consolidados. Da mesma maneira, a falta dela ou fazer as coisas de forma estúpida pode prejudicar quase todas as pessoas.

Os especialistas em informática têm uma ótima expressão para a dependência da projeção de informações dignas de confiança: "garbage in, garbage out". Se os dados fornecidos são inexatos, o resultado final será necessariamente falso.

A NSA (a agência de segurança "tecnológica" que é a divisão de informática da CIA) utiliza a expressão The Black Budget Blues (que designa o orçamento secreto destinado à desinformação), mas, sem dúvida, a expressão é mais familiar para os americanos sob a forma de "efeito fox news".

A Fox foi diversas vezes acusada de imprimir um viés direitista às suas informações, em prol dos republicanos, e de fazer mais propaganda do que jornalismo (um documentário revelou suas práticas).

A projeção é aplicável desde que se baseie na verdade e nada mais. Julian explica aqui que, para que os cenários previstos sejam acurados, é preciso ter informações precisas sobre o estado dos lugares, as tendências e os fenômenos emergentes. Caso contrário, as previsões sobre o nosso possível futuro são falseadas e vamos nos preparar hoje para um futuro que não corresponde ao estado real de nossas sociedades. É o fenômeno do *garbage in, garbage out*.

Aqui, dar as informações mais reais possíveis tem importância fundamental, pois a visão do futuro para o qual nos preparamos está em jogo. Os Estados, porém, mentem e manipulam, e a mídia deforma tudo. Julian assume uma missão: divulgar informações de qualidade. O caminho na direção do WikiLeaks se delineia diante dele.

PARTE IV
Os mentores

Pobre do discípulo que não supera o mestre.
– Leonardo Da Vinci

8
A influência materna (perfil de Christine Assange)

"Você será um homem, meu filho." É provável que Julian Assange nunca tenha ouvido essa frase famosa dita pelos pais aos filhos quando sentem que estes se aproximam da fase adulta. Sua mãe, Christine, cuidou dele sozinha após romper com um jovem rebelde chamado John Shipton, que conhecera durante uma manifestação contra a guerra do Vietnã.

No final dos anos 1960, em Queensland, no nordeste da Austrália, Christine Hawkins tem 17 anos e mora com seus pais, ambos universitários, australianos de origem irlandesa e ancorados nas tradições. Seu pai autoritário, Warren, leva todo mundo na rédea curta, tanto em casa quanto na universidade. Ele é muito envolvido com seu trabalho, onde é respeitado, e tem profunda convicção na legitimidade da educação. Em 1978, redige o relatório da conferência sobre a formação de professores em universidades regionais.

Christine anseia por independência, querendo participar da onda de liberdade que nessa época varre a Austrália e diversas outras partes do mundo. Ela se ressente com a rigidez paterna e as instituições.

Certo dia, por impulso, ela vende suas pinturas, queima seus livros escolares, compra uma motocicleta, uma barraca, um mapa da Austrália e abandona seus pais, que ficam estupefatos. Ela percorre quase 2 mil quilômetros e adere ao movimento da contracultura em Sidney. A Austrália também tem soldados no Vietnã, quase 60 mil, e as manifestações contra essa guerra são inflamadas. Novas ideias surgem. Diversas formas de arte florescem, e a postura pacifista dos adeptos da filosofia *hippie* toma o lugar da cultura aborígene no centro das inspirações. O movimento estudantil gerido pela União Australiana de Estudantes criará também seu próprio festival, o "Aquarius". Primeiro em Camberra, depois em Nimbin, cidadezinha ainda hoje considerada a capital *hippie* do país, com sua luta incessante pela legalização da maconha.

Com o nascimento de Julian, Christine se instala em Magnetic Island, berço da cultura *hippie* australiana. É seu retorno à natureza, e ela se sente totalmente livre. Até hoje ela gosta de rememorar essa época maravilhosa, na qual vivia com outras mães solteiras nas praias paradisíacas da ilha. Ela sobrevive vendendo desenhos que faz à sombra das figueiras-da-índia e aluga uma casinha na Picnic Bay. Caminha com seu filho na praia catando aqui e acolá um *cypraea carneola* ou um caurim, esses moluscos de mares tropicais que servem de moeda em certas ilhas. Uma vez por semana vai tomar chá com o velho Pat, um ex-cozinheiro que mora em uma casa de pedra na ponta de Nobbys Headland.

Quando Julian tem dois anos, Christine conhece Brett Assange e cai na estrada com seu teatro itinerante, em uma vida de boêmia. Brett é o diretor da trupe e Christine cuida da cenografia, do figurino e da maquiagem. Julian é a única criança nesse mundo de artistas. Ora frequenta a escola pública, ora tem aulas em casa. Christine e Brett estão muito ocupados com a sobrevivência de sua pequena trupe e desde cedo preferem tratar Julian como adulto, instigando-o a aumentar sua autonomia. Portanto, ele desenvolve sua formação escutando esses adultos discorrerem sobre arte e política. Christine continua engajada e ativa, e participa de diferentes ações pelas causas nas quais acredita.

Certa noite em Adelaide, quando Julian tem 4 anos, sua mãe e um amigo estão voltando de uma reunião de protesto antinuclear. Há vários anos existe uma luta para que o governo inglês admita que durante dez anos fez testes nucleares aéreos no deserto de Maralinga, no noroeste da Austrália, desalojando mais de 5 mil aborígenes de sua terra natal. Somente em 1993 os britânicos concordam em liberar uma verba para descontaminar a região. Voltando à tal noite, Christine acompanha um amigo que afirma ter provas científicas desses testes. Ao cruzar os subúrbios de Adelaide, eles percebem estar sendo seguidos por um carro à paisana. Sentindo-se em perigo, o amigo, que deve entregar suas provas a um jornalista, salta do carro. Perseguida pela polícia, Christine por fim é detida. Os policiais então veem o pequeno Julian dentro do carro e dizem a ela: "A senhora mantém uma criança acordada às duas horas da manhã! Aconselhamos que pare de se meter com política".

Mesmo ficando menos ativista após esse episódio, ela continuará convencida de suas ideias. De volta ao refúgio não conformista de Magnetic Island, entre duas turnês, Christine passa a fazer chapéus com folhas de coqueiro e educa Julian para desprezar toda autoridade, que, segundo ela, é um instrumento de destruição dos espíritos jovens.

A seguir, a impetuosidade de Christine contra o sistema se traduz em sua fuga do pai de seu segundo filho. Julian, que tem pavor do padrasto, sente um certo alívio com essa medida.

Mais tarde, Christine também apoia ao máximo a luta de Julian pela guarda de Daniel, seu filho. Quaisquer que sejam suas lutas, ela as empreende com seus filhos sob as asas, como uma loba protegendo seus filhotes e defendendo seu território, sua liberdade de pensar e viver como quiser, inclusive de biquíni o dia todo, se der vontade. Para ela, todo entrave à liberdade castra a inteligência e a criatividade. É dentro dessa ótica que ela cria seus filhos.

Enquanto vivem em Melbourne, Christine vê Julian se interessar cada vez mais por computadores e ir regularmente à loja em frente ao apartamento deles. Assim que tem condições financeiras, ela dá a Julian seu primeiro computador de segunda mão.

Alguns anos depois, ao conhecer o juiz Leslie Ross, que lhe explica que seu filho pode ser considerado um "dependente" de máquinas informáticas, ela fica estupefata, pois não conseguira ver a paixão de seu filho sob um olhar crítico.

Mesmo assim, ela o defenderá com todas as forças, certa da boa-fé de Julian e sem ver mal algum na maneira como ele exprime seus dons, mesmo que estes sejam um tanto curiosos.

Christine volta à luta em 2006, organizando a "Bikini March", uma manifestação em trajes de banho nas ruas de Melbourne, em reação a uma declaração sexista de um líder islâmico da cidade.

O imame Taj El-Din Hamid Hilaly havia declarado o seguinte em seu sermão do Ramadã: "Se você deixa um pedaço de carne exposto na rua e os gatos aparecem e o comem... de quem é a culpa: dos gatos ou da carne exposta? A carne exposta é o problema. Se ela ficasse em seu quarto, dentro de casa e com seu lenço (*hijab*), não haveria problema algum".

Christine então declara à imprensa, com fervor e sinceridade: "Não precisamos disso em nosso país. Temos um país magnífico, e gente do mundo inteiro vem morar na Austrália atrás de liberdade". Assim, essa mulher de 55 anos, cuja ideia é vagar de biquíni e pareô nas ruas de Melbourne com o cartaz *"Ele não é nosso mufti"*, vai interpelar a consciência dos australianos.

Numerosas discussões na internet analisam sua ação. Além disso, ela se associa a um amigo, Chris Gemmel-Smith, que tem uma empresa têxtil da qual se orgulha por ser "*100% Aussie*" [100% australiana]. Nessa ocasião, ele cria uma camiseta com a inscrição "*Uncovered Meat*" [Carne Exposta]. Os internautas e blogueiros debatem sobre o intuito comercial dessa marcha de biquíni para Chris Gemmel-Smith. Eles acabam qualificando as propostas de Christine como simplistas e populistas, colocando esse caso em evidência.

Esse movimento na internet descamba para uma agitação de fundo conspiratório. Um líder nacionalista local resolve apoiar a ação, e então, movida pela repugnância e pelo cansaço, Christine anuncia que a manifestação não será realizada, por temor de que seja cooptada pela extrema direita.

Julian Assange apoiou essa ação de sua mãe, criando um *site* para ela na internet e promovendo-a em seu *blog*.

Christine Hawkins Assange, portanto, sempre compartilhou com Julian esse desejo de liberdade individual, essa aversão pelos sistemas redutores e legisladores. Como ele, ela se engaja rápida e fervorosamente em ações e propostas, correndo o risco eventual de ser mal interpretada ou acusada de alianças duvidosas.

Não obstante, como Julian, ela pode ser inábil em sua defesa, pois, ao proteger ferreamente sua vida privada, só aumenta o mistério que a cerca.

Na época dessa campanha de difamação, ela declara que não quer falar de si mesma, que é apenas uma avó e que não tem ligação alguma com qualquer partido. É esse mistério que estimula todas as teorias, inclusive uma que lhe atribui um segundo grau de parentesco com a *Miss* Universo 2004, Jennifer Hawkins.

Apesar de tudo, Christine parece uma mulher de ideias simples e convicções humanistas. Há muitos anos ela toca sozinha um teatro de marionetes de papel--machê que ela mesma confecciona e que enchem de alegria os olhos de centenas de crianças nas escolas do país.

Christine Assange adora crianças e acredita profundamente na capacidade delas de mudar o mundo. Ela define sua arte como um espetáculo infantil de qualidade feito para um público sagaz. É com esses valores que ela criou seus filhos, e tem confiança absoluta nas escolhas que eles fazem. Ela declara em Londres, em dezembro de 2010, no desejo de estreitar seu filho nos braços: "Eu reagi como todas as mães fariam... Ele é meu filho e eu o amo".

9
Inspiração e referência (perfil de Daniel Ellsberg)

Henri Kissinger, conselheiro de segurança nacional do governo Nixon, declara: "É o homem mais perigoso da América". O ano é 1971, e o homem ao qual ele se refere é Daniel Ellsberg, analista militar com o qual colaborou.

Trata-se do caso dos *Documentos do Pentágono*, que vai jogar a luz dos holofotes sobre Ellsberg e acender o pavio que levará à explosão da administração Nixon.

Naquele ano, Daniel Ellsberg tem apenas 40 anos e trabalha desde 1967 para a Rand Corporation, instituto de pesquisa que define a estratégia militar americana da época. Esse homem inteligente e dotado de um espírito agudo de síntese já demonstrara sua fidelidade ao país quando, aos 23 anos, entrou para os fuzileiros navais, tendo sido chefe de pelotão durante dois anos. Após um primeiro período na Rand Corporation lidando com estratégia nuclear, esse ardente patriota e anticomunista trabalha um ano para o Pentágono na equipe do secretário da Defesa, Robert McNamara. Ali ele se torna um dos analistas mais respeitados de táticas da Guerra Fria e do Vietnã, obtendo, aos 33 anos, a máxima patente civil, GS-18, equivalente a general-de-divisão (duas estrelas).

Não contente em se ater à teoria, Daniel Ellsberg se alista em 1965 para o Vietnã e obtém um posto na embaixada americana em Saigon. Lá ele estuda os métodos de pacificação nas linhas de frente para o general Edward Lansdale, que o apreciará por seu engajamento democrático. Nesse ínterim, seu patriotismo e sua formação militar levam Ellsberg a querer participar de diversas operações de combate, apesar da reticência de seu superior, que prefere se aproximar dos vietnamitas em vez de combatê-los. Ele é tomado de um furor espantoso para combater Charlie.

Estando no lugar e se misturando à população, ele compreende que o processo de pacificação só pode funcionar envolvendo os próprios vietnamitas.

De volta em 1967 à Rand Corporation, Ellsberg trabalha na condução do conflito sul-vietnamita no McNamara Study Group. É lá que, graças à sua graduação e missão, ele tem acesso à documentação mais secreta sobre o assunto. Ele então percebe que grande parte de suas análises, realizadas nesses anos todos para as forças armadas americanas, podem servir a finalidades bem menos pacifistas e respeitosas para com os povos do que ele imaginava durante sua temporada no Vietnã. Seu espírito se atormenta, assaltado por questionamentos e amargura, levando-o a se ligar a eventos pacifistas.

Em 1969, durante uma conferência da War Resisters League, ele tem uma revelação: ouve um rapaz afirmar com orgulho que irá em breve para a prisão por deserção e insubmissão à sua convocação militar. Tal decisão de ir deliberadamente preso por uma causa que ele acha justa perturba tanto Ellsberg que, em seguida, ele declara:

Não restava dúvida em minha cabeça de que meu governo estava envolvido em uma guerra injusta que continuaria e se ampliar. Milhares de homens jovens morriam a cada ano. Saí do auditório e achei um banheiro vazio. Fiquei sentado no chão e chorei por mais de uma hora. Foi a única vez na minha vida que reagi dessa maneira.

Tal experiência emocional o leva a ser mais crítico acerca de seu trabalho e a tentar entender as possíveis *hidden agenda* [agendas ocultas]. Ele compreende rapidamente o plano de paz de Kissinger: exercer pressão sobre Hanói por meio da URSS e da China e aniquilar o Camboja com bombardeios, em vez de parlamentar com os franceses. Ellsberg fica revoltado. A partir desse momento, ele compila um dossiê inteiro para tentar inverter o processo, mas Kissinger sequer se dispõe a dar uma olhada na papelada. Esse dossiê de 7 mil páginas, que descreve as análises e as decisões confidenciais feitas durante a guerra do Vietnã, torna-se amplamente conhecido sob a denominação de *Documentos do Pentágono*. Ellsberg decide torná-lo público e declara o seguinte: "Como cidadão americano responsável, senti que não podia mais cooperar com a dissimulação dessas informações aos olhos do público americano. Faço isso claramente sob meu próprio risco e estou pronto para arcar com todas as consequências dessa decisão".

Não foi uma decisão fácil para um homem que, por ocasião de sua tese de economia em Harvard, criou uma teoria da decisão, hoje conhecida sob o nome de paradoxo de Ellsberg: quando as pessoas têm de escolher entre duas opções, a maioria se decide por aquela cuja lei de probabilidade é conhecida.

Sem dúvida, Daniel Ellsberg não buscou saber as probabilidades de êxito ou fracasso de sua empreitada. Ele agiu por convicção e responsabilidade. No entanto, os primeiros vazamentos foram trabalhosos. Após fazer fotocópias de todos os documentos desviados noite após noite de seu escritório, com seus filhos e seu colega e amigo Anthony Russo, ele envia o dossiê para o senador antiguerra William Fulbright. Este acha que o dossiê é insuficiente para deter o conflito e não toma atitude alguma. A época é novembro de 1969. Por mais de um ano, Ellsberg tenta diversas vias políticas e parlamentares, sem achar uma só pessoa capaz de apoiá-lo. Ele escreverá posteriormente:

"Os seres humanos são animais de rebanho. Eles dependem enormemente de seu pertencimento ao grupo e fazem qualquer coisa para permanecer nele. E a maneira mais usual de fazer isso é mantendo o silêncio".

Na sequência, encontra o senador George McGovern, que lhe recomenda procurar a imprensa, mais precisamente o *New York Times*.

Em 13 de junho de 1971, um domingo, o primeiro artigo é publicado. Ao longo de seis páginas as histórias e revelações se sucedem:

Harry Truman e Dwight Eisenhower imiscuíram os Estados Unidos desde a Indochina à França; J. F. Kennedy transformou essa escaramuça em uma guerra utilizando "uma estratégia de provocação" secreta que finalmente conduziu aos incidentes do golfo de Tonkin; desde o início de sua gestão Lyndon Johnson pretendia empreender a guerra; a CIA concluiu que o bombardeio era totalmente ineficaz para obter a vitória...

Ben Bradlee, do *Washington Post*, não tem coragem de se envolver quando Ellsberg o procura. No entanto, quando o *The New York Times* é atacado pelo governo, o jornal diário se mobiliza para assegurar a publicação das informações. A engrenagem entra em ação e a administração Nixon não consegue impedir a publicação dos artigos, um atrás do outro. Numerosos jornais divulgam as informações – o *Boston Globe*, o *Los Angeles Times*, o *Chicago Sun Times*, o *St. Louis Post-Dispatch* –, sempre alimentados por Ellsberg, que faz seus vazamentos escorrerem do covil no qual se esconde durante treze dias. Essa mobilização em torno da primeira emenda da Constituição é uma verdadeira declaração de independência da imprensa americana com relação ao governo.

O acórdão da Suprema Corte que estabelecerá que nesse caso a segurança nacional não justifica a censura será um marco para a liberdade de imprensa nos Estados Unidos.

A única solução que resta para deter esse derramamento é atacar o homem. Acuá-lo, aprisioná-lo e desacreditá-lo para atenuar o impacto desse escândalo.

Uma equipe secreta é criada na própria Casa Branca, com poderes para achar elementos que desacreditem Ellsberg. Ela organiza um furto no consultório do psicanalista dele para obter sua ficha, mas a operação é um fracasso. Essa equipe, denominada "White House Plumbers", é que irá invadir o prédio do Watergate um ano depois, com as consequências que todos conhecem.

Em 28 de junho de 1971, Ellsberg finalmente se rende no gabinete do procurador nacional de Boston. Ele e seu amigo Anthony Russo são acusados, conforme a lei de 1917, de espionagem, roubo e conspiração contra o Estado, podendo pegar uma pena de até 115 anos de reclusão!

Somente em 11 de maio de 1973, ao término do processo, Daniel Ellsberg é inocentado de todas as acusações, após a descoberta de numerosas ações ilegais perpetradas nesse caso pelo governo. Além do furto fracassado, escutas telefônicas foram comprovadas, assim como uma tentativa de corrupção do juiz, ao qual propuseram a direção do FBI. Nas memórias de Gordon Liddy, chefe dos "White House Plumbers", ficamos sabendo que outras operações foram cogitadas, como colocar LSD no copo de Ellsberg durante um jantar beneficente para que seu discurso ficasse incoerente, dando sinais de debilidade psicológica ou do vício em drogas pesadas.

Daniel Ellsberg mantém seu ativismo participando de artigos, livros, conferências e debates televisivos. É um oponente fervoroso da política de George W. Bush, a ponto de ter sido detido em 2005 por um protesto forte demais contra a guerra no Iraque. Ele também faz um apelo para que todos os informadores que tenham poder divulguem os vazamentos sobre os planos desse governo relativos à invasão do Irã. Para ele, o vazamento é o melhor meio para dar acesso à verdade. Posicionou-se várias vezes a favor dos "lançadores de alertas". Em 2003, por exemplo, ele toma a palavra quando uma funcionária da divisão de comunicações do governo britânico é detida sob a suspeita de ter enviado à imprensa um memorando diplomático altamente secreto sobre os planos da Agência de Segurança Nacional (NSA). Trata-se de planos de espionagem de delegados das Nações Unidas, no contexto de uma nova resolução relativa ao Iraque.

Eu me envolvi ativamente em uma coisa da qual discordo completamente. Quero que o mundo veja a verdade... porque sem informação não se pode tomar decisões sensatas.

Julian Assange: O Guerreiro da Verdade

Essas são palavras de Bradley Manning, analista militar do exército americano que entregará diversos documentos ao WikiLeaks. Uma por uma, elas estão em uníssono com o que Daniel Ellsberg declarou em 1971.

Julian Assange e Daniel Ellsberg não se conhecem pessoalmente nem se relacionam. Mesmo assim, Daniel personifica o mentor de Julian. Assange tem grande admiração por sua coragem, rigor e equidade. Foi tomando as atitudes de Ellsberg como exemplo que ele seguiu seu caminho. Ao conseguir levar seu caso para a mídia, Ellsberg ganhou uma notoriedade que faz com que hoje seja respeitado entre os pensadores da América contemporânea. Essa é uma das metas de Julian: fazer sua voz ser ouvida.

Todavia, em dezembro de 2006, Daniel Ellsberg não responde ao apelo de Julian Assange para fazer parte do comitê consultor da nova organização. Ele a considera apenas um meio técnico, sem real implicação ou engajamento democrático, e ainda não tem ideia das histórias humanas por trás dessa fachada tecnológica.

Naturalmente, se contasse com tais meios para os *Documentos do Pentágono*, ele não teria passado noites a fio fazendo fotocópias, não teria marcado encontros secretos para entregar os documentos, nem seus parceiros teriam perdido tempo atravessando o país para entregar à imprensa um caixote lotado de dossiês a serem examinados.

Julian Assange declara: "Estávamos convencidos de que podíamos fazer um *Documentos do Pentágono* por semana", retomando as esperanças que o próprio Ellsberg exprimira. A homenagem é agradável, mas ele não é um homem movido por congratulações. Tudo isso lhe parece nada mais que uma questão de meios. Quais são as reais motivações dessa nova organização? Quem são as pessoas por trás dela?

Assim, Ellsberg espera e observa esse *site* na internet que divulga aos poucos bombas informacionais cuja repercussão é crescente. No início, ele acha que os vazamentos do WikiLeaks representam informações de "baixo nível", por demais brutas para causar mudanças radicais. Quando lhe pedem para comparar os *War Logs* sobre o Iraque com seus próprios *Documentos do Pentágono*, ele lamenta que esses vazamentos sejam apenas notas militares redigidas *in loco*, conforme aquelas que ele pôde escrever quando estava no Vietnã. Ele observa, porém, que tais documentos mostram a semelhança entre a guerra do Iraque e a do Vietnã.

Tudo muda a partir do momento em que a aventura do WikiLeaks mostra sua face humana. Ellsberg adota uma postura menos reservada quando o vídeo *Collateral Murder* é divulgado, e pela primeira vez, um homem, Julian Assange, fala em nome do WikiLeaks. Certos detratores, como John Young, dizem que Daniel Ellsberg só tomou posição quando o WikiLeaks ganhou real visibilidade na mídia. Ele, porém, tornou-se de fato solidário com o WikiLeaks quando reconheceu em Bradley Manning o *insider* que ele mesmo fora em 1969, apavorado por se sentir cúmplice das atrocidades cometidas por seu exército e seu governo. Começou a se manifestar com vigor quando reconheceu em Julian Assange o paladino que ele fora em 1971, assaltado por acusações e campanhas de difamação: "Todos os ataques feitos atualmente contra o WikiLeaks e Julian Assange foram feitos naquela época contra mim e a divulgação dos *Documentos do Pentágono*".

Daniel Ellsberg não admite que o governo americano condene Julian Assange e Bradley Manning : "Chamá-los de terroristas não é apenas um erro, é absurdo e difamatório. Nenhum deles é mais terrorista do que eu, coisa que não sou".

O pai espiritual despertou, oferecendo, por fim, um reconhecimento àquele que não tinha um guia, estimulando-o a acreditar que se pode oferecer em sacrifício pela verdade e ser absolvido como Ellsberg fora em sua época.

Parte V
A travessia do limiar

Antes de nossa vinda nada faltava ao mundo;
após nossa vinda nada lhe faltará.
— Omar Khayam

10
A gênese do WikiLeaks

Em suas peregrinações filosóficas, Julian Assange passou a ver o Homem não mais como uma ideia de esquerda contra uma ideia de direita, nem como a fé contra a razão, mas sobretudo como o indivíduo contra as instituições.

Após ler Kafka, Koestler e Soljenítsin, ele crê que a verdade, a criatividade, a arte, o amor e a compaixão são corrompidos pelas instituições hierarquizadas.

As viagens, sua participação na internet para todos, seus quatro anos de estudos, assim como sua atuação política, representam uma soma de experiências que o levam a encarar o mundo em uma nova dimensão, mais global.

Ele reflete sobre o mundo utilizando uma perspectiva filosófica e um espírito científico. E quer partilhar essa visão misturando reflexões pessoais e citações.

Assim, Julian Assange cria seu *blog* em junho de 2006, ao qual dá o nome, não sem humor, de "I.Q.", uma abreviação de *Intellectual Quotient*. Posteriormente, ele fará um *post* sobre os potenciais significados desse acrônimo. Ele gosta particularmente de *Infinite Quest, International Question* ou ainda *Isaac's Quest*, que faz referência ao personagem bíblico do Gênese. Na Bíblia, Deus pede a Abraão, pai de Isaac, que sacrifique seu único filho. Abraão teme a Deus e o obedece, mas um segundo antes do massacre um anjo segura seu braço e salva Isaac. Durante a primeira e a segunda cruzadas, Isaac era considerado um mártir e um exemplo a seguir. Ele é aquele que sacrificamos por temor, mas que Deus salva.

Assange inicia um primeiro *post* com uma citação de Douglas Adams, autor e dramaturgo inglês morto em 2001. Ele se apropria dessa citação, omitindo o nome do autor:

A história das guerras modernas se subdivide em três partes iguais:

Castigo: eu quero matá-lo, pois você matou meu irmão.

Antecipação: eu quero matá-lo, pois matei seu irmão.

Diplomacia: eu quero matar seu irmão e depois matar você, disseminando a crença de que foi seu irmão quem matou você.

Sua visão da diplomacia e da guerra tem lógica. Assange se interessa cada vez mais pelo funcionamento dos governos e os analisa com sua cultura literária e sensibilidade científica.

Julian examina os relatórios de projetos de pesquisa cujo código é MDA904. Os relatórios intitulados com esse código são documentos de pesquisa encomendados pelo "Maryland Procurement Office", hoje acusado de ser uma fachada da Agência de Segurança Nacional, um dos ramos do serviço de inteligência americano.

Em novembro de 2006, Assange escreve um primeiro artigo, "State and Terrorist Conspiracies", nos moldes de um artigo de pesquisa, descrevendo um relatório feito por matemáticos que aplicaram a teoria dos gráficos na análise de conspirações terroristas.

Em dezembro de 2006 Assange retoma a análise, aplicando-a às conspirações de Estados, e escreve seu manifesto intitulado "La conspiration comme système de gouvernance". Nele, estende "essa compreensão das organizações terroristas e a usa mirando seus mandantes: essa manobra minuciosa visa dissecar as conspirações utilizadas a fim de manter as estruturas de poder autoritário."

Dessa maneira, Assange explica que as governanças ilegítimas são, por definição, "conspirativas". Os funcionários de Estado que colaboram com o sigilo trabalham, portanto, em detrimento das populações. Segundo ele, quando a linha de comunicação interna dos regimes é interrompida, o fluxo de informações entre os conspiradores começa a diminuir. Assim que o fluxo se aproxima do zero, a conspiração se desfaz. E os vazamentos se tornam uma arma na guerra da informação.

Embora Assange tenha passado alguns anos trabalhando como desenvolvedor, administrador de rede e consultor de segurança, ele sente o chamado por um futuro mais grandioso: divulgar ao público os segredos dos Estados para ver a verdadeira natureza da construção do mundo, a interação geopolítica. Ele está convencido de que o mundo será revolucionado. Ele sente ter um dever com a história.

Seu conhecimento de informática e seu passado de *hacker* por certo lhe asseguram um poder. Se um grande poder implica grandes responsabilidades, Julian acha que as suas envolvem usar suas capacidades a serviço do maior número de pessoas possível. Lançar uma ação contra as conspirações é empreender uma guerra contra o segredo e incansavelmente debilitar as más governanças, sejam elas estatais ou institucionais.

Assange é totalmente impregnado pela ética do *hacker*. Ele crê que o compartilhamento da informação é uma fonte poderosa do bem, e que é seu dever de *hacker* compartilhar sua perícia oferecendo *softwares* gratuitos e facilitando o acesso aos recursos informáticos sempre que puder.

Ele deu início a isso com a Suburbia.

A maioria dos *hackers* e dos cientistas computacionais do *software* livre concorda com essa "regra" e muitos agem nesse sentido, criando e oferecendo programas. Alguns vão mais longe e afirmam que toda informação deve ser gratuita e que todo controle da propriedade é negativo.

A homologia é fundamental entre essa ética e a filosofia defendida pelo WikiLeaks: fazer uma ferramenta de compartilhamento da informação. A qualidade da informação é especialmente determinante. Quanto à "má informação", deve ser totalmente combatida.

Assim, o WikiLeaks se preocupa em divulgar a informação bruta de qualidade, conforme os princípios fundadores da Wikipédia: o enciclopedismo (o conhecimento oferecido a todos), a neutralidade de ponto de vista (a informação mais pura é mantida), a liberdade de conteúdo (o conteúdo pode ser reutilizado), o bom relacionamento comunitário (a ética é assegurada pelos membros) e a flexibilidade de regras (os erros são autorregulados pela comunidade).

Entretanto, em relação à natureza do conteúdo visado pelo WikiLeaks, existe a questão da convergência com o mundo do jornalismo, o qual também se preocupa em compartilhar a informação.

Inicialmente, Julian não se considera um jornalista.

Ele sabe ser capaz de arranjar informação de qualidade para os jornalistas e tem um desejo ardente de mostrar sua nobreza a essa profissão. Ele crê na imprensa livre (missão da Suburbia) e reconhece que a imprensa continua sendo um meio de difusão de qualidade.

Para um jornalista, uma informação de qualidade se baseia em certos princípios: a pertinência é a virtude básica, mas a informação também deve seduzir, ou seja, tocar o leitor. Os documentos secretos que dizem respeito à maneira como o mundo é governado, às grandes empresas, aos bancos e às religiões atendem a esses dois requisitos.

O jornalista deve se apoiar sobre uma informação confiável que foi previamente checada.

O WikiLeaks, com seu sistema de entrega anônima de dados, pode ter dificuldades para se precaver contra vazamentos falsos.

Em seguida, cabe ao jornalista escolher as informações que deseja processar.

O WikiLeaks não pretende substituir o jornalismo. Certos membros inclusive acham que o jornalismo tradicional, tal como existe atualmente, está em transformação, e têm pouca confiança nos grandes grupos de mídia (M.S.M. – Main Stream Media), que são sempre reféns de pressões comerciais e políticas.

Isso se deve ao fato de que a opção de difusão do WikiLeaks se baseia nas mídias alternativas de internet. O WikiLeaks deseja gerar um jornalismo "intensificado", no qual as competências e responsabilidades são repartidas e no qual alguns tomam atalhos para forçar o maior número de pessoas possível a pensar.

Julian Assange busca nada menos do que a máxima colaboração com as mídias independentes e fundamentalmente modernas, com base em uma informação justa – que não foi adulterada nem mascarada por qualquer segredo –, a fim de extrair seu sentido e sobretudo a verdade. E acha que aqueles que participam das engrenagens das máquinas de guerra devem encarar suas responsabilidades, talvez até por desencargo de consciência, da qual eles estavam anteriormente privados pela natureza do segredo.

11
A organização

Julian Assange alimenta seu plano há muito tempo. Em 2001 ele já procura um servidor para hospedar conteúdo crítico. Então apela à rede de *hacking* Cypherpunk para hospedar documentos e imagens. Ele faz parte de sua *mailing-list*, na qual compartilha seus pensamentos filosóficos, astúcias de segurança ou descobertas de programas, sob o nome de Proff. "Os conteúdos são legais por enquanto", ele explica, "constitucionalmente protegidos nos Estados Unidos." "Se você está feliz em hospedar cryptome.org, provavelmente ficará feliz de hospedar esse material", ele escreve em seu *e-mail* de contato na rede.

Cryptome é um *site* hospedado nos Estados Unidos que reúne milhares de documentos polêmicos ou censurados por diversos governos desde 1996. O proprietário do *site* chama-se John Young, um arquiteto de Nova York.

É a ele, naturalmente, que Julian Assange apresenta um pedido de ajuda para lançar o WikiLeaks em outubro de 2006. Eis sua solicitação por *e-mail*:

Caro John

Você me conhece por outro nome graças à rede Cypherpunk. Estou envolvido em um projeto que poderá lhe interessar. No entanto, não mencionarei seu nome, caso você não possa participar.

Estou falando de vazamentos maciços de documentos confidenciais, o que exige encontrar alguém que teria a coragem de registrar o nome do domínio .org por sua conta. Gostaríamos que essa pessoa não conhecesse a localização dos principais servidores, que aliás são camuflados graças a meios técnicos.

Pretendemos que o site se torne um meio de pressão política legal. A política de implementação do domínio .org exige que o perfil do assinante não seja falsificado. Seria muito fácil suprimir o domínio se ninguém fosse responsável enquanto proprietário. Essa pessoa não precisa ter qualquer conhecimento técnico, nem se envolver muito no projeto.

O senhor seria essa pessoa?

John Young aceita e cria o wikileaks.org, o wikileaks.cn e o wikileaks.info. Ele recebe então uma senha para a *mailing-list* dos membros do projeto WikiLeaks.

Cada mail enviado possui o seguinte cabeçalho:

Isto é reservado unicamente para uma mailing-list *restrita e confidencial para o desenvolvimento interno de* W-I-K-I-L-E-A-K-S-.-O-R-G.
Obrigado por não mencionar esse nome diretamente nas discussões. Faça simplesmente referência a "WL".
Essa lista é hospedada por riseup.net, *um coletivo ativista em Seattle, que se beneficia dos serviços de um advogado de costas largas.*

Nessa *mailing-list*, os membros colaboram com o projeto, dão opiniões, oferecem suas reflexões sobre a identidade visual do *site*, sua forma, realização etc.

O objetivo é imitar a ergonomia de um *wiki*, um tipo de *site* colaborativo famoso pelo aspecto gráfico despojado e pela simplicidade. As páginas contêm *hiperlinks* que remetem uns aos outros e cujo conteúdo (texto, ilustração, etc.) pode ser modificado por todos os visitantes.

Agora é preciso uma ilustração, um logotipo para estabelecer a identidade do WikiLeaks. As discussões estão animadas sobre a proposta enviada por um certo "Ani Lovins", que desenha o primeiro logo do WikiLeaks: a toupeira.

Os *e-mails* vão e vêm entre os membros do WikiLeaks através do mundo: os alemães adoram, os americanos comentam e Ani Lovins explica: "O grupo já fez o protótipo da plataforma; alguns detalhes técnicos em termos de segurança são trocados".

Todos os usuários do WikiLeaks têm um pseudônimo. É a garantia mínima de segurança. Para conquistar um nome na rede, Julian Assange dá os seguintes conselhos aos membros do WikiLeaks: "O pseudônimo deve ser facilmente memorizável. Deve poder ser escrito de uma ou duas maneiras, ser de gênero neutro ou masculino. Duas sílabas para o nome e uma para o sobrenome darão um pseudônimo melhor, para que seja fácil de encontrar mesmo com um erro de ortografia".

De fato, as máquinas de pesquisa são concebidas para fazer "faxina": pesquisa o nome como tal, seus sinônimos e ortografias semelhantes. "O pseudônimo não deve retornar muitos resultados quando você digitar o nome completo na máquina de buscas Google. Se também for esse o caso para o sobrenome, será uma vantagem. Enfim, ele deve ser simples, e seu proprietário deve sentir um certo orgulho de usá-lo."

Eis a lista de alguns pseudônimos célebres de membros do Partido Trabalhista Australiano que Julian dá como exemplo, explicando que todos os bons pseudônimos não atendem obrigatoriamente a todas as restrições citadas anteriormente: Hillary Bray, Spi Ballard, Lee Kline, Harry Harrison, Jack Lovejack, Larry Lovedocs etc.

Assim que o membro do WikiLeaks cria seu pseudônimo, pode se tornar visível, e para divulgar suas informações deve ter um mínimo de visibilidade.

Examinemos o nome de Harry Harrison, que Assange utilizou. Primeiro, salientemos que Harrison é um autor de ficção científica; portanto, seu nome é naturalmente citado por suas obras. Depois, é a primeira resposta que aparece quando esse nome é digitado no Google. Por outro lado, ao se cometer um erro de ortografia no nome, mas respeitando a fonética, os *links* que remetem ao escritor são sempre colocados no topo da lista. Pareceria que temos aí o pseudônimo perfeito para se esconder!

Para o WikiLeaks, é imperativo encontrar apoio de pessoas conhecidas, respeitáveis e sérias. Em 9 de dezembro de 2006, Julian decide enviar um *e-mail* a Daniel Ellsberg, seu mentor, para a ação que ele conduziu para a revelação dos segredos. Além disso, ele goza de uma bela notoriedade pública.

Caro Sr. Ellsberg,

Acompanhamos com interesse e prazer suas recentes declarações sobre o vazamento de documentos. Chegamos à conclusão de que fomentar um movimento de envergadura mundial de vazamentos maciços é a intervenção que tem o peso político mais visível para nós. *

Acreditamos que a boa governança reage à injustiça, e por isso uma boa governança é uma governança aberta.

Governar em segredo é governar através da conspiração e do medo. Medo porque, sem ele, o segredo não será mantido por muito tempo.
[...]
Quando a governança é fechada, os olhos do Homem estão doentes. Quando a governança é aberta, o Homem pode ver e agir para transformar o mundo em um estado mais justo.
[...]

*Alguns dados foram modificados para proteger certos indivíduos selecionados, ordem aleatória.

1) arquiteto aposentado de Nova York e facilitador notório de vazamentos
2) criptógrafo/programador europeu
3) físico e ilustrador pacifista
4) conferencista em política econômica e autor pacifista
5) programador/criptógrafo/matemático europeu (antes em Cambridge)
6) ativista/especialista em segurança e empresário europeu
7) autor do software *que movimenta 40% dos* sites *da internet mundiais*
8) pesquisador americano de matemática pura com passado de criminalista
*9) ex-*hacker *americano famoso*
10) ativista pacifista e criptógrafo/físico
11) criptógrafo americano/ europeu e ativista/programador
12) programador pacifista
13) arquiteto pacifista/conselheiro em política externa

As novas tecnologias e as ideias criptográficas permitem não apenas incentivar o vazamento de documentos, como também facilitá-lo diretamente em uma escala maciça. Temos a intenção de colocar uma nova estrela da política no firmamento do Homem.

Construímos um ramo não censurável da Wikipédia para os vazamentos de documentos, assim como documentos de instrução cívica e social, necessários para defender e promover o site.

Recebemos mais de um milhão de documentos de 13 países, apesar de nossa publicidade ainda não ter sido lançada!

Nós o procuramos por dois motivos:

Primeiro, passamos de "prospectivo" a "projetivo". Fizemos um protótipo da tecnologia básica e temos uma visão do modo de proceder política e legalmente. Precisamos emocionar e inspirar as pessoas, ganhar voluntários, fundos e depois implementar as defesas político-jurídicas necessárias e nos expandir. Porque o senhor refletiu melhor que ninguém sobre vazamentos, desejamos tê-lo em primeiro lugar. Gostaríamos de seus conselhos e gostaríamos que o senhor fizesse parte de nossa armadura política. Quanto mais armadura política tivermos, principalmente de pessoas honradas pela idade, a história e a elegância, mais poderemos agir como jovens imprudentes e nos evadirmos graças a isso.

[...]

Por favor, diga-nos o que o senhor pensa. Se estiver satisfeito, o acrescentaremos a nossa mailing-list *interna*, nossos contatos etc.

Solidariedade,
WL

O peso de uma figura como Ellsberg seria ideal para o movimento. Ele garantiria a credibilidade do *site* e lhes deixaria maior latitude para agir como desejam. Esse *e-mail* mostra que toda a estrutura já foi pensada. Eles precisam de credibilidade pública e política, e também de incitações para dar informações. Sua maneira de motivar os informantes é conceder prêmios "Ellsberg", aliás, o segundo motivo citado para contatar esse homem. Eles também têm a ideia de "regionalizar" o prêmio a fim de incitar o mecenato.

À espera de uma resposta de Daniel Ellsberg, a implementação do *site* continua. A principal preocupação dos membros da primeira hora do WikiLeaks é tornar a organização conhecida. Eles recebem em dezembro de 2006 um convite para participar do Fórum Social Mundial que deve se realizar em Nairóbi (Quênia) de 20 a 25 de janeiro de 2007. Veem aí um meio de promoção e decidem multiplicar sua aparição a cada dia do fórum.

Em 13 de dezembro de 2006, Julian escreve a um conhecido a fim de convidá-lo para o comitê consultor do WikiLeaks. Ele conta, como preâmbulo, sobre sua viagem de 2005 a Hanói e o que viu. Imbuído dessa problemática da falta de informações, ele faz a conexão com as lembranças de Hanói. O relato de viagem se transforma então em uma longa análise política e lírica, que ele considerará forte a ponto de publicá-la em seu *blog* "Road to Hanoi" [Estrada para Hanói].

No WikiLeaks eles não são tão ingênuos. Travam uma guerra, e o nervo da guerra é o dinheiro. Portanto, é preciso encontrá-lo. O dinheiro vai determinar, com o número de voluntários, o âmbito de sua ação.

Um membro da equipe conta a história de um homem que poderia pedir 3 milhões de dólares americanos a George Soros para o desenvolvimento de um sistema de gestão do anonimato na internet (concorrente do Tor, utilizado pelo WikiLeaks).

George Soros é um financista bilionário americano de origem húngara que se tornou célebre pelas atividades de especulação com moedas (que deixaram em má situação o Banco da Inglaterra em 1992) e as atividades de filantropia. Além dessas atividades, ele criou a fundação Open Society (Sociedade Aberta), que apoia ações de democratização principalmente na Europa Central e Oriental. Os detratores de George Soros criticam as manobras de seu fundo de investimentos domiciliado no paraíso fiscal de Curaçau (Antilhas Holandesas). Curaçau é reconhecido como um dos mais importantes centros de lavagem de dinheiro oriundo do narcotráfico. Operando a partir de Curaçau, Soros mantém o segredo da natureza de seus investidores, assim como sobre a utilização do dinheiro do fundo de investimentos. Um homem de sigilo estaria disposto a patrocinar o movimento cujo objetivo é revelar os desvios escondidos?

A ideia gera polêmica nas fileiras do WikiLeaks, mas não é rejeitada!

O início é difícil. Os membros do WikiLeaks ainda não estão muito seguros de si mesmos no que diz respeito à redação dos vazamentos. Estão ávidos por conselhos, e Daniel Ellsberg ainda não respondeu. Eles decidem utilizar a via postal.

Mais tarde, recebem um *e-mail* de um especialista em comunicação que os aconselha sobre a redação de um vazamento referente à Somália. O vazamento vem da China. John Young, habitualmente muito discreto na lista, coloca a equipe seriamente de sobreaviso sobre essa informação. E se for falsa? É preciso ser mais vigilante.

As trocas de *e-mails* correm em bom ritmo. Uma pessoa analisa a informação para John Young: conteúdo, contexto local na Somália, tradução, proveniência (aparentemente da diplomacia chinesa). Young fica tranquilo e dá seus conselhos sobre a publicação dos vazamentos.

Assange lhe agradece em termos líricos e lisonjeiros:

John, você se coloca aí como exemplo para todos nós, humilde multidão, e eleva nossos espíritos com suas doces palavras.

Mantenhamos elevadas nossas esperanças, nossos e-espíritos corpusculares; projetemos nossa cólera, nossa coragem – e nosso fogo – para lamber o papel úmido da barbárie até que ela nos domine, e nossos corações se aquecerão pela conflagração (incêndio geral, NDA #) das mentiras que governam o mundo. Que nossos sorrisos sejam despertados pelas flores da transparência que brotam das cinzas de baixo.

Estamos determinados a agir, no máximo de nossas capacidades: um homem que assiste à injustiça, mas que não age, torna-se uma parte da cascata de injustiça, pela diminuição iterativa e o aniquilamento de seu personagem.

Constatamos que o estilo de escrita de Julian Assange é cheio de imagens, dramático e grandiloquente. Todos os membros do WikiLeaks levam em conta as considerações de implementação de um *site* com riscos de repercussão que sabem ser enormes, perigosos e comprometedores para cada um deles.

Ver passar um *e-mail* com essas formulações como um sermão nos torna sonhadores. Julian Assange nos parece subitamente fora da realidade, quase um místico em seu desejo fervente de incendiar a mentira!

Natal de 2006. Os membros do WikiLeaks sentem-se prontos para seu primeiro vazamento. Mas eles têm necessidade de apoio, de intercâmbio de informações, de conhecedores. Julian reflete sobre os parceiros a utilizar para divulgar os relatórios do WikiLeaks. Ele não deseja apelar para a grande imprensa da corrente dominante. Acredita que o futuro do jornalismo está na internet. Então pensa em CounterPunch. CounterPunch é um boletim quinzenal publicado na rede. Seus editores gabam-se de contar as histórias que a imprensa corporativista não conta, e de ser reveladores de escândalos. Eles apreciam especialmente oferecer a seus leitores informações para combater as máquinas de guerra, as grandes empresas.

Julian não para em sua primeira ideia, e pede que todos os membros do WikiLeaks reflitam sobre alternativas ao CounterPunch. Surgem outras propostas, como "znet", "zmag", "csmonitor", "village voice", "aljazeera", mas as decisões não serão tomadas firmemente. Eles se preocupam mais com problemas de rastreamento dos documentos em relação ao formato utilizado (PDF, Word etc.).

O WikiLeaks goza de apoios na China que lhe fornecem esta informação: em 26 de dezembro, chega um *e-mail* que retoma uma correspondência da Somália para seu embaixador na China. Isso os obriga a modificar o documento que pretendiam publicar. Eles esmiúçam o conteúdo das informações, e um deles escreve: "Esperemos que isto leve socorro aos pobres somalis. Eles precisam".

A pesquisa do comitê consultivo continua por meio de um *e-mail* modelo, enviado a todas as pessoas suscetíveis de participar dele:

Assunto: Questão comitê consultivo (WikiLeaks)

XXXXXX, obrigado por passar este à pessoa pertinente (caso não seja você).

O WikiLeaks desenvolve uma versão não censurável da Wikipédia para o vazamento maciço e não rastreável de documentos. Nossos primeiros alvos são os regimes altamente opressores da China, Rússia e Ásia Central, mas também esperamos ter a ajuda daqueles no Ocidente que desejam revelar os comportamentos antiéticos de seus governos e suas corporações. Visamos um impacto político máximo.
    Os meios tecnológicos são (como a Wikipédia) rápidos e utilizáveis por pessoa sem conhecimentos técnicos.
    Recebemos mais de um milhão de documentos. [...]
(http://wikileaks.org/)
    Pensamos que garantir uma maneira confiável, simples e elogiada por todos de divulgar maciçamente documentos não censuráveis e análises altamente secretas é o meio mais eficaz e rentável de gerar uma boa governança.
    Buscamos uma boa governança, pois uma boa governança não se contenta em cuidar para que os trens cheguem na hora. Uma boa governança reage ao sofrimento das pessoas. Uma boa governança reage à injustiça.
    Procuramos os membros de nosso comitê consultivo para nos aconselhar politicamente, pois nossa força se revela na construção de grande projeto técnico como a Wikipédia. Em particular, esperamos conselhos sobre:

1. *Como o WikiLeaks pode ajudá-lo enquanto jornalista e usuário de vazamentos?*
2. *Como o WikiLeaks pode motivar, proteger e ajudar suas fontes e as pessoas assimiladas como tais?*
3. *Quem são as outras "boas" pessoas a procurar, enquanto nomes de fachada e enquanto voluntários?*
4. *Qual é seu conselho sobre o quadro político e as possíveis fontes de verbas?*

Esperamos reações ferozes, a menos que o WikiLeaks possa dar um quadro mais nobre (centrado nos direitos humanos, democracia, boa governança e, como cereja sobre o bolo, o projeto de liberdade de imprensa versus os hackers *ainda fazem das suas).*
    Nossa reputação inicial vem do sucesso da Wikipédia, mas não sentimos que essa associação possa nos proteger suficientemente por si só. Uma organização de apoio público como a Federação de Cientistas Americanos (FAS), que em vários pontos é honrada, é vital para nossa sobrevivência.

Uma condição de cargo no comitê consultivo, pelo menos inicialmente, será como voluntário, mas esperamos que a função possa ter um interesse considerável para você.

Esse *e-mail* nos mostra como as questões de segurança preocupam os membros do WikiLeaks desde o início. Eles sabem que se envolvem com material altamente "inflamável". As informações que possuem são bombas de efeito retardado, e eles têm grande consciência disso.

Alguns dias depois eles recebem um *e-mail* com as perguntas sobre sua abordagem editorial. Seria contra o fato de publicar dados privados? Sua reação rápida promete uma autocensura colaborativa à maneira da Wikipédia. O WikiLeaks, entretanto, não tem realmente uma abordagem editorial, mas tenta ter uma ética compartilhada entre seus membros. Estes últimos explicam a necessidade de se comunicar maciçamente o mais rápido possível.

Em 29 de dezembro, enquanto as primeiras reações da imprensa se manifestam comentando o *site* e seu primeiro vazamento somali, o WikiLeaks dispõe apenas de um comitê consultivo potencial. Julian Assange propõe então contatar Soros. Os membros estão abertos à ideia, mas John Young lhes explica que Soros só se envolve em função de quem já faz parte do comitê. O WikiLeaks gira em círculos. E nessa data só inclui firmemente três pessoas, entre elas John Young. Daniel Ellsberg ainda não respondeu.

12
O primeiro vazamento

Documentos vieram de um contato chinês há algumas semanas. Assunto: a Somália.
Esse país da África oriental sofreu em junho de 2006 uma série de confrontos entre a União dos Tribunais Islâmicos e os membros da Aliança para a Restauração da Paz e contra o Terrorismo. A ARPCT, aliança entre os chefes guerreiros e o governo da Somália, é apoiada por Washington. A União dos Tribunais Islâmicos obteve a vitória e tomou o controle da capital, Mogadíscio.

No final de dezembro de 2006, o exército etíope intervém e os Tribunais Islâmicos fogem da capital. O exército toma assim o controle da maior parte do território, e o governo de transição se declara um governo de fato do país.

Esse primeiro vazamento, no estilo de texto universitário, é redigido por um membro do WikiLeaks. Ele explica:

O documento apresenta em detalhes estratégias para abalar e vencer facções rivais, incluindo assassinatos e uma cooperação com criminosos. O sigilo desse documento é acentuado por sua última afirmação: "Pouco importa a origem dessa informação, a pessoa considerada culpada deveria ser fuzilada". A falta de escrúpulos para algumas estratégias recomendadas é certamente a justificativa de um segredo tão pesado. Mas se esse segredo pode ser considerado ao pé da letra uma declaração estratégica e política, ele projeta dúvidas sobre as alegações dos Estados Unidos afirmando que a União de Tribunais Islâmicos é uma organização terrorista que planeja atentados suicidas no Quênia e na Etiópia, e demonstra que a situação na Somália é mais complicada do que os EUA, a ONU ou os porta-vozes islâmicos gostariam que acreditássemos.

Ele é tomado de dúvidas em relação à escrita de seu artigo, e se entrega em uma nota aos membros do WikiLeaks nestes termos: "Achei muito difícil escrever isto. Não tenho certeza da abordagem a adotar. Terminei com uma coisa longa". Efetivamente, o artigo contém 14 páginas.

Ei-lo confrontado com a informação e com suas realidades. Como compreendê-la em seu contexto? Ele explica: "Para discutir o documento de maneira significativa, creio que é preciso rever antes o histórico. Penso também que as pessoas deveriam ser informadas a propósito de todo o caso. Infelizmente, isso significa que é preciso fazer um desvio, que não podemos relatar diretamente em nosso documento. É um ponto sobre a estratégia dos Tribunais Islâmicos desde 2005, e os Tribunais se tornaram uma força militar somente depois de 2006".

A principal ideia do WikiLeaks é divulgar o vazamento recebido. Assim, prossegue o autor do artigo: "Você deve começar com a pertinência do documento; então fazer um retorno e discutir a história; depois discutir o documento e seus significados. Isso significa que a estrutura é um pouco desagradável". "E ele não sabe mais o que fazer", ele confessa em sua introdução.

O documento-vazamento em si nada significa sem o conhecimento das interações políticas entre a Somália e os países aliados e inimigos. Por outro lado, mergulhado em uma realidade política, torna-se de repente mais difícil orientar um ponto de vista. Nosso redator sente-se obrigado a ir em direção a uma mensagem do tipo: "é mais complicado que isso". Pois ele não encontra nenhuma "bela" doutrina nesse documento. Racionalmente, não pode glorificar um movimento de doutrina islâmica nem denunciá-lo como terrorista, quando não é totalmente o caso, o que só faria lançar óleo no fogo da propaganda americana.

Em 19 de dezembro os membros do WikiLeaks recebem uma mensagem de um especialista em comunicação que dá conselhos para a publicação do vazamento e seu conteúdo. Ele os aconselha sobre a atração do leitor para garantir que seja lido até o fim: ser forte no estilo e no tom desde o início, acrescentar eventuais ligações com acontecimentos recentes ou marcantes, envolver o leitor através de perguntas, otimizar a legibilidade evitando as siglas pouco conhecidas.

A escolha das palavras torna-se delicada e controversa. "Eu mencionei a parte *'should be shot'* #, mas apenas algumas vezes. Fazer mais isso com fim sensacionalista? Fazer menos para proteger as potenciais vítimas na Somália? Como discutimos, o tempo das consequências, sejam quais forem, provavelmente passou, mas isso deve ser considerado", ele diz. O WikiLeaks decidiu que a hora da verdade havia chegado. Seus membros bem sabem do risco que pode decorrer dessas atividades para os protagonistas ligados ao documento. Mas a escolha entre proteção e verdade é ratificada.

Para quem e como escrever esse documento? Para dar informação de qualidade, sem dúvida, mas para quem? Um público de jornalistas, de cidadãos? Como introduzir o documento bruto? Escrever é comunicar, e comunicar exige uma opção de estilo. Ora, nesse momento o WikiLeaks não sabe ainda onde vai publicar esses documentos, a quem o *site* vai servir e o que acontecerá com as informações que serão divulgadas.

Quando nosso autor propõe seu artigo aos outros membros do WikiLeaks, inclui notas de rodapé explicando que elas permitem que os membros conheçam suas referências e que elas não devem obrigatoriamente aparecer na versão publicada. Isso nos permite constatar que as fontes, com exceção das da Wikipédia, são muitas vezes jornalísticas, especialmente da BBC para este artigo. A BBC, que é conhecida por seu jornalismo de qualidade e suas investigações.

A distância entre o WikiLeaks e o jornalismo diminui, pois se trata de um artigo que, para ser compreendido em seu conjunto, precisa não apenas de referências e a compreensão de um contexto já explicado por jornalistas, mas igualmente de um texto que leve em conta o leitor.

O documento é aprovado, e no final de dezembro os membros do WikiLeaks enviam seu primeiro documento sobre a Somália aos parceiros selecionados: CounterPunch e os outros. Mas nenhum deles publica o artigo.

Julian se surpreende por não haver nem acordo nem rejeição. Esse período do ano não é propício, e o comprimento do texto é excessivo. Além disso, o WikiLeaks não é reconhecido como fornecedor habitual de artigos. Assange precisa encontrar um intermediário.

Entretanto, em 3 de janeiro de 2007, esse primeiro artigo é publicado em um *blog* editado por Steven Aftergood. Desde 1991, Aftergood é editor do boletim *Secrecy News* [Notícias sobre Sigilo]. Ele é diretor da Federação de Cientistas Americanos (FAS). Apoiando-se na Primeira Emenda da Constituição americana (lei que proíbe que o Congresso aprove leis que limitem a liberdade de religião, de expressão, de imprensa ou o direito de reunião pacífica), ele milita contra a arbitrariedade do governo americano na classificação de documentos considerados sigilosos. Ele publica em seu *site* informações delicadas, ou supostamente delicadas. Ele estima contribuir assim para o bom funcionamento da democracia, explicando que não é um inimigo do governo.

Aftergood não concorda com a linha editorial do WikiLeaks e declara isso diretamente em seu *blog*: "Para mim, a transparência é um meio, e não um fim. O fim é reavivar a vida política, as instituições responsáveis. É uma oportunidade para o envolvimento do público. Para eles, a transparência e a exposição parecem ser um fim em si". Ele declina então seu envolvimento no comitê consultivo, divulgando certos trechos de *e-mails* que ele trocou com os membros da organização.

Mas de qualquer modo ele apoia a ação, fazendo um *link* em seu *blog* para esse primeiro *post* sobre a Somália.

A partir de 4 de janeiro de 2007, o WikiLeaks recebe *e-mails* de jornalistas que ouviram falar do *site*. É o início de uma série de pedidos de informações por parte da imprensa (principalmente de jornalistas independentes que trabalham para jornais científicos, mas também de correspondentes do *Federal Times*, *Technology Daily*, *Wired News*).

Eles percebem que a postagem no *blog* já provoca muito interesse junto à imprensa. Eles devem rapidamente preparar respostas para todas essas perguntas. Estas se referem principalmente a eles e ao WikiLeaks, e muito pouco sobre a informação que eles disponibilizaram.

Eles estão contentes com os benefícios que essa entrada *on-line* pode trazer, principalmente para a visibilidade. Mas os riscos que podem decorrer os assustam um pouco: a vigilância pelo governo pode provocar processos que precisariam do apoio de advogados. Por outro lado, eles ainda não têm um comitê consultivo consequente para reagir aos ataques. De início eles decidem dar seguimento às perguntas caso a caso. Mas a tarefa exige tempo demais, e as perguntas se acumulam. Então eles preparam um *e-mail* formatado que resume todas as ambições do WikiLeaks. Depois escolhem a opção de redigir um comunicado de imprensa e divulgá-lo.

John Young fica decepcionado com a atitude de Steven Aftergood. Ele não deveria ter anunciado que o *site* WikiLeaks.org estava ativo nem que o primeiro documento era de livre acesso. Aftergood liberou a informação, seguida de declarações contra a vocação do WikiLeaks. Na verdade, ele faz comentários desdenhosos em relação ao WikiLeaks e deixa parecer que sua própria atividade é mais honrosa e respeitável. "Os repórteres estão em concorrência com o WikiLeaks enquanto guardiões do segredo e vendedores de informações. Eles querem aparecer como os árbitros decisivos de qual informação deve ser publicada ou não", diz Young. E acrescenta: "Alguns prometem dar informação e fazem o contrário". Ele também oferece em seu próprio *site* informação bruta como o WikiLeaks. A discórdia se trava no nível de redação, portanto.

Young está realmente aborrecido pelo fato de Aftergood ter divulgado informações internas do WikiLeaks, enquanto a organização o contatou em boa-fé. Ele respondeu publicamente, acusando-os de divulgar informações não filtradas e portanto perigosas. Por outro lado, no apelo ao comitê consultivo, a equipe faz referência a John Young e Daniel Ellsberg. Aftergood torna-se agora "perigoso" com as informações que recebeu. Young coloca a organização em guarda contra a utilização das informações privadas como meio de recrutamento.

Agentes das autoridades governamentais vasculham o interior do WikiLeaks por intermédio de jornalistas, apoiadores, doadores ou membros do comitê consultivo. É o costume para os que esperam constituir uma força de oposição. Eles devem esperar mentiras, falsificação, traição e todos os métodos empregados para suprimir os dissidentes. Devem esperar zombaria, insultos, ridicularização, admiração, ceticismo. Para Young, é preciso manter o máximo de discrição, senão o WikiLeaks será condenado. O anonimato deve ser conservado em cada comunicação com a imprensa e os potenciais recrutas.

Foi Young quem registrou o nome de domínio wikileaks.org. O nome do *site* está registrado na NSI Network Solutions, que gera os nomes de domínios da internet. Enquanto "proprietário", suas coordenadas estão nas listas WHOIS (literalmente, "quem é", ou seja, uma base de dados de *sites* existentes consultáveis pelo público) dessa sociedade privada. Então, quanto menos ele tiver informações sobre os membros do WikiLeaks, melhor.

Os membros do WikiLeaks entram em pânico diante do súbito interesse dos jornalistas. Eles não estão realmente preparados. Respondem aos repórteres justificando que, em sua maioria, são apenas matemáticos.

Perguntam-lhes se os documentos em sua posse emanam diretamente de governos ocidentais. Mas não é o caso. Os jornalistas ocidentais estariam à procura de um escândalo a qualquer preço?

Eles recebem retornos de *sites* como POGO (Project On Government Oversight – Projeto sobre supervisão do governo) uma associação americana sem fins lucrativos e independente, que pesquisa, investiga e expõe no *site* pgp.org as corrupções e desvios com o objetivo de construir um governo federal eficaz, responsável, aberto e ético, renomada por sua postura crítica. Eles lhes pedem seu apoio seguido de um convite de participação no comitê consultivo. Jornalistas lhes enviam seu artigo sobre WikiLeaks. Eles ficam satisfeitos com as primeiras repercussões, mas desejam ser mais vigilantes quanto a sua comunicação. Devem vigiar a utilização de sua declaração. A melhoria proposta é a resposta às perguntas antes que elas sejam feitas.

Em 5 de janeiro de 2007 eles decidem publicar rapidamente uma FAQ (perguntas mais frequentes) para responder às perguntas ainda não feitas e recuperar algumas interpretações exageradas ou enganosas já publicadas.

Nessa mesma data, os membros do WikiLeaks percebem que alguém registrou o nome de domínio wikileaks.net. No início, sempre muito abertos, eles pensam que essa pessoa quer ajudá-los e se tornar um intermediário. Na verdade, trata-se de Jimmy Wales, cofundador da Wikipédia, que se apressou a reservar esse nome para armar um golpe comercial.

Eles recebem também uma oferta de uma jovem empresa que lhes propõe criar uma ferramenta de comentários *on-line*. Embora eles sejam peritos em criar o que quiserem enquanto ferramenta, não rejeitam a oferta e continuam muito educados. Qualquer forma de ajuda é bem-vinda, pois o trabalho é de uma amplidão considerável.

Eles recebem uma resposta à "Questão comitê consultivo" do coordenador do *site* da Freedom House, uma ONG que ajuda no estabelecimento de instituições livres no mundo. No entanto, ela é subvencionada pela NED[6] e acusada de ser uma fachada da CIA.

A Freedom House acha a pergunta interessante e diz que vai refletir. O *e-mail* de solicitação foi enviado por Julian sem a aprovação dos outros membros, com a ideia de testar a fundação, que ele considera um pouco "conspiratória". Esta poderia muito bem ser vítima dos vazamentos no WikiLeaks! Conhecer seus inimigos por dentro para melhor combatê-los é uma técnica de manipulação bem conhecida pelos estrategistas. E Julian é um deles. O conhecimento do meio das organizações, de suas ligações e seus patrocinadores é necessário para realizar justamente sua ação. Quem mente? Quem diz a verdade? Quem é transparente? Quem manipula o segredo com o objetivo de dominar as máquinas governamentais? Os elos entre poder e fundações devem ser destrinchados para fazer opções judiciosas.

Às vezes, as reações ao pedido de participação no comitê consultivo são surpreendentes. Assange informa os outros membros do WikiLeaks sobre essa remessa, depois faz comentários sobre sua reação nestes termos:

---

6 – A National Endowment for Democracy, ou Fundo Nacional para a Democracia, é uma associação norte-americana sem fins lucrativos cuja função é educar e formar para a democracia em todo mundo. Fundada em 1983, a maioria de seus recusrsos provém do Departamento de Estado dos EUA, com aprovação do Congresso. Por meio dessa aprovação, o governo se exime de toda responsabilidade direta pelas ações da NED. [Fonte: Wikipédia.]

Desarmante. A FH e a NED são notórias lavadoras de dinheiro dos EUA e da CIA. O objetivo não é aceitá-las, embora isso pudesse ser interessante, mas fazê-las sentir que estamos do mesmo lado por nossa primeira abordagem, e os inimigos de meus inimigos são meus amigos.

Em 7 de janeiro de 2007, os membros efetuam os últimos retoques no *site* do WikiLeaks e ainda pedem ajuda, pois estão sobrecarregados. Eles preparam o lançamento implementando uma rede de correspondentes telefônicos no mundo inteiro para responder à imprensa.

Nesse mesmo dia, Julian faz circular um *e-mail* que define uma questão sobre a empresa WikiLeaks: "Se ela continuar pequena como hoje (um orçamento de 50 mil dólares por ano e voluntários), o resultado será interessante, mas longe das ambições de cada um. O objetivo seria principalmente largar com 'artilharia pesada (*sic*)' e visar um orçamento de 5 milhões de dólares até o fim de julho".

John Young responde violentamente:

Esse número é loucura. Fará o WikiLeaks passar por uma roubalheira. Esse montante poderia fazer suspeitar de objetivos suspeitos. Soros os chutará para fora de seu escritório com tal pedido. As fundações estão abarrotadas de pessoas com belos discursos e grandes pedidos, ostentando nomes conhecidos e prometendo resultados espetaculares!

Eu digo a mesma coisa sobre os pretensos 1,1 milhão de documentos prestes a vazar. É incrível demais sem provas. Não acredito nesse número. Até aqui temos um documento de origem altamente suspeita.

[...]

Neste momento não há motivos para acreditar que o WikiLeaks possa manter suas promessas. Grandes palavras e nada de ação, dirão os céticos.

Os maiores escroques se gabam da ética de suas operações. Evitem as promessas éticas, elas foram utilizadas com demasiada frequência para roubar as vítimas. Mostrar um comportamento ético, e não apregoá-lo.

A CIA seria o mais provável doador de 5 milhões. Soros é suspeito de lavagem de dinheiro.

Agora, talvez seja essa a intenção do WikiLeaks, porque seus comportamentos até agora assumem essa forma.

Se explorar a CIA é o objetivo, eu os intimo a colocar o objetivo um pouco mais alto, em cerca de 100 milhões ou mais. As agências de inteligência americanas estão inundadas de verbas que elas têm de gastar rapidamente para manter aberta a torneira do Congresso. Academias, dissidentes, firmas, espiões, todas as agências de espionagem de outros países e todos os países caíram sob

eles para aproveitar o fluxo abundante. Mas a concorrência é feroz, e as acusações de decepções causam furor, mesmo que os exploradores trabalhem em comum acordo.
[...]
Solidários, para entubá-los.

Imediatamente John Young decide publicar em Cryptome todos os *e-mails* que recebeu, para se livrar da responsabilidade do seguimento do WikiLeaks.

Internamente, também existem segredos, porque os membros da *mailing-list* não têm tempo para verificar a existência e o número dos vazamentos recebidos.

O machado caiu, John Young abandona a aventura. A equipe tenta recuperá-lo, mas é tarde demais. Assange lhe escreve pessoalmente um *e-mail* para chamá-lo para junto deles, mas ele está perdido para o WikiLeaks. A ambição causa medo.

13
Julian visto por Élise

Assange e as mulheres
Publicado em 30 de novembro de 2010 por sophox | Deixe um comentário |

Solteira há cinco meses, hesitei em me inscrever num *site* como o Emetic, e mesmo em outro mais regional, como o Loveday.ch. Cinco anos atrás eu achava isso uma idiotice, mas agora que estou com quase 30 anos e o trabalho está tomando todo o meu tempo, os encontros estão ficando mais raros. É triste, então chega de falar nisso.

De qualquer modo, justo quando eu estava fazendo a mim mesma essa pergunta, justo quando eu vinha passando muitas noites por semana *on-line* estudando a personalidade de Julian Assange, justo quando as duas suecas fizeram aquelas acusações contra ele, o que eu leio no Mashable.com? Julian Assange está no OkCupid, um *site* internacional de encontros.

Ele é todo sorrisos em seu perfil. Aparentemente o perfil é real. Ele usou como apelido o nome do famoso autor de ficção científica Harry Harrison. É completamente provável, pois todo mundo usa apelidos nesses *sites*. [ATUALIZAÇÃO: Eu vi que ele citou esse apelido em exemplos do Partido Trabalhista Australiano na lista de discussão do WikiLeaks em 2006; analogia?] O fundador do *site* foi questionado e parece que o perfil foi criado em 2006, tendo sido usado pela última vez em dezembro de 2006. Tecnicamente, é muito improvável que tenha sido criado recentemente. Julian não era muito conhecido em 2006, então tinha que ser ele a se inscrever neste *site* de encontros. Vamos olhar mais de perto.

Seu perfil resumido e o tipo de mulher que ele quer são interessantes: "Quer um cara normal, com os pés no chão? Siga em frente. Não sou o robô que você está procurando. Salve a nós dois enquanto ainda pode. Apaixonado e quase sempre teimoso intelectual ativista procura sereia para um caso de amor, filhos e ocasionais conspirações criminosas. Essa mulher deve ser espirituosa e divertida, muito inteligente, embora não necessite ter uma educação formal, ter energia, classe & força interior e ser capaz de pensar estrategicamente sobre o mundo e as pessoas de quem ela gosta. Gosto de mulheres de países que sejam politicamente agitados. As culturas ocidentais parecem forjar mulheres que não possuem valores e são vazias. Tudo bem. Embora eu seja um tanto intelectual e fisicamente beligerante, gosto de proteger mulheres e crianças. Sou um PERIGO, ACHTUNG ??????????!"

Mas ele está falando de mim!!! Exceto pelo país. Mas o que ele quis dizer com aquilo? Que ele gosta de mulheres asiáticas? Ou de garotas do antigo Bloco Oriental? Como sugeriu uma especialista feminina em encontros (eu não fazia ideia de que essa profissão existia!), elas são mais tristes, consequentemente mais dóceis. Ele as consola, as conforta e *voilà*, estão no papo. De arrepiar!!!

Ele continua, explicando que dirige "um projeto de direitos humanos muito exaustivo, perigoso".

Por fim, ele mostra que possui aquela alma salvadora que agrada a viúvas e órfãos: salvar, defender e combater o *establishment* interno. Você é meu herói, Julian, meu Robin Hood.

Muito esperto. Aventureiro procura aventureira! Pode funcionar neste tipo de *site*.

No OkCupid ele estava procurando "Mulher espirituosa, erótica, não conformista. A não conformidade não é a adoção de alguma subcultura alternativa preexistente. Procuro percepção e bravura inatas". E tem mais: "Não me escreva se for tímida. Sou muito ocupado. Me escreva se for arrojada".

Ele é bem direto!!! Parece que ele não quer uma relação duradoura. Tem que ser breve. Não é surpresa, quando conhecemos a vida dele como conhecemos hoje. De fato, quando viaja, ele disse que preferia dormir na casa de simpatizantes em vez de em hotéis. Para fazer isso, ele precisaria de um monte de contatos pelo mundo todo. Estaria esse perfil combinando considerações práticas e de entretenimento?

A especialista que analisou o perfil, sem saber que era Julian, descreveu-o como um homem magoado e arrogante, com o ego enorme, e que seu perfil desencoraja mulheres de 'boa qualidade'. Toda mulher é igual para ele. É alguém que vive na cabeça dele. Ele quer uma mulher que tenha uma opinião que ele provavelmente detestará.

Parece bater com a correspondência que encontrei no Gawker, que parece refletir sua suscetibilidade.

Em abril de 2004, ele paquerou insistentemente uma jovem de dezenove anos num bar. Ela aceitou responder as perguntas *on-line* da jornalista com a condição de ser chamada de Elizabeth.

Naquela época, Julian e Elizabeth estudavam na Universidade de Melbourne. Julian tinha 33 anos de idade. A jovem o notou porque ele tinha aparência diferente. Ele era velho demais para ela, mas seu longo cabelo branco e sua confiança o faziam parecer diferente dos outros homens que ela conhecera na universidade.

Ela puxou conversa com ele. Ele parecia silencioso e intelectual. Ela não o considerava *sexy*, só estranho e intrigante. Julian flertou com Elizabeth por um momento, exibindo-se ao explicar equações complexas e brincando com a ignorância dela em matemática. Eles conversaram até o bar fechar. Julian a acompanhou até a casa onde ela vivia com seus pais. Antes de partir, Julian a beijou. Ela não ficou muito satisfeita, mas também não o rechaçou. Ele ficou calmo e não tentou nada estranho. Antes de ir embora, trocaram endereços de *e-mail*. Julian deu-lhe um cartão com detalhes sobre si e a imagem de um farol, possivelmente um antigo símbolo de sua busca pela transparência. Eles se despediram.

Alguns dias depois, Julian enviou um *e-mail* para a jovem, convidando-a para sair:

Prezada Srta. Elizabeth,
Achei sua companhia e seus beijos muito tentadores. Queria explorá-los mais a fundo. Está ocupada segunda-feira à noite?

Julian

Elizabeth não lembrava como havia respondido, mas recusara o convite. Eles tinham somente trocado endereços de *e-mail* e ela achava que não ouviria mais falar dele até que Julian telefonou para a casa de seus pais no dia seguinte. Elizabeth ficou surpresa, e Julian não respondeu quando ela lhe perguntou friamente como tinha conseguido aquele número. Eles discutiram, mas Julian não desistiu. Enviou outro *e-mail* comentando a frieza e falta de educação dela ao telefone:

Prezada Elizabeth,
Sua reação ao meu telefonema não teve dignidade e me feriu. Você parecia estar acima dessas bobagens. Me entristece tê-la julgado mal. Eu apreciei nossa caminhada ao luar e a intimidade natural em nossa interação. Esperava que dessa interação surgisse, pelo menos, uma amizade interessante.

Por favor, responda.
Julian

Essa mensagem deixou Elizabeth mais à vontade, e ela respondeu educadamente. No mesmo dia, Julian enviou-lhe uma mensagem em seu estilo singular:

Re: síndrome do mundo imaginado
Prezada ....,

Não é tão difícil derreter-se. Ou ser atraído.
Nossa intimidade parece a memória de um sonho estranho para mim. Um sonho que provavelmente não se traduziria no mundo real, porém esse nunca foi meu desejo. Houve alguma coisa ímpar em nossa interação. É quase como se eu a tivesse manuscrito e deixado minhas impressões na tinta. Não estou preocupado com sua realidade conturbada. Não quero saber dela e confesso que não poderia acomodar você dentro da minha. Mas ainda quero vê-la em isolamento [sic]. Não me preocupa o contexto, pois o tempo e o seu silêncio me tornaram filosófico; mas, da primeira vez que escrevi, o calor de seu peito encostado em mim ainda estava vivo em minha mente.

Julian

Aqui, Julian expressou sua visão sobre vida. Ele não participa da realidade de outras pessoas; ele não quer. Prefere criar seu próprio mundo. Ele mantém um fervor filosófico ao expressar sua visão da experiência que teve com essa jovem.

Alguns dias depois, ele tentou telefonar para Elizabeth novamente. Ela tentou fingir que era outra pessoa, pois estava assustada com a persistência dele.

Depois de mais alguns *e-mails* não respondidos por Elizabeth, Julian decidiu mudar de tática. Em vez de telefonar para Elizabeth, tentou fazer com que ela telefonasse para ele. No entanto, ela achou que havia escolhido uma maneira muito ruim de lhe dar seu número de telefone. Ele pegou o número da placa do carro dela e o transformou numa charada, que quando decifrada revelaria o número de telefone dele. Ele enviou um *e-mail* com a charada. Elizabeth respondeu que não iria telefonar porque aquela charada esquisita não havia mostrado o número do telefone dele.

Uma vez mais, Julian decidiu telefonar para ela, e naquele mesmo dia ele enviou uma mensagem perguntando qual era a melhor hora para telefonar sem incomodar os pais dela. Era 12 de abril de 2004, dez dias depois de eles terem se conhecido no bar.

Cansada, Elizabeth pediu que ele parasse de telefonar para a casa dela. Julian, que se sentiu humilhado com o caso, enviou esta sentença: *"Com sorte, você também pode me achar no http://iq.org/julian". Assinou com um '– J'.*

Ele acabou desistindo, mas antes disso enviou-lhe um último e detestável *e-mail*:

Re: sua mensagem
Um homem acha que aquilo que é terno, quente e fecundo em seus braços deve também ser assim em outras circunstâncias. Mas, como a Miriam de Maugham, você é dura do pescoço para

cima; tem a voz rascante e os modos típicos de sua classe quando não está tentando impressionar. Sua resposta à minha diversão completamente bem intencionada foi a compreensão e a empatia do solipsista comprometido. Você arrancou uma pétala do meu mundo justo quando eu achava que fosse acrescentar uma, mas tudo ao redor é prado, onde voltarei a dançar e pular e cantar até que outra ingênua jovem roce levemente minha asa.

Julian

Seu perfil no OkCupid revela um estilo de Dom Juan com as mulheres, e essa situação com Elizabeth mostra a que ponto ele não gostava de ser rejeitado. Elizabeth disse no Gawker que nunca se sentiu ameaçada pelo comportamento de Assange, mas achou que ele foi socialmente estranho em sua paquera: "Não acho que ele seja má pessoa", ela disse. "Ele é só um pentelho esquisito", completou.

Aí está um homem que evoca algum tipo de mistério.

A aparência dele no começo do WikiLeaks, com cabelo prateado, tornava-o parecido com algo entre um cantor *pop* e um cientista maluco. Hoje ele tem um novo visual, de repórter de campo encontra o lutador moderno com casaco de couro (e que casaco!!), ou o político com um terno de âncora de televisão. Eu também o vi usando um palctó italiano feito sob medida com óculos escuros estilo James Bond. Ele tem muitos estilos, como uma estrela das revistas de celebridades. De fato, a *Rolling Stone* italiana o declarou o Astro de Rock do Ano em 2010!

O homem tem facetas variadas: às vezes é simples e acessível, respeitável como um bom genro, ou então um espião pronto para se dar bem com as mulheres. Sorrindo ou não nas fotos, ele ainda mantém uma imagem franca e inquisitiva. Parece que quer entender, chegar ao fundo das coisas e revelar mistérios.

Ele é uma figura de destaque na história do jornalismo e da informação. O que as pessoas dirão de Julian daqui a alguns anos? Julian Assange, o homem que redefiniu o jornalismo no século XXI. Será ele citado como Gutenberg e a invenção da imprensa, ou Ed Bradley, o primeiro correspondente negro da televisão na Casa Branca, com seus vinte e seis anos de reportagens na CBS?

Julian Assange pode ser um herói, mesmo assim é um homem com defeitos e com uma personalidade que ainda é meio monomaníaca e que só pensa nos segredos das autoridades, um projeto obsessivo para o qual ele tem um raio *laser* apontado e pronto para penetrar nas informações ocultas.

Ele pode fazer as garotas caírem por ele como um astro de *rock*, então "perigo, *achtung!*", como ele mesmo colocou. Ele é sempre charmoso. Um artigo no *The First Post* relatou a seguinte história:

"Um jornalista encontrou-se com Julian num restaurante na Suécia. O jornalista apareceu com a namorada. Depois de conversarem por um momento, a namorada e Julian saíram para fumar. Depois de alguns minutos, o jornalista foi até lá fora para ver o que estava acontecendo. Ele ficou surpreso em ver Assange sussurrando no ouvido da namorada dele. Quando o jornalista se irritou, Julian começou a se preparar para brigar de verdade. A jovem admitiu que Assange convidou-a para passar a noite com ele. O jornalista comentou que Julian parecia ter prazer em humilhá-lo".

Ele gosta de brincar com fogo sempre que pode. Está convencido de sua superioridade, assim como de sua inteligência, cultura, carisma e astúcia. As mulheres todas dizem que não gostam desse tipo de homem, mas algumas ainda se encantam com eles.

Quanto a mim, estou interessada no mistério que ele tem. Quanto mais me interesso por ele, mais acredito que tenha um lado agradável. Julian é como uma criança com dons especiais, quase autista. Ele vê o mundo do modo que vê e tenta fazer com que as pessoas que ele quer entrem nele.

Em seu *blog* Iq.org, vemos que ele por vezes se sente sozinho e incompreendido. Ele cita esta sentença de Aldous Huxley sobre Isaac Newton, com a qual parece se identificar: "Newton pagou um preço por sua suprema inteligência [...] incapaz de ter amigos, amor, de ser pai e muitas outras coisas que desejava. Como homem, ele era um fracasso; como monstro, era soberbo".

Em outra postagem, em junho de 2006, ele escreveu: "Tenho uma afeição especial por mulheres que têm vidas turbulentas", mais uma vez mostrando seu lado protetor. Ele tem a capacidade de ir muito longe por uma mulher. Na mesma postagem, ele explica que estava saindo com uma garota que era viciada em café, bebia toneladas de café. Ele a observava beber com tanta inveja que tinha vontade de entrar na xícara. Chegou ao ponto de fazer uma pasta aquosa de café finamente moído para seduzi-la.

Julian é patético e poético ao mesmo tempo. Sob seu disfarce de Dom Juan, ele puxará conversa com qualquer coisa que use minissaia. Acho que este sujeito precisa de uma "mulher de qualidade"!

Vou me inscrever no OkCupid!!

⭐ Gostei   Seja 0 primeiro a marcar esse post.

Parte VI
Primeiras provações

Viver é fácil com os olhos fechados, confundindo tudo o que você vê.
– John Lennon

14
Uma série de vazamentos

A cobertura da mídia foi cuidadosa acerca do lançamento do WikiLeaks e sobre transmitir ao vivo o primeiro vazamento na Somália, no começo de 2007. Como previu uma das organizações participantes, as agências de notícias não os conheciam e não estavam acostumadas com esse tipo de fonte. Alguns poucos *websites* produziram comunicados de imprensa com algumas passagens tiradas do *site*. O *Washington Post* levou a análise um pouco mais fundo. Um jornalista do periódico americano enviou um *e-mail* para os organizadores que apresentavam o *site*, dizendo: "O WikiLeaks está se tornando, como planejado, embora inesperadamente cedo, um movimento internacional de pessoas que facilitam vazamentos éticos e o governo aberto".

Steven Aftergood, do *Secrecy News*, também foi questionado pelo jornal e admitiu que os membros do WikiLeaks "têm potencial para mudar alguma coisa". Ele alertou contra o fato de que "revelações indiscriminadas podem ser tão problemáticas quanto o sigilo indiscriminado". Terminou acrescentando: "Quero ver como eles farão o lançamento e qual direção vão tomar." Os organizadores do WikiLeaks disseram que o *site* era autopoliciado. "O WikiLeaks forneceria um fórum para toda a comunidade global examinar qualquer documento de modo meticuloso quanto à sua credibilidade, veracidade e falsificação".

O *Washington Post* terminou com algumas sentenças sobre o primeiro vazamento, concluindo com a divulgação de seu *link* na internet. Por outro lado, a revista *Time* escolheu comentar o lançamento do *site* entrevistando um professor da Universidade Rutgers especializado em história africana. Ele declarou que o artigo estava bem escrito, mas os eventos mencionados depois eram obsoletos.

O lançamento do *site* e o primeiro vazamento não causaram muito efeito. A postagem de *e-mails* entre a organização e John Young pelo Cryptome chamou alguma atenção e teve melhor cobertura. A revista *Wired* escreveu um artigo intitulado "O WikiLeaks entornou", que abria ironicamente com "O primeiro grande vazamento veio do próprio WikiLeaks – do arquivo da lista de discussão interna", enquanto as primeiras suspeitas de conspiração foram sugeridas em outros *sites*. A muito séria BBC também teve dúvidas, expressadas por Bill Thompson, jornalista independente e especialista digital. Sem saber as fontes, essa organização não poderia verificar a veracidade dos documentos recebidos. Ele também admitiu não confiar nas pessoas do *site*, e, mesmo que houvesse confiança, duvidava que o *site* fosse capaz de garantir a segurança, o anonimato e a imunidade que prometia.

O WikiLeaks continuou devagar durante os meses iniciais, e os primeiros vazamentos tiveram impacto moderado. Em agosto de 2007, um relatório da agência internacional de análise de crises Kroll foi publicado no *site*. Esse relatório foi submetido em 2004 ao governo do Quênia, que o rejeitou, julgando-o incompleto, embora falasse da corrupção perpetrada pelo antigo líder do país, Daniel Arap Moi, que desviara mais de 3 bilhões de dólares. O relatório também fornecia a lista de seus bens espalhados por todo o mundo. O jornal britânico *The Guardian* usou o material divulgado para escrever um artigo sobre o ex-presidente queniano, mas não mencionou o WikiLeaks.

Postado no *site* três meses antes das eleições presidenciais no Quênia, o vazamento deflagrou eventos trágicos, causando 5.000 mortes e deixando quase 600.000 desabrigados. O WikiLeaks foi criticado e julgado responsável, mas Julian defendeu-se no *The Guardian*: "Mil e trezentas pessoas acabaram morrendo e 350.000 ficaram desabrigadas. Foi esse um dos resultados de nosso vazamento", disse Assange. É uma estatística arrepiante, mas em seguida ele afirmou: "Por outro lado, o povo do Quênia tinha o direito de ter essa informação e 40.000 crianças por ano morrem de malária no país. E muitas mais morrem porque o dinheiro está sendo retirado do Quênia, como resultado da desvalorização do xelim queniano".

Mesmo tendo pouco impacto de interesse público, os vazamentos alçaram o WikiLeaks no nível da mídia mundial.

Em setembro de 2007, o WikiLeaks publicou uma base de dados com listas de equipamentos comprados pelo exército americano para a guerra no Afeganistão. A publicação lançou um pouco de luz sobre o uso do orçamento do exército, mas, acima disso, também mostrou que equipamentos químicos estavam sendo utilizados naquela guerra.

A base de dados foi publicada no *site* em seu formato SQL original e pôde ser lida num editor de texto comum, embora não fosse assim tão fácil. É uma lista de códigos e nomes de equipamentos. Para compreendê-la adequadamente é preciso ser especialista no jargão militar.

O jornal *The New York Sun* analisou a informação da seguinte forma: "Eles fornecem uma janela completamente objetiva para o funcionamento de várias unidades americanas, das operações psicológicas aos quartéis de Cabul. Eles indicam que os Estados Unidos estão usando dois tipos de armas químicas naquele país, incluindo 72 lançadores de granadas de gás M7 e oito FN303, 'que atiram projéteis impregnados de agente pimenta', de acordo com o artigo não assinado do WikiLeaks".

Novembro de 2007. O vazamento de um manual detalhando as operações diárias dos militares americanos na Baía de Guantánamo atraiu atenção internacional. Ele relatava, por exemplo: instruções para manipular psicologicamente os prisioneiros, como os detentos poderiam ser recompensados recebendo papel higiênico extra, ou como usar os cães militares para intimidar prisioneiros. Como o tenente-general Ricardo A. Sanchez explicou em 2005: "Os árabes têm medo de cães!". Na revista *Wired*, Jamil Dakwar, diretor jurídico do programa de Direitos Humanos da ACLU (União Americana pelas Liberdades Civis), disse: "Na verdade, isso levanta muitas preocupações acerca da genuinidade do governo em termos de permitir acesso total do CICV (Comitê Internacional da Cruz Vermelha), como foi prometido ao mundo". Dakwar acrescentou: "Eles são a única organização que tem acesso aos detentos, e isso levanta várias questões".

Finalmente, ao término de um promissor primeiro ano, o WikiLeaks divulgou a primeira informação que teria repercussões legais. Em dezembro de 2007, Rudolf Elmer, ex-chefe de operações da filial das ilhas Caimã do banco suíço do Grupo Julius Baer, submeteu provas de que o banco mantinha a ele e à família sob vigilância. Elmer tentou colocar no ar detalhes de contas de clientes em 2002 e depois em 2005, mas sem maiores repercussões. O *The Wall Street Journal* cobriu o caso, mas se recusou a revelar dados pessoais. Naturalmente, ele então se voltou para o WikiLeaks, que divulgou todos os documentos que recebeu. O caso não foi muito noticiado até fevereiro de 2008, quando o banco enviou um mandado para a Dynadot, registradora do domínio americano que hospedava o WikiLeaks.

Mesmo que o julgamento tenha sido desgastante para a organização, Julian conseguiria fazer piadas sobre ele alguns meses depois. Ele relatou a batalha entre os advogados do banco, especializados na indústria do entretenimento (advogados de Céline Dion e Arnold Schwarzenegger), e um coletivo de defensores da liberdade de expressão que incluiu, entre outros, a Fundação Fronteira Eletrônica (EFF), a União Americana pelas Liberdades Civis (ACLU) e o Project On Government Oversight (POGO).

O mandado para o Dynadot foi rescindido porque, em um mês, provocou tanto tráfego na internet que acabou se tornando obsoleto depois que os dados do WikiLeaks haviam sido copiados em dezenas de outros servidores.

Em março de 2008, com a visibilidade crescendo, o WikiLeaks publicou documentos importantes sujeitos a muita controvérsia na internet e no mundo sigiloso da Igreja da Cientologia. A divulgação incluía anotações da Secretaria de Assuntos Especiais e o manual completo de níveis de OT, graus de evolução da mente humana de acordo com o fundador da igreja, Ron Hubbard. O *post* sobre os critérios da evolução hierárquica dentro dessa organização destaca o perpétuo debate entre todos os detratores da seita.

No mesmo mês, o *site* acrescentou às suas publicações uma versão completa do acordo internacional ACTA (Acordo Comercial Anticontrafação). Esse projeto uniu vários países para trabalhar nos direitos de propriedade intelectual. Ele criaria uma nova entidade fora das organizações existentes, como as Nações Unidas ou a Organização Mundial da Propriedade Intelectual. A parte referente ao *download* de serviços, como o Pirate Bay, incitou muitas discussões entre os usuários da internet.

Mas o *site* tinha de procurar novos meios de financiamento para prosseguir em sua missão. Em agosto de 2008, o WikiLeaks tentou propor que fossem oferecidos lances pelo vazamento sobre a Venezuela. A ideia era vender com exclusividade esses documentos para quem oferecesse o lance mais alto durante certo período. As organizações de imprensa contatadas hesitaram. Não há garantia acerca da qualidade da informação, e uma informação exclusiva no atual universo dos meios de comunicação não dura tempo suficiente para haver algum lucro real proveniente de gastos substanciais. A oferta não foi aceita. Julian, entretanto, declarou que a ideia não estava totalmente afastada, mas seria necessária uma estrutura melhor e mais recursos para organizar esse tipo de operação.

Naquela época, o *site* de vazamentos era reconhecido em todo o mundo como referência interessante, com algumas boas publicações, mas sua visibilidade raramente ultrapassava o escopo do assunto tratado e o impacto ainda não era mensurável.

Entretanto, em setembro de 2008, o nome do WikiLeaks apareceu em mais manchetes, alcançando uma dimensão mais global. A organização procurava voltar sua mira para uma figura pública exuberante, que não hesitasse em promover um escândalo e fazer ameaças ouvidas no mundo todo. De fato, o *site* publicou os *e-mails* do Yahoo de Sarah Palin, então candidata a vice-presidente da república.

O problema surgiu porque ela usava uma conta pessoal de *e-mail* para lidar com assuntos de Estado. No passado, um caso parecido se transformou num escândalo, quando foi descoberto que a equipe de George W. Bush se comunicava por sistemas externos, pois isso vai de encontro às diretrizes básicas dos Estados Unidos, que exigem a gravação de todas as comunicações do Estado. Para distrair a atenção, Sarah Palin alegou invasão de privacidade, porque os *e-mails* também continham fotografias de família.

Sempre buscando um impacto maior, o WikiLeaks, em janeiro de 2009, tentou uma nova divulgação com dados pessoais. O histórico médico de Steve Jobs, diretor executivo da Apple, foi publicado no *site*. Acabou sendo provado que a cópia era falsa, e a credibilidade do WikiLeaks foi questionada.

O mês de fevereiro de 2009 viu a questão do acesso à informação por parte dos cidadãos americanos ganhar o primeiro plano. O WikiLeaks divulgou os 6.780 relatórios do Serviço de Pesquisa do Congresso (CRS), considerado o cérebro da instituição. Só os membros estavam autorizados a ler os relatórios desse serviço, cujo orçamento chega a 100 milhões de dólares. Desde 1998 um movimento lutava para liberar o acesso para todos os cidadãos, mas os governos ainda não estão preparados para contar tudo. O modo como eles operam não permite transparência. O surgimento dessa informação os deixou nervosos. É como se, de repente, tudo o que existe na sua casa fosse exposto à luz do dia, até as conversas da família. Você também ficaria abatido, e, mesmo que não tivesse nada a esconder, ainda ficaria tenso.

Em março de 2009, um evento confrontou Julian com suas responsabilidades, e as fontes da organização enfrentaram o perigo de suas ações.

Nairóbi, Quênia. Dois ativistas dos direitos humanos foram assassinados em plena rua, depois de terem entregue provas da brutalidade da polícia para um investigador das Nações Unidas. Esses ativistas também estavam escrevendo um relatório intitulado "Grito de Liberdade", que denunciava os assassinatos e torturas perpetrados pelo governo queniano. O WikiLeaks divulgou esse relatório em novembro de 2008.

A opinião pública usou esses assassinatos para enfatizar a inabilidade da organização em proteger suas fontes. Julian defendeu a organização, revelando a falta de uma ligação direta entre a publicação e o assassinato daquelas duas pessoas. Ainda assim, ele usou esses fatos para contestar a pressão exercida sobre seu grupo.

A missão do WikiLeaks implicava denunciar todas as formas de censura impostas pelos Estados. O ano de 2009 foi marcado por várias revelações nesse sentido, especialmente a censura na internet.

Como resultado, o *site* colocou no ar uma lista de páginas da internet bloqueadas pelo governo australiano em março e pelo governo italiano em junho. Essas "listas negras" supostamente coibiriam a pornografia, a pedofilia e a violência extrema. Entretanto, ao serem divulgados *on-line*, foi revelado que uma parte desses *links* não se encaixava nos critérios e incluía até mesmo alguns vazamentos divulgados pelo WikiLeaks. Mais uma vez, uma onda de protestos encobriu a mensagem ativista da organização: a ação de expor esses *links* proibidos foi taxada de escandalosa pelas agências de proteção à infância da Austrália.

Em novembro de 2009, o *site* resistiu à censura tailandesa ao colocar no ar o vídeo de uma festa de aniversário decadente em homenagem ao cachorro do príncipe da coroa. Ele mostrava o príncipe à mesa com uma mulher nua, cercado pelo luxuoso ambiente da casa de campo e sua piscina. Isso não ajudou nem um pouco a melhorar a imagem do futuro regente do Estado. O vídeo foi divulgado em oposição a um regime que eliminava qualquer crítica à família real através de leis de lesa-majestade.

Também em novembro de 2009, a divulgação de 561.300 mensagens de texto datadas de 11 de setembro de 2001 foi mal interpretada. O WikiLeaks publicou essa informação como um testemunho da história. Nada de novo era revelado, tampouco havia algum objetivo jornalístico, e então o ato foi encarado como *voyeurismo*. No entanto, Julian salientou que não houve reclamação por parte de nenhuma família.

Em 2010, o WikiLeaks ficou notório por divulgar uma série de documentos relacionados à maior potência mundial.

Em março de 2010, o vazamento de um relatório da CIA mostrou como o governo americano poderia ter manipulado a opinião pública na Alemanha e na França para que esses países continuassem a lutar no Afeganistão. E ideia era usar a empatia, especialmente na França, com a condição das mulheres afegãs como motivação para a luta. O relatório afirmava que o presidente Obama teve de usar seu carisma junto a esses países para vender a guerra. Na época, Glenn Greenwald, do salon.com, conversou com Julian, que declarou: "Se você quer melhorar a civilização, tem de remover algumas restrições básicas, como a qualidade da informação que a civilização tem ao seu dispor para tomar decisões. É claro que existe um lado de psicologia pessoal, que eu gosto de esmagar patifes, aprecio um bom desafio, e muita gente envolvida com o WikiLeaks também gosta. Gostamos de desafios".

O desafio é a nova política da organização. Eles tiveram de jogar pesado, sair do anonimato e fazer com que as pessoas falassem sobre eles, senão a equipe do

WikiLeaks corria o risco de ficar parada nos trilhos sem ninguém prestar atenção neles. O WikiLeaks tinha, de verdade, motivos reais para se preocupar.

Em março de 2010, o *site* divulgou um relatório do Departamento de Análise de Contrainteligência americano que datava de 2008, relativo ao WikiLeaks. Ele relatava medos, riscos, um exame detalhado dos vazamentos e declarações. Num capítulo intitulado "Isso é liberdade de expressão ou expressão ilegal?", o relatório mencionava que em alguns países a ilegalidade não somente resultava na entrega da informação para o *site*, mas também no ato de consultá-lo. Ele também afirmava que os governos da China, Israel, Coreia do Norte, Rússia, Vietnã e Zimbábue já haviam tentado bloquear ou pelo menos atrapalhar o acesso ao *site*. Ele lista as revelações creditadas ao WikiLeaks. Aparentemente, segundo Glenn Greenwald, o WikiLeaks possuía outros relatórios parecidos ainda não divulgados: informações da Marinha americana ou uma análise das forças americanas baseadas na Alemanha.

O monitoramento dos ativistas do WikiLeaks começou no dia em que ele entrou no ar. Os choques entre o WikiLeaks e o governo americano eram muitos e continuariam a ter consequências. Foi nesse momento que surgiu a discussão: retroceder ou ir ainda mais fundo do que antes para procurar e expor a verdade. Tudo isso tinha alimentado a determinação de Julian de continuar sua luta. Ele então decidiu ramificar seu campo de batalha: esmagar conspirações, incentivar a liberdade de informação, sacudir os cidadãos e lutar contra a injustiça.

Para fazer cumprir esses desafios, ele tinha de aumentar a visibilidade do WikiLeaks e ao mesmo tempo protegê-lo, intitulando-se jornalista. Para fazer isso, ele precisava aparecer com mais frequência na grande mídia e colaborar com jornalistas de renome.

Na primavera de 2010, quando recebeu imagens de um horror inacreditável, ele viu ali uma oportunidade para o WikiLeaks cumprir sua missão mundial. Ele decidiu editar as imagens como filme e transmiti-las pela internet através de um *site* criado para a ocasião. Ele arranjou tudo de modo a ter grande cobertura da mídia. Lançou o filme durante uma coletiva em Washington e deixou o jornalista Raffi Khatchadourian, da revista *New Yorker*, seguir a equipe enquanto editavam o vídeo. Esse artigo, que conta uma breve história de Julian e do WikiLeaks, tornou-se referência para muita gente. Khatchadourian relata em detalhes, com diálogos, a edição do que viria, mais tarde, a ser conhecido como Projeto B.

15
O Projeto B

Dois carros andavam devagar pela colorida cidade de Reykjavik. Viraram na Grettisgata e estacionaram numa linda rua que em declive leva até o mar. Embora fosse primavera, ainda nevava perto do Atlântico Norte. Dois homens saíram dos carros para admirar a vista do penhasco por um momento. Naquele dia, 30 de março de 2010, os lançadores de denúncias caminhavam em silêncio no vento do norte. Aproximaram-se calmamente de uma casinha branca centenária.

Julian separou-se do grupo e tocou a campainha para se apresentar ao dono da casa. Era hora de começar o *show*.

"Olá, somos jornalistas e estamos escrevendo uma matéria sobre o vulcão Eyjafjallajökull, que entrou em erupção recentemente."

Depois de acertarem as condições da locação, o dono foi embora depressa, vendo que aquelas pessoas não eram de muita conversa. Assim que o homem saiu, Julian correu para fechar as cortinas. A casa, agora fechada dia e noite, transformou-se numa sala de operações. Uma dúzia de computadores foi rapidamente instalada na sala de estar singelamente decorada. Logo em seguida chegaram ativistas islandeses. Começaram a trabalhar imediatamente, mais ou menos dirigidos por Julian. Quase todos sabiam o que tinham de fazer. Começava uma guerra contra o tempo, e ela se chamava Projeto B.

Projeto B era o codinome que Julian havia dado ao vídeo de 38 minutos captado em 2007 da cabine de um helicóptero Apache no Iraque.

As revelações contidas nesse vídeo eram como uma bomba jogada dentro das fileiras do WikiLeaks. Com exceção de algum erro humano, as imagens do soldado americano abrindo fogo sobre dezoito pessoas nas ruas de Bagdá eram um segredo militar altamente guardado no mais alto nível do governo. Elas representavam de modo flagrante as guerras de hoje, que são ambíguas e cruéis como sempre foram. Graças a essas imagens, Julian e sua equipe tinham esperanças de reacender o debate global sobre as guerras do Iraque e do Afeganistão.

Dois jornalistas da Reuters morreram junto com cidadãos iraquianos durante essa terrível asneira. A Reuters vinha tentando obter o vídeo do exército há três anos através da Lei da Liberdade de Informação, de 1966, que obriga as agências federais a entregar seus documentos a qualquer pessoa que os peça, independentemente de sua nacionalidade. Até hoje a agência de notícias não havia conseguido obter as imagens comprometedoras do exército americano. Atualmente, os denunciantes virtuais das injustiças têm os meios para retirar o véu que encobre essa ditadura secreta, com o apoio natural de jornalistas.

Coube a Julian fazer esse movimento no momento certo. Mentor do movimento WikiLeaks, ele planejava revelar as imagens antes que um grupo de repórteres o fizesse, no Clube Nacional da Imprensa, em 5 de abril de 2010, em Washington.

Para alcançar o efeito desejado, os voluntários do WikiLeaks tinham de analisar o vídeo bruto, fazer uma rápida edição, criar um *website* para transmiti-lo, preparar a documentação e lançar uma campanha de mídia sobre o filme, tudo em menos de uma semana. A atmosfera era quase religiosa, como se todos compreendessem o impacto que o filme provocaria. Eles não teriam muito tempo para dormir.

Julian estava sentado numa mesa pequena, usando roupas de neve. Mesmo depois de trabalhar por horas dentro de uma casa com aquecedor, continuava com elas. Rop Gonggrijp, sentado na frente dele, o observava com olhar benevolente. Julian podia manter-se concentrado durante horas, sem precisar dormir, comendo e bebendo muito pouco. Desde que Julian percebera estar sendo seguido, Rop se tornara seu gerente não oficial. Se o medo de Julian com relação à vigilância aumentasse, contaminaria todos. O WikiLeaks era uma colmeia de indivíduos, e cada um tinha seus limites. Até mesmo Julian.

Por essa razão, o papel de Rop era crucial: ele conhecia Julian há muitos anos e foi imediatamente alertado quando receberam as imagens. Julian não revelou a fonte do documento, classificado como "segredo de defesa", dizendo simplesmente que o vídeo vinha de alguém que não ficara contente com aquele ataque. As imagens estavam encriptadas e Julian levou três meses para quebrar um código que acredita ser de média dificuldade. Suas habilidades de criptografia são excepcionais: para ele, cada código representava um desafio, como uma batalha com seu criador. Podia passar horas e até mesmo dias debruçado sobre um deles. Vivia para o mundo da TI.

Rop logo percebeu que Julian estava se desdobrando ao máximo e decidiu fazer algo sensato por ele. Emprestou 10.000 euros ao WikiLeaks para financiar a operação. Tornou-se o tesoureiro do Projeto B; tomava conta da agenda de todos e garantia o estoque de comida.

Por volta das 3 horas da tarde, apareceu a parlamentar islandesa Birgitta Jónsdóttir. Uma mulher de pouco mais de quarenta anos, com longos cabelos castanhos e franja, vestida de preto. Ela tirou uma camiseta do WikiLeaks da bolsa e atirou-a para Julian.

"Tome, é para você. Está precisando trocar de roupa!"

Julian pegou a camiseta, colocou-a na cadeira e continuou trabalhando. Estava digitando em um dos computadores não conectados à internet; ele continha muitas informações que precisavam ser guardadas até entrarem ao vivo no *site*. Birgitta pegou seu computador e perguntou a Julian como ele pretendia delegar o trabalho no Projeto B.

"Alguém deveria contatar o Google para ter certeza de que está tudo bem para o YouTube hospedar o filme."

"Fazer isso não é ceder à pressão?", ela perguntou, sorrindo.

"Eles têm regras quando se trata de violência gratuita", Julian respondeu. "Nesse caso não é violência gratuita, mesmo assim eles podem considerar que é. É importante demais para ter que lidar com esse problema quando entrarmos ao vivo."

Birgitta não tinha emprego antes de se tornar parlamentar. Ela se considerava artista, poeta e ativista. Suas opiniões políticas eram, em grande parte, anarquistas. Blogueira pioneira, ela apresentou um projeto de lei para tornar a Islândia um refúgio da liberdade de imprensa, com o objetivo de alcançar a transparência total e permitir aos jornalistas revelarem ao mundo o estado da sociedade. Uniu-se ao movimento WikiLeaks quase imediatamente.

"O que posso pedir para N fazer?"

Totalmente absorto pelo que estava fazendo, Julian não respondeu.

O telefone dele tocou. E atendeu com sua voz profunda e falou devagar. Era a polícia islandesa. Julian tentou saber mais sobre o que acontecera alguns dias antes.

Um jovem voluntário do WikiLeaks na Islândia foi pego invadindo o sistema da fábrica onde seu pai trabalhava. Foi detido pela polícia e acabou sendo preso. A polícia o interrogou extensivamente sobre o Projeto B. O jovem tinha sido visto numa fotografia diante de um restaurante na companhia de Julian e outros partidários. Naquele dia, Julian e sua equipe estavam, na verdade, preparando a operação do Projeto B no restaurante, que havia colocado uma sala à disposição do WikiLeaks para a reunião. Os motivos pelos quais o jovem tentou invadir o sistema da fábrica não ficaram claros. Julian gostava de entender as coisas, e tinha um mau pressentimento com relação àquela história. Em 26 de março de 2010, ele escreveu um *e-mail* acalorado, contando a história do jovem que ficou detido pela polícia por mais de vinte horas. A linha do assunto dizia: "Algo de podre no estado da Islândia".

Julian desligou.

"Nosso jovem amigo falou com os tiras. Eu estava quase conseguindo mais detalhes, mas minha bateria acabou!"

Ele sorriu e foi colocar o telefone para carregar.

"Estamos todos paranoicos esquizofrênicos", disse Birgitta ao ver Julian se afastar. "Olhem como ele está vestido."

Julian ainda não havia tirado seu macacão de neve. Rop levantou-se de repente e foi para a janela. Afastou as cortinas devagar e ficou um bom tempo olhando para fora.

"Tem alguém lá?", Birgitta perguntou.

"Só a caminhonete dos repórteres", ele disse. "Prontos para corromper mentes", acrescentou, sarcasticamente.

Deu de ombros e largou as cortinas. Os outros nem se mexeram. Era sua sina diária serem seguidos pela mídia e suspeitos da polícia. Algumas pessoas já tinham sido forçadas a abandonar o movimento ou se envolver de modo diferente por medo de represálias. A escolha tinha de ser feita dia a dia. Levar uma vida tranquila se escondendo ou trabalhar para mostrar o mundo como ele realmente era. E para quê?

Cada um tinha sua própria resposta, e não havia nada a discutir. Se você estava lá, trabalhava para a causa e pronto. Julian estava tão seguro de si que incitava os outros a se concentrar na ação.

Antes de verem o vídeo do helicóptero Apache pela primeira vez, ele preparou a todos para um choque. Ele sabia que esse filme era crucial para os membros do WikiLeaks e que era impossível não ficar cem por cento comprometido depois de vê-lo.

Todos se reuniram diante do computador para ver o filme.

Julian disparou o vídeo, mas pausou-o logo em seguida para explicar algo.

"Neste vídeo vocês verão um certo número de pessoas sendo mortas. O filme tem três partes. Na primeira parte, verão um ataque baseado num erro terrivelmente mal orientado. Na segunda parte, o erro claramente se transforma em homicídio se visto pelos olhos de uma pessoa comum. E na terceira parte vocês podem ver a matança de muitos civis inocentes que se tornaram alvos legítimos da operação dos soldados."

Na medida em que o WikiLeaks publicava todas as suas fontes materiais, Julian sentia que estavam livres para fazer sua própria análise.

"Este vídeo mostra no que se transformou a guerra moderna, e eu acho que, depois de vê-lo, as pessoas irão entender melhor o que significa quando souberem de outros casos de confrontos envolvendo suporte aéreo."

"Para este projeto, estamos produzindo uma edição que dará suporte aos nossos comentários e análises. Podemos chamá-lo de *Permissão para Atacar*, ou talvez algo um pouco mais impactante."

Dois minutos depois, ele disse a Rop: "Vamos abusar daquele lindo eufemismo 'danos colaterais' e chamar o filme *Collateral Murder*, (Assassinato Colateral)".

No princípio, o vídeo era somente um tipo de quebra-cabeça, com provas e imagens a serem entendidas em seu contexto. Julian e toda a equipe passaram muito tempo reconstruindo a história toda, apontando cada detalhe. Cada grupo trabalhou num ponto específico: a estrutura de comando, as regras de ataque, o jargão usado pelos soldados no rádio e, o mais importante, se e como os iraquianos em terra estavam armados.

"Um deles tem uma arma", disse Julian, olhando para as imagens borradas de um homem andando pela rua. "Olhe todas aquelas pessoas lá paradas."

"E tem um menino com um RPG[7] debaixo do braço", acrescentou Rop.

"Não tenho certeza", Julian retrucou. "Parece pequeno para um RPG."

Ele assistiram ao filme juntos mais uma vez.

"Sabe, é estranho. Se ele tem um RPG, então só há um. Onde estão as outras armas? E todos aqueles sujeitos. É estranho."

"É um trabalho difícil", suspirou Rop. "Talvez você devesse ter aceitado o convite dos oficiais militares para esclarecer as coisas, não?"

"Olha, acho que eles teriam feito mais mal do que bem. De qualquer maneira, quando é para o WikiLeaks, eles não cooperam muito. Vamos ver novamente."

Julian montou o Projeto B como um ataque-surpresa. Sua guerra era travada em outro campo, mas, como todas as guerras, continuava sendo uma guerra de nervos: decisões rápidas, ações velozes e muitas estratégias penosas.

Ele reforçou os rumores dizendo que o vídeo fora gravado no Afeganistão em 2009, na esperança de que o Departamento de Defesa fosse apanhado de surpresa. Julian achava que os militares desconfiavam muito da mídia e acreditava que não era justo para as instituições saber a história antes do público em geral.

"Não há risco de você ir parar na cadeia se for aos Estados Unidos?", perguntou um ativista.

---

7 – RPG: *Rocket Propelled Grenade*, granada lançada por foguete.

"Será muito mais arriscado ir depois disso. Por enquanto, ainda é bastante seguro", explicou Julian.

"Dizem que Gitmo[8] é bem agradável nesta época do ano", brincou Rop.

A conversa parou ali, e todos voltaram para suas telas.

Julian nunca conversava muito enquanto estava trabalhando. Falava com a equipe de modo telegráfico.

Enquanto a fé em suas ações dava aos membros do WikiLeaks uma capacidade de trabalho aumentada, Julian tinha uma habilidade excepcional de se concentrar. Você podia sair de casa à noite e encontrá-lo exatamente na mesma posição na manhã seguinte.

Para gerenciar melhor as tarefas de cada um, Rop e outro ativista organizavam o trabalho usando bilhetes adesivos na bancada da cozinha.

Nos outros lugares da casa havia pessoas traduzindo as legendas em diferentes línguas, enquanto outros se certificavam de que os servidores seriam capazes de lidar com o tráfego causado pela divulgação do vídeo.

Julian queria que as famílias dos iraquianos que morreram no ataque fossem contatadas e alertadas sobre um inevitável assédio da mídia, que tentaria conseguir o máximo de informações adicionais. Num acordo com o Serviço Nacional de Transmissão da Islândia, ele enviou dois jornalistas islandeses a Bagdá a fim de encontrá-las.

No final da semana, o filme estava quase terminado. Ao examiná-lo quadro a quadro, detalhes foram revelados que não podiam ser vistos numa exibição normal.

Os editores do filme não estavam mais sorrindo, tendo passado vários dias assistindo aos últimos momentos da vida daquelas pessoas nas ruas de Bagdá. Eles acabaram ficando deprimidos, e já era hora de o grupo terminar sua missão.

O filme tinha dezoito minutos de duração e mostrava uma óbvia ausência da dimensão humana no ataque. Começava com uma citação de George Orwell que se encaixa perfeitamente na imagem; uma citação que Julian vinha usando há bastante tempo: "A linguagem política dissimula para fazer as mentiras soarem verdadeiras e o assassinato respeitável, e para dar aparência consistente ao puro vento".

O filme dava informações sobre os dois jornalistas que foram mortos e as explicações oficiais para o ataque.

---

8 – Jargão da marinha americana para Guantánamo.

Para a trilha sonora, Julian trabalhou com um editor e ativista islandês, GG, que lhe pediu permissão para usar o diálogo entre os pilotos dos helicópteros. "Vai dar apelo emocional", ele disse.

"Está muito cortado e difícil de entender", Julian observou.

"Eu gostaria de insistir; ele é usado o tempo todo para incitar emoção."

"Mas já estamos retratando os soldados como monstros. Será que precisamos torná-los ainda piores?", perguntou o editor do filme.

"Mas a emoção é sempre real. Eu trabalhei na trilha de um filme que foi candidato ao Oscar; sei o que estou dizendo!", retrucou GG.

"OK, o que sugere?", perguntou Julian.

"Diálogos e o ruído do helicóptero interrompidos por silêncio", disse o ativista.

O editor fez as mudanças: tirou a voz dos soldados na sequência inicial, mas manteve o som do rádio, os barulhos e algumas vozes distorcidas. Julian deu a aprovação final.

Enquanto o filme era editado, Julian se ocupava com uma de suas preocupações constantes: segurança.

Uma vez que o vídeo entrasse no ar, tinha de ser impossível tirá-lo. O *site* www.collateralmurder.com precisava ser inexpugnável e não rastreável. Mesmo sendo a segurança uma preocupação permanente do WikiLeaks, ela era bem gerenciada graças a uns vinte servidores instalados por todo o mundo, com *sites*-espelho *on-line* para garantir que a informação não pudesse ser rastreada. Um governo que quisesse remover conteúdo do *site* do WikiLeaks teria de desmantelar praticamente toda a internet. Deveria haver proteção máxima, tanto para aqueles que enviavam informação quanto para todos os voluntários que trabalhavam nela.

No sábado à noite, bem tarde, logo após o trabalho terminar completamente, Julian recebeu um *e-mail* dos dois correspondentes especiais islandeses em Bagdá: os soldados que foram até o local depois do ataque encontraram duas crianças na van. As crianças viviam no bairro e estavam a caminho da escola com o pai naquela manhã. Os jornalistas também encontraram o proprietário do prédio que foi atacado, que disse que várias famílias moravam lá e que sete moradores morreram durante o ataque. O proprietário, um professor de inglês aposentado, perdeu a esposa e a filha.

Na sala de operações, a discussão esquentou. O que fazer com essas notícias de última hora? Era importante fornecer essa informação imediatamente ou seria melhor guardá-la por enquanto? Se os militares justificassem o lançamento dos mísseis Hellfire argumentando que não houve baixas civis, o WikiLeaks poderia revidar revelando essa informação. Guardá-la daria uma boa emboscada.

Subitamente, Birgitta virou-se para Rop e disse:

"Está chorando?"

"Sim, estou chorando porque eram só crianças, e isso é triste", ele respondeu. Ele se recompôs rapidamente e continuou a conversa. "Ah, merda!"

"É, isso mesmo, vamos deixá-los na merda", disse um dos ativistas.

"Agora eles vão ter que andar nela, essa é a conclusão lógica, não é?", perguntou Rop.

"Quero reeditar o filme e incluir o ataque com os Hellfire", Julian disse convicto.

Os olhos da exausta equipe se voltaram todos para Julian. Muitos estavam quase chorando, atormentados e chocados. O silêncio que se seguiu parecia estar suspenso no teto branco da pequena casa islandesa.

"Havia três famílias morando lá atrás... não podemos simplesmente desistir."

Em seguida veio a discussão racional; reeditar o filme era impossível. A equipe não aguentava mais; eles fizeram o melhor que podiam e em algumas horas já seria Páscoa.

Os simpatizantes saíram da casinha em silêncio e com sentimentos confusos. Eles acreditavam firmemente nas ações que executaram, mas a última informação que receberam dos jornalistas que foram enviados com urgência a Bagdá os deixara desnorteados. Por que eles fizeram aquilo? Mudaria alguma coisa? Qual seria a resposta do público ao filme? E quanto aos políticos americanos? Mas de uma coisa eles tinham certeza: era um campo minado.

O *site* já tinha recebido mais de cem ameaças de ações judiciais, mas nenhuma se concretizara.

Desta vez, as imagens que seriam colocadas no *site* teriam um impacto que nem Julian conseguiria imaginar. Ele trabalhara dia e noite para mostrar a parcialidade do governo americano nessa questão, e colocara o cidadão americano médio no centro dos segredos de estado mundiais.

Eram 10h30 da manhã do dia seguinte. Rop abriu as cortinas e deixou a luz do sol entrar na casa. Ele estava usando uma camiseta comprida e calças pretas recém-lavadas. Fizera de tudo para garantir que todos cumprissem seus prazos. Os minutos finais foram dedicados a procurar um dos contatos que poderia conhecer um advogado de defesa criminal nos Estados Unidos.

Grudado em seu computador, Julian digitava sem parar.

"Estamos no horário?", ele perguntou, a propósito.

"Ainda temos três horas", Rop respondeu.

Preocupado, Julian voltou-se para o computador. Analisava uma cópia dos regulamentos para ataques usados no Iraque desde 2006. Era um dos documentos do exército americano classificados como "defesa secreta" que ele planejava postar no *site* junto com o vídeo. O WikiLeaks precisava garantir que nenhum traço digital pudesse revelar suas fontes. Julian deletou os documentos o mais depressa possível.

As ruas de Reykjavik estavam vazias e os sinos da catedral dobravam. Julian ainda estava no computador.

Rop recolheu todos os adesivos de anotações da cozinha, removeu todos os indícios do trabalho.

Um pouco antes do meio-dia, eles se distanciariam dos últimos sinais do Projeto B e iriam para o aeroporto. Julian não estava pronto para sair. Não tinha feito a barba e seu cabelo estava desarrumado. Estava na hora de jogar a bomba, e ele estava escrevendo para a imprensa: o detonador. Birgitta queria ajudar. Julian pediu a ela:

"Quer cortar meu cabelo enquanto eu faço isso?"

"É claro que não. Não vou cortar seu cabelo enquanto está trabalhando."

Ela foi até a cozinha preparar chá. Julian continuou a digitar com rapidez em seu teclado. Depois de alguns minutos, ela começou a cortar o cabelo dele, com alguma hesitação. Ela parou por um instante e perguntou:

"Se você for preso, fique em contato comigo, está bem?"

Julian balançou a cabeça, concordando. Enquanto isso, Rop havia recolhido as coisas de Julian e colocado numa sacola. Ele pagou o dono da casa. Os pratos foram lavados, a mobília foi colocada no lugar onde estava antes.

A equipe se amontoou em um só carro e partiu.

Informações cada vez mais importantes chegavam das fontes de Julian. Ele tinha conquistado o respeito daqueles que eram forçados a se calar. Eram as testemunhas de um mundo invisível, tão real que sua integridade humana os empurrava para a ação. Ele estava finalmente pronto para encarar os inimigos da verdade.

Choque imediato
Publicado em 25 de novembro de 2010 pelo sophox | Deixe um comentário |

Sua avaliação

Agora eu sei mais sobre Julian Assange. Aqui está o vídeo que assustou os Estados Unidos e que colocou o Sr. WikiLeaks em guerra com os políticos americanos. E eu compreendo por quê. É uma verdadeira bomba. Estava escondido, mas eles o revelaram.

Eu realmente me pergunto em que planeta estive vivendo nos últimos meses. Acabo de ver o filme *Assassinato Colateral*, editado pelo WikiLeaks. Ele está na Rede desde abril e é fácil encontrar muitas versões dele. O filme inteiro dura 18 minutos e é chocante.

É uma chamada de despertar para os habitantes deste planeta que só pensam em ganhar dinheiro. Este vídeo mostra alguns sujeitos do exército americano atirando em civis iraquianos sem ter certeza de que estão armados ou não. E no final eles simplesmente atiram à vontade.

Ainda estou em choque. Eles estão no helicóptero e o som é sinistro, com muito ruído e poucos diálogos. Às vezes ele é cortado e ouvimos o silêncio. Faz a gente pensar.

As imagens são um tanto borradas. No início, percebi que de lá de cima, na tela, não é fácil dizer se um civil está carregando uma arma ou não. Mas eles são treinados para isso, certo?

Depois que eles começam a atirar, é como se tivéssemos passado para outro mundo, um mundo onde matar seres humanos não é nada demais. Esses caras ficam tão calmos, cumprimentando uns aos outros, que por um instante pensamos que os civis deitados naquele chão cheio de poeira vão levantar. Mas estes primeiros tiros matam oito pessoas, incluindo dois jornalistas.

Alguns destaques: "Pedindo permissão para atacar"... Depois de atirar, um deles percebe que há "um monte de corpos lá". "É isso aí, aqueles filhos da mãe estão mortos", ele acrescenta. "Legal", seu companheiro responde. A conversa termina com "bom, foi culpa deles ter trazido crianças para uma batalha".

Depois de atirar nos civis, uma van chega e tenta salvá-los. Dois homens saem do veículo e podemos ver que ainda tem alguém lá dentro. Duas crianças.

Em que tipo de mundo nós vivemos em que crianças se tornam vítimas tão facilmente? Por que aconteceu a guerra no Iraque, afinal de contas? Será que alguém se lembra? Penso que é o máximo do absurdo nesse tipo de situação.

Em certos dias eu sei por que vivo em um país neutro.

Estou pensando nisso muito seriamente. Seria possível que tivessem detectado uma ameaça nesse grupo de homens? Claro, a câmera grande podia parecer uma arma, mas o grupo não parece ameaçador. Estou sendo ingênua? Digam-me o que devo pensar.

Os diálogos são ainda mais poderosos do que as imagens. Entendemos o que esses soldados foram treinados para fazer. Eles não hesitam; vão direto ao que interessa. Deve parecer um exercício de rotina para eles.

Em nenhum momento o grupo de homens parece temer o helicóptero voando acima deles. Eles não se escondem nem correm para se proteger atrás dos muros. Parecem calmos, sem desconfiar de nada. Ou o helicóptero está muito distante no céu ou eles estão tão acostumados com esse tipo de demonstração que nem prestam mais atenção.

Para esses homens, a luta não consiste em saber se devem ou não atirar, mas sim em mostrar que são bons soldadinhos atingindo os "alvos" com o mínimo de balas e a maior rapidez possível, eu não sei. E depois ainda vem o vocabulário humilhante, doloroso. Compreendo que precisam ir direto ao ponto quando estão fazendo seu trabalho, mas me parece que não pensam mais que estão lidando com gente igual a eles ou nem com seres humanos.

Um dos "miseráveis" não está morto, pois está tentando levantar. É um dos membros da equipe da Reuters. Vemos a mira do canhão pairar sobre o corpo ferido, que não parece estar levando nenhuma arma nem procurando alcançar alguma. Em seguida ouvimos:

"Vamos lá, amigo. Você só tem que pegar uma arma".

Cheguei à conclusão de que há algo estranho no fato de confiar aos militares a manutenção da paz. Esses caras foram treinados para atirar e querem atirar. É tudo o que querem fazer. E o que acontece depois de uma asneira dessas?

Essa asneira custou as vidas de 15 pessoas, todos civis, incluindo dois membros da agência Reuters, um fotógrafo e seu motorista. Eu li que é altamente provável que ninguém ficasse interessado no caso se a Reuters não tivesse feito o possível para saber o que realmente aconteceu.

O WikiLeaks colocou esse famoso vídeo na internet. A Reuters vinha solicitando o vídeo para as autoridades competentes há anos. Graças a um vazamento. Congratulamos a pessoa que teve a coragem de vazar essas imagens! Como alguém pode acobertar imagens como essas e continuar dormindo bem? Acho que as pessoas que têm de acobertar isso devem passar muito mal. E os soldados? A hierarquia toda está envolvida.

Na realidade, eles foram informados de que mataram somente civis? Foram ouvidos, julgados, sentenciados, internados na ala psiquiátrica, ou verdadeiramente acreditam em seu "maravilhoso" e todo-poderoso exército e que estavam somente cumprindo ordens?

Quatro milhões de pessoas já viram esse filme. Temos de continuar divulgando. Conheço muita gente que não o viu e não fala sobre ele. Aqui está o *link* para o vídeo principal: www.collateralmurder.com

WikiLeaks, Assange, continuem a nos mostrar a verdadeira cara dos humanos e de nossos governos. Estou acompanhando vocês...

Este registro foi publicado em Assange.Você pode marcá-lo como favorito com esse permalink.

Parte VII
Aliados, inimigos, dissidentes

Um homem deve dar toda a importância à escolha de seus inimigos.
– Oscar Wilde

16
A Islândia como base

A Islândia poderia se tornar o país adotivo de Julian Assange. Na verdade, a história do país e a de Julian estão inexoravelmente ligadas desde o verão de 2009.

A Islândia é habitada desde o século IX. Menos de um século depois, em 930, os islandeses consideram seu Estado livre e constituem o Parlamento mais antigo do mundo. Essa república dura até o século 13, quando a Islândia é anexada pela Noruega e depois pela Dinamarca, com a qual permanece ligada até 1944. A Islândia então se torna uma república independente. Sua economia se baseia em um sistema misto, ou seja, formado por numerosas empresas privadas e um setor público forte. Segundo o Índice de Desenvolvimento Humano de 2006, a Islândia fica em segundo lugar entre os países mais desenvolvidos do mundo, logo atrás da Noruega.

Todavia, em 2008 a Islândia passa por uma crise bastante grave, com os bancos à beira da falência. Em outubro desse ano, a autoridade de fiscalização financeira islandesa tomou o controle do Kaupthing, o maior banco do país, após estatizar os outros dois bancos islandeses, o Glitnir e o Landsbankinn. Assim, o país passa por um potencial colapso, com uma inflação de 15% e uma moeda que teve uma desvalorização de 60% em um ano. Como a crise não é muito visível, os islandeses ficam assombrados ao tomar conhecimento da situação de seus bancos.

No final de julho de 2009, a falência do Kaupthing não está declarada, embora o banco tenha recebido moratória sobre os pagamentos por parte do Tribunal de Justiça de Reykjavik. O Estado injeta centenas de milhões de euros no banco.

Os dirigentes dos bancos são considerados responsáveis pela crise financeira que se agrava há um ano. Uma investigação é iniciada para saber se eles violaram a lei em prol de seu enriquecimento pessoal.

Nessa época, Kristinn Hrafnsson é jornalista investigativo na televisão pública RUV. Certo dia, recebe uma curta mensagem anônima seguida de um *site* que não conhece: www.wikileaks.org. A mensagem informa que esse *site* divulga documentos que comprometem os banqueiros islandeses em apuros. Ele entra no *site* e fica atordoado. Diante de seus olhos estão os livros contábeis do banco Kaupthing, *e-mails* e a prestação de contas de reuniões secretas.

O *site* colocou *on-line* um documento interno do banco descrevendo acordos de empréstimos de teor duvidoso e sem cobertura. Esses empréstimos com montantes vultosos foram concedidos aos principais acionistas do banco e a seus dirigentes, poucos dias antes da estatização.

Kristinn Hrafnsson tem diante de si as provas de que quem mais retira empréstimos do banco são seus proprietários, os quais são fiadores de seus próprios empréstimos.

O jornalista fica atordoado, mas, após verificar a autenticidade dos documentos, prepara uma série de reportagens sobre o caso. Ao mesmo tempo, o banco Kaupthing envia uma intimação ao WikiLeaks exigindo que o documento seja retirado do *site*. Veja abaixo qual foi a resposta simples à intimação:

"Não. Nós não apagaremos os vestígios do Kaupthing ou de seus clientes para esconder sua roupa suja da comunidade internacional. Caso o Kaupthing ou seus agentes tentem descobrir a fonte do documento em questão, isso pode configurar uma infração criminosa da lei relativa à proteção de fontes da Bélgica, assim como da Constituição sueca.
Quem é o advogado americano de vocês?".

Em 2 de agosto de 2009, um pouco antes do início do telejornal, a RUV recebe uma ordem formal do tribunal de Reykjavik proibindo a difusão de uma das reportagens por violação de sigilo bancário. Os jornalistas contam no ar o que acaba de acontecer e mostram ao público o endereço do WikiLeaks na internet.

A falência dos bancos é um assunto extremamente delicado, e Kristinn Hrafnsson sabe que o efeito será imediato. Toda a população corre para a internet para baixar os documentos. Quatro dias depois, o movimento de cidadãos indignados com o poder ilimitado dos bancos faz o tribunal suspender sua proibição. Nesse momento, o WikiLeaks é alçado à categoria de herói nacional.

Na esteira desse caso, Kristinn Hrafnsson cria um interesse maior pelo *site* WikiLeaks, cuja ambição é se impor na rede como um polo mundial dos "lançadores de alerta", no qual as pessoas podem denunciar atos ilegais cometidos por seu patrão, seu superior ou uma figura política. Caso tenham documentos provando suas acusações, mas queiram manter o anonimato por temor de represálias, elas podem enviar os documentos de maneira muito simples através de uma página segura do *site*. Basta um clique.

O documento inicia então uma longa viagem: "Primeiro, ele é criptografado e extraído de seu *software* de fabricação, para ser guardado em um servidor no provedor de acesso à internet PRQ na Suécia, a fim de se beneficiar da lei sueca relativa à liberdade de imprensa. Nesse país um jornalista não pode ser forçado a revelar suas fontes, e, se resolver fazer isso, a fonte desmascarada pode processá-lo. A seguir, uma cópia dos documentos é enviada a um servidor na Bélgica, onde a lei de proteção de fontes também vale para os técnicos que manipulam o documento. Por fim, ele vai para um servidor situado em um terceiro país, o qual o WikiLeaks mantém em segredo. É lá que ele é decifrado e publicado. O WikiLeaks montou uma rede planetária de servidores eletrônicos anônimos cuja única função é eliminar as pistas".

Kristinn Hrafnsson então se dá conta de que o *site* já tem um passado considerável em seus dois anos de existência. Milhares de documentos já foram publicados denunciando casos de corrupção e de desvio de dinheiro: bancos suíços nas ilhas Caimã, arquivos comprometedores sobre a Igreja da Cientologia ou documentos secretos da Defesa americana sobre o destino dos prisioneiros em Guantánamo.

Kristinn percebe a mina de informações que um *site* desses pode representar para um jornalista investigativo como ele. Então se interessa um pouco mais pelas pessoas no comando da organização, encontra Julian Assange e passa a colaborar com o WikiLeaks. Uma colaboração indefectível até hoje, pois ele é considerado o porta-voz da organização na ausência de Julian Assange.

Kristinn é uma pessoa agradável e acessível. Conversamos com ele por telefone, e, embora evite fazer comentários sobre a personalidade de Julian, demonstra abertura e senso de humor. Após a tormenta que envolveu Julian Assange, ele continuou focado na organização, explicando que esta quer colocar mais em evidência os vazamentos do que o WikiLeaks e dar mais ênfase à organização do que a seu fundador. Ele prefere acreditar que o impacto da detenção de Julian não terá o efeito que muitos propalam. "Esta não é uma organização de um só homem", diz ele, "continuamos trabalhando."

Kristinn é um jornalista de convicção. Enquanto trabalha com toda a equipe do WikiLeaks em *Assassinato Colateral*, pede à sua rede de televisão para enviá-lo ao Iraque, a fim de checar os fatos e os estragos descritos no filme. A RUV concorda e o despacha para Bagdá. No entanto, a RUV não aceita exibir o filme bombástico. Três meses depois, Kristinn recebe agradecimentos e sai da RUV, dando como justificativa a incompatibilidade pessoal com seus superiores em termos do contexto jornalístico.

Nada permite ligar os fatos, e a questão continua pendente.

Voltemos a 2009. A história de amor entre o WikiLeaks e a Islândia está apenas no início, enquanto Kristinn prepara o material sobre o Kaupthing para a RUV.

Em dezembro, Smari McCarthy, responsável pela entidade universitária Icelandic Digital Freedom Society (Sociedade Islandesa pela Liberdade Digital), convida os dois cabeças do WikiLeaks, Julian Assange e Daniel Domscheit--Berg, sob o pseudônimo de Daniel Schmitt, para a Conferência sobre Liberdade Digital em Reykjavik.

Smari McCarthy é um jovem ativista e anarquista convicto. Em 2008, funda essa entidade com um grupo de pessoas ligadas à internet. Uma primeira conferência voluntária e bem ofensiva é realizada nesse mesmo ano sobre as liberdades na internet. No ano seguinte, durante sua vinda, Julian e Daniel fornecem a lista de leis que protegem o WikiLeaks em vários países. Julian traz também um projeto ambicioso para transformar a Islândia em "santuário inviolável para os documentos numéricos ameaçados de censura ou de destruição em outros países. Para conseguir isso, é preciso começar mudando profundamente a legislação nacional em termos de liberdade de expressão". As propostas de Julian encontram eco em Smari McCarthy, assim como em Birgitta Jónsdóttir.

Birgitta Jónsdóttir é uma parlamentar de caráter. Fã da internet e blogueira de talento, é também artista e principalmente poeta. Pode-se ler alguns de seus poemas em seu *blog*, no qual um desenho a retrata como um cavaleiro de patins. Ela também é rebelde. Desde 2009 dirige um partido chamado "O Movimento", que tem três deputados no parlamento islandês. Ela fica seduzida pelo projeto proposto por Julian Assange, assim como por seu inegável carisma. Prontamente eles passam a trabalhar com voluntários e se debruçam sobre a Icelandic Modern Media Initiative (IMMI, Iniciativa Islandesa para a Mídia Moderna), um projeto de lei que visa fazer da Islândia um paraíso para as mídias modernas.

"Sua primeira tarefa consiste em fazer um levantamento das melhores leis relativas à liberdade de expressão existentes no mundo. Eles selecionam as leis sueca e belga referentes à proteção de fontes; uma lei estoniana sobre transparência governamental; uma lei do Estado de Nova York que proíbe atacar na justiça qualquer mídia de um país não envolvido no caso; uma lei californiana que protege a mídia contra processos injustificados; e também uma lei francesa ligada à prescrição de delitos da imprensa ao cabo de noventa dias."

"Além do trabalho legislativo e técnico, a IMMI tem uma finalidade quase filosófica. A vontade assumida é a de definir a liberdade da informação e de expressão na atualidade, levando em conta o conjunto de novos instrumentos de informação e de comunicação disponíveis.

A ideia original apregoada é que a internet seja vista como um "país distinto", de forma que os outros países – físicos – teriam o direito de controlar o que se passa em suas fronteiras, mas não de se imiscuir nas regras internas do "país da internet". A ideia defende que o que se passa na "vida de verdade" dispensa os Estados e eventualmente sua justiça, mas que nem por isso sua representação na internet deverá ser censurada.

Smari McCarthy cita como exemplo as imagens de pedofilia difundidas na internet. Ele avalia que o que deve ser condenado é o ato cometido, pois sua difusão na internet não está no cerne do problema, e inclusive às vezes permite encontrar as provas incriminatórias. Ele é contra as tentativas de censura e de controle político da internet que acabam reprimindo a liberdade de expressão. Elas demonstram com frequência o quanto a classe política desconhece a internet e os novos meios de comunicação.

Birgitta Jónsdóttir tenta convencer a classe política de que a Islândia deve adotar uma série de leis inspiradas nesses exemplos estrangeiros. A seguir, "é formado um grupo de trabalho composto por advogados, juristas, ativistas de liberdades civis e de novas tecnologias. Eles colaboraram com representantes do Ministério da Educação, Ciências e Cultura na elaboração desse programa".

"O período é propício, pois o país é governado desde 2009 por uma coalizão que reúne os social-democratas e os verdes de esquerda, abertos a esse tipo de aventura. Dezenove deputados, pertencentes aos cinco partidos representados no parlamento, assinam conjuntamente uma resolução para que o governo redija os textos necessários.

Os islandeses esperam que muitas mídias estrangeiras, perseguidas em seus próprios países, venham abrir filiais de publicação eletrônica."

Restam os problemas logísticos da empreitada, como a ausência de um centro de alerta e de reação aos ataques informáticos, nada que seja insuperável para a altamente motivada equipe islandesa.

É como se Julian lhes tivesse insuflado uma energia extraordinária para empreender uma ação em prol da liberdade que os usuários da internet querem salvaguardar. Julian acaba de criar sua equipe islandesa e traz o que ela pediu. Quando chegar o momento, a equipe fará o mesmo por ele. Todos eles estavam lá quando Julian, Daniel, Rop e os outros vieram montar o filme *Collateral Murder*.

Depois disso, nem sempre as escolhas de Julian foram aceitas. Kristinn continuou atuante no WikiLeaks, mas Smari retornou ao movimento anarquista Fab Lab, que promove a ciência junto às crianças, criando programas animados voltados a esse público. Além disso, acompanha de perto a IMMI. Birgitta acaba concluindo que não há suficiente transparência na organização, principalmente em torno das decisões, tampouco comunicação satisfatória. Para que o fluxo de comunicação seja otimizado, é preciso ter uma boa estrutura. Segundo ela, depois da primavera de 2010, tudo perde a clareza. Birgitta deseja definir os papéis atribuídos a cada um, tenta retomar o debate várias vezes, mas nada funciona. Então, ela se afasta do movimento.

Vale dizer que uma das críticas mais virulentas a respeito do WikiLeaks, *site* que batalha pela transparência, é justamente a falta de transparência sobre seu sistema de financiamento. Embora não veja razão para suspeitar de algo obscuro, Birgitta acha simplesmente que esse ponto deveria ser mais claro.

Todavia, mesmo fora da organização do WikiLeaks, ela sempre deu apoio a Julian Assange. E é isso que fará em janeiro de 2011, na tempestade com o governo americano envolvendo as mensagens de Twitter. Na realidade, ela foi informada de que o Twitter recebeu um pedido do governo americano para examinar as mensagens de Julian e de seus amigos e colaboradores mais próximos. Como é parlamentar, Birgitta tem meios para lutar em nome da liberdade individual, em nome de seu país e com sua adesão. Ela é protegida por sua imunidade parlamentar, e soa o alarme quanto aos termos utilizados, sobretudo por Sarah Palin, governadora do Estado do Alasca, e todos os que clamaram pelo assassinato de Julian Assange. Birgitta quer que as pessoas compreendam o alcance e a força das palavras, e que "se elas utilizam essas palavras conclamando pelo assassinato de Julian Assange, dela ou de qualquer outro associado ao WikiLeaks, devem estar dispostas a assumir as consequências da morte eventual de uma dessas pessoas".

"Não concordo com o que vocês dizem, mas lutarei para que vocês possam dizê-lo." Essas palavras do célebre escritor e jornalista francês Émile Zola tiveram eco na primeira emenda da constituição americana e denotam um respeito formidável pela expressão humana que alguns tentam preservar hoje em dia, inclusive na mídia virtual.

17
Um companheiro de jornada

O WikiLeaks nunca terá sede nem "quartel-general". Sua existência é e sempre será virtual.

No avião que o leva a Estocolmo, Julian deixa seus pensamentos vagarem por um instante. Ele é um ser de carne e osso que pode se anular nas máquinas.

Sua vida é apresentada na rede há mais de vinte anos: Mendax, Harry Harrison, John Shipton... Tantas personalidades diferentes. Ele se lembra de cada uma delas.

Julian as conhece muito bem e vira facilmente a casaca de uma para outra. Ele se sente sempre verdadeiro, mas ganha tempo mascarado. Sua vida gira em torno da internet; das conferências; das entrevistas; dos aviões; das noites em casa de simpatizantes; dos voluntários, amigos por certo, ao menos por algum tempo; dos governos; dos "vazadores"... Sua vida é como um grande baile em Veneza. O jogo é desmascarar o outro antes de ser reconhecido, e ele é muito bom nisso.

Quem conhece realmente o Julian Assange de carne e osso e com desejos masculinos?

Todos que o conhecem enfatizam sobretudo sua capacidade de se concentrar nas ideias, a ponto de esquecer de comer, de beber e até de dormir. São raros os que conseguem acompanhar seu ritmo. Mesmo assim, ele formou uma guarda cerrada ao seu redor.

Rop Gonggrijp faz parte desse círculo. Rop se considera amigo de Julian Assange e acaba de passar um ano extraordinário de 2010 a seu lado.

Ele conhece Julian há vários anos. Entre outubro de 2009 e novembro de 2010, os dois viajaram juntos bem mais do que nos dez anos anteriores.

A verdadeira aventura começou em Kuala Lumpur, na Malásia. Julian e Rop são convidados e também participam das conferências do Hack In The Box (HITB), um movimento de *hackers* que prega o conhecimento livre e compartilhado, e organiza conferências várias vezes por ano no mundo inteiro. No ambiente confortável de grandes hotéis, *hackers*, membros de organizações e profissionais da internet de diversos países se encontram.

Cada um fala de sua ação. Diante do público seleto, Rop demonstra a não confiabilidade das urnas eleitorais eletrônicas e como torná-las mais seguras. Certos países, como o Brasil, conseguiram criar um sistema confiável, mas outros, como a Índia, utilizam essas máquinas para manipular a expressão direta e democrática dos cidadãos.

Por sua vez, Julian apresenta o WikiLeaks. Ele ocupa um lugar de destaque no evento: é o último conferencista e o mais aguardado. A sala está lotada para sua preleção: "Publicar o impublicável". Ele desenvolve seu projeto para permitir que jornais, organizações pelos direitos humanos, investigadores e outros descubram informações a partir do WikiLeaks. E acrescenta ainda que o *site* oferece a possibilidade aos potenciais "lançadores de alertas" de divulgar documentos sigilosos, graças à sua conexão hiperssegura. As notícias que chegam ao *site* passam por um período de quarentena durante o qual o "material" é analisado antes de ser liberado para o público.

A conferência é um grande sucesso. Em Kuala Lumpur, nesse meio de *hackers*, Rop e Julian são as estrelas. Rop é apresentado como *hacker* e ativista de renome; Julian, como chefe de esquadrão disposto a correr muitos riscos para defender sua causa.

Após esse evento de quatro dias, eles viajam juntos durante um mês pela Malásia, Tailândia e Camboja. Durante a viagem, sua amizade se fortalece. Partilhando o olhar do amigo, Rop aderiu às suas ideias. Julian tem uma enorme energia e paixão por seu projeto. Tudo é possível para ele. O caminho é longo e ele vê os empecilhos, mas se sente perfeitamente capaz de superá-los, de aperfeiçoar continuamente seu sistema, de sacudir a opinião pública. Tornar os homens livres pelo acesso ao conhecimento: Julian disse que o fará e se empenha nisso, dia após dia, sem fraquejar. Essa determinação emociona Rop profundamente. Este então o acompanha até a Islândia em dezembro de 2009, para a Conferência sobre Liberdade Digital em Reykjavik. Daniel Domscheit-Berg irá se apresentar sob o nome de Daniel Schmitt. Nessa época, o WikiLeaks ainda é uma obscura organização obcecada por tecnologia, mas também um ambicioso projeto jornalístico. Daniel e Julian são ovacionados ao subir no palco. A consagração do projeto de Assange se dá ao menos nessa pequena ilha de 300 mil habitantes. O WikiLeaks prestou um serviço ao povo islandês no caso do banco Kaupthing, e desde então o WikiLeaks e seu fundador Julian Assange são considerados heróis.

Julian e Daniel reagem de forma bem diferente ao sucesso. Daniel continua concentrado na mensagem, os lábios cerrados, o olho grudado nos *slides* que se sucedem ao mesmo tempo em seu computador e no telão acima do palco. Ele recebe os aplausos com um ar sério. Julian está sorridente e brincalhão.

Quando eles explicam que o WikiLeaks pode trazer novas oportunidades para proteger a liberdade de imprensa na Islândia, o público se levanta para uma salva de palmas. Rop está arrebatado por esse movimento, assim como Julian e os demais. Mas Julian não se entrega muito tempo a essa euforia e começa a refletir sobre o meio de tornar a Islândia o paraíso dos informantes da realidade. Ele já elabora os princípios da futura lei chamada IMMI, a Iniciativa Islandesa para a Mídia Moderna. Rop quer participar da aventura e vai a Reykjavik algumas semanas após a conferência para ajudar na redação desse projeto de lei.

Após outras viagens e conferências acerca das urnas eleitorais eletrônicas, Rop teria preferido passar algumas semanas em casa em Amsterdã, mas seu amigo Assange pede ajuda. Não estava prevista a volta de Rop à Islândia para trabalhar nesse projeto, que de repente virou prioridade para a equipe. Mas, ao ler as mensagens do WikiLeaks no Twitter, ele concluiu que Julian precisava de ajuda. Seu temperamento sensível ficou tocado. Algumas horas depois, Rop está na rua Grettisgata para organizar o planejamento e a administração da equipe do projeto B, com um empréstimo de 10 mil euros do WikiLeaks para deslanchar o trabalho. Essas duas semanas na Islândia foram intensas e agitadas. Ele fez o papel de anjo da guarda de Julian, que estava tão absorto que esquecia de comer e dormir.

Como coprodutor do filme, Rop acompanha Julian à coletiva de imprensa que eles organizaram em Washington. É preciso dar o máximo de visibilidade a esse vídeo, e Julian resolve pegar pesado. Sua ideia é lançar esse vídeo sobre os dois helicópteros americanos que abrem fogo sobre civis e jornalistas em Bagdá e, ao mesmo tempo, organizar uma coletiva de imprensa em Washington para que a mídia transmita a informação.

O WikiLeaks existe desde o final de 2006, e, em 2010, a organização ainda não cumpriu a missão que lhe foi atribuída por Julian: mudar o mundo, despertar a opinião pública, colocar os governos de frente para si mesmos. No decorrer do tempo, ele compreendeu que não poderia fazer tudo isso sem recorrer à imprensa. Agora ele precisa se expor, e Rop o apoia nessa diligência.

Eles discutiram isso com frequência. O WikiLeaks não cumpre sua missão. Os vazamentos saem no *site*, mas não têm o impacto desejado. Como *hacker*, ele considera a organização um sistema passível de aperfeiçoamento, e a opção que escolheu é dar uma face humana ao WikiLeaks.

Os ecos sobre a organização são bastante favoráveis nessa época. A acolhida é calorosa, até mesmo triunfal, durante as conferências. Em 2008, o *The Economist* concede ao WikiLeaks "Prêmio Liberdade de Expressão". Em 2009, Assange recebe o "Prêmio de Mídia da Anistia Internacional" em nome do WikiLeaks. Toda essa atenção estimula Julian em sua abordagem. Ele está no caminho certo. Seu orgulho e seu prazer são genuínos, mas, como sempre, seu espírito não dá folga à emoção e lhe sopra "ainda mais, ainda mais longe, ainda melhor".

Ele então aparece pela primeira vez fora do meio da informática, com um filme forte, que sacudirá a opinião pública.

Rop se recorda daquela manhã. "Julian, nós estamos... na boca do lobo", diz ele, enquanto o táxi os leva ao Clube de Imprensa Nacional descendo a Massachusetts Avenue. O táxi passa pelos prédios corporativos. "Não se impressione com o olhar do malvado", responde Julian com um sorriso. O resto do trajeto se passa em silêncio. Alguns minutos depois, Julian Assange, que é apresentado apenas como um dos porta-vozes do movimento "vazador de informações", está em pé na tribuna do Clube de Imprensa Nacional. Está pronto para apresentar *Collateral Murder* a cerca de quarenta jornalistas. Como de costume, exibe estilo usando um paletó marrom escuro, camisa preta e gravata vermelha.

Ele mostra o filme dando eventuais pausas para explicar alguns detalhes. Dessa forma, expõe seu envolvimento, seu conhecimento sobre o assunto, e pode preparar e guiar as emoções do público jornalístico. Finda a projeção, ele exibe o filme do ataque com mísseis Hellfire que não foi incluído em *Collateral Murder*. Uma mulher do público deixa escapar um grito quando o primeiro míssil explode um edifício. Julian lê o *e-mail* enviado do Iraque por Kristinn. A emoção é palpável no auditório.

Julian deixa se passarem alguns segundos de silêncio. Sua voz assume um tom solene. Ele preferiria desaparecer para deixar apenas a mensagem repercutir: "Este vazamento implica uma mensagem que o pessoal do corpo militar não aprecia".

Ele explica ainda que um *site* foi montado especialmente para esse filme, o qual também pode ser visto no YouTube e em diversos outros *sites*.

Alguns minutos após a coletiva de imprensa, Julian é convidado para ir ao "quartel-general" da Al Jazeera em Washington. Essa rede de televisão do Qatar, apelidada de a "CNN árabe", tornou-se em pouquíssimo tempo uma mídia mundial muito respeitada. Lá, ele passa a metade do dia dando entrevistas. À noite, a rede MSNBC mostra uma longa matéria sobre o filme. A imprensa propagou a informação no mundo inteiro, e mais de 7 milhões de pessoas viram no YouTube o filme *Collateral Murder*.

Sua mensagem, o trabalho já feito para a organização e seu estilo singular fazem de Julian uma das figuras midiáticas do ano de 2010. A revista *Forbes* o aponta como uma das pessoas mais influente do planeta; a *Times*, como uma das personalidades do ano; e a política americana, muito irritada com o filme e tudo o que veio a seu reboque, o trata como o inimigo público número um e terrorista cibernético!

Para Rop, todos esses dias em torno de *Collateral Murder* são como uma tempestade que se transforma em ciclone. Primeiro a parte concreta, as imagens, a montagem e a equipe para administrar na pequena casa islandesa. Depois, é preciso também ousar, ir até o fim, enfrentar os poderosos e o desencadeamento dos trovões. Mesmo na condição de observador próximo, para Rop esse tempo foi uma provação. Ele acompanhou a travessia do limiar do outro mundo, mas não teve o desejo de continuar e voltou para a realidade das urnas eleitorais eletrônicas. Naturalmente, ele continuava disponível para o WikiLeaks sempre que necessário, mas ninguém o convocou. Na realidade, ele teve medo do que estava por vir. Afinal, a coragem nem sempre é contagiosa! Ele não quer viver permanentemente com uma mochila nas costas percorrendo o mundo e, em termos da mídia, o estilo e a voz suave de Julian causam mais efeito. Os dois participam da mesma luta, mas Julian é carismático, é feito para ser visto e fazer parte dos grandes homens do mundo. Julian Assange tem estofo para enfrentar os deuses do mundo que havia enfurecido.

Profeta do jornalismo e da verdade, Julian circula exposto a partir de agora. Desde o início, tudo está em seu *blog*, I.Q. *Isaac Quest* (a busca de Isaac) faz referência àquele que está disposto a ser sacrificado por uma causa maior. No final de 2010, ele é confrontado nesse sentido.

Já faz bastante tempo que a liberdade da internet provoca inquietação. Os governos só estavam à espera de um homem para sacrificar a fim de regular essa força de expressão individual da internet. Julian surgiu e o combate começou. O mundo dos bastidores entra em ação. Os membros do "Anonymous", faixas pretas da informática, dirigem sua ação em prol do WikiLeaks para salvaguardar o compartilhamento do conhecimento.

18
O amigo que lhe quer bem

A partir de agosto de 2010, os governos dos Estados Unidos e da Austrália fazem pressão sobre o Moneybookers – um serviço *on-line* que funciona basicamente como o PayPal – para que ele tire o WikiLeaks de seu rol de clientes. Ambos os governos advertem que incluíram o Moneybookers em uma lista de vigilância, o que o obriga a cooperar forçosamente. Isso faz parte de suas medidas contra o *site* "vazador".

No passado, o WikiLeaks enfrentou com frequência grandes dificuldades financeiras. Em dezembro de 2009, vítima de seu sucesso, o *site* vê seus custos dispararem, ao passo que suas receitas estão estagnadas. Os dirigentes então decidem suspender o *site* temporariamente, obrigando os militantes a se lançar com maior afinco na coleta de doações. No final de maio de 2010, o WikiLeaks amealhou mais de 570 mil euros (cerca de 700 mil dólares) e pôde reabrir.

O *site* funciona exclusivamente com as contribuições de doadores privados e, com bastante frequência, recebe pequenas somas de "simples" partidários. As doações são feitas através de *sites* com alta segurança, como Moneybookers, PayPal, Visa e Mastercard.

Os bloqueios dos depósitos para o WikiLeaks causam enormes dificuldades para a sobrevivência do *site*. Quando vai à Suíça por ocasião de sua conferência para a ONU em novembro de 2010, Julian Assange abre uma conta no banco postal daquele país, ao qual cogita pedir asilo político.

Em meados de novembro de 2010, Julian viaja da Suíça para a Grã-Bretanha, a fim de preparar o lançamento de telegramas diplomáticos, e fica por lá vários meses.

No início de dezembro, o WikiLeaks explica que os fundos de defesa de Julian, destinados ao pagamento dos honorários de advogados que o defendem das acusações suecas, assim como seus haveres pessoais, foram congelados pelo banco postal suíço. O PostFinance tomou essa medida ao descobrir que Julian deu o endereço de seus advogados que moram em Genebra, já que não tem residência na Suíça.

Por sua vez, os *sites* de pagamento *on-line* afirmam que o WikiLeaks violou as regras de utilização ao divulgar documentos furtados e colocar potencialmente em risco a vida de outras pessoas. Diante de tais medidas, a existência do *site* fica ameaçada.

A partir de 7 de dezembro, o movimento "Anonymous" reage lançando um DDoS nos *sites* do PayPal e do MasterCard na internet, os quais ficam indisponíveis por algumas horas. No entanto, a infraestrutura subjacente que permite os pagamentos *on-line* não foi prejudicada.

Além das manifestações "físicas", o principal instrumento de ação do "Anonymous" é o DDoS, ou Distributed Denial of Service, que significa ataque distribuído de negação de serviço. Esse tipo de ataque evoluído visa travar ou "emudecer" uma máquina entupindo-a de tráfego inútil. É muito simples descarregar no computador um programa como o LOIC (Low Earth Ion Cannon), por exemplo. Ele permite dirigir os acessos incessantes para a máquina desejada; as coordenadas do *site* visado são dadas nos *sites* de *chat* IRC (Internet Relay Chat). Qualquer um, sejam amigos ou inimigos, podem entrar nessas salas de discussão virtuais.

A força do ataque do DDoS está no altíssimo número de computadores que enviam demandas de conexões inúteis para o *site* visado. Se muitas máquinas estiverem gerando simultaneamente esse ataque – o que configura um ataque distribuído –, um servidor, uma sub-rede ou outro sistema pode ser desativado. Além disso, é difícil se opor ou evitar tal ataque devido ao número de máquinas que o disparam de todas as partes do planeta.

A partir de outubro de 2010, mais especificamente após a detenção de Julian Assange em dezembro, o "Anonymous" se declarou publicamente solidário e ativo com a rede do WikiLeaks para defender a liberdade de informação e de divulgação dos "vazamentos", assim como a existência e o direito de financiamento da organização. O "Anonymous" também anunciou o início da "operação de revanche Payback": diversos DDoS serão lançados contra os *sites* que oprimiram o WikiLeaks e Julian Assange.

O "Anonymous" não tem qualquer elo específico com a organização. As lutas de ambos, porém, têm alguns pontos semelhantes: o "Anonymous" luta pela liberdade da internet e pela gratuidade das informações que nela circulam.

O "Anonymous" brinca com fogo, e, em certos países, sua ação é considerada ilegal. Os governos podem demonstrar facilmente que o movimento representa um risco para a segurança nacional.

Por essa razão, o WikiLeaks mantém distância do movimento "Anonymous", mas não aprova nem condena sua atuação. Mesmo assim, o movimento se declara abertamente a favor da organização WikiLeaks e de seu dirigente, Julian Assange.

19
Um comitê holográfico

Julian levou muito tempo buscando seu comitê consultivo. Para que o WikiLeaks seja reconhecido como organização mundial respeitável e estruturada, é preciso haver um comitê que aconselhe a direção. Ele é ainda mais necessário pelo fato de a organização ser desconhecida, sua direção, anônima, e sua missão, potencialmente sujeita a críticas e ataques. Julian procura pessoas que lhe deem apoio e eventuais conselhos dentro do perímetro estrito de um comitê consultivo, sem autoridade sobre as ações e o conteúdo.

O *advisory board*[9] ideal reúne perícia, notoriedade, experiência, multiculturalismo e respeitabilidade. Julian enviou muitos convites e recebeu algumas respostas, nem sempre positivas. É preciso ter nomes para a lista antes de comunicar o lançamento do *site*.

Veja os nomes que entraram na lista:

Julian Assange:
A maioria das informações enviadas ao *site* do WikiLeaks é dificilmente verificável ou às vezes peca pelo exagero, como: "ele é o mais célebre *hacker* 'ético' australiano". Essa citação provém de *Underground*, livro do qual Julian é coautor.

Tashi Namgyai Khamsitsang:
Dissidente tibetano, exilado originalmente com o Dalai-Lama em 1960, passou vinte cinco anos a serviço do governo tibetano no exílio.

Fugiu do Tibete aos 5 anos de idade e só voltou quarenta e cinco anos depois, em 2005, para rever sua família e outros dissidentes. É presidente da Associação Tibetana de Washington (TAW). Tashi diz se lembrar vagamente de um dia ter recebido um *e-mail* do WikiLeaks, mas nunca foi contatado para participar de qualquer tipo de conselho.

---
9 – Comitê consultivo.

Wang Youcai:
Nascido em 29 de junho de 1966, é dissidente ativo do movimento pela democracia na China. É um dos líderes estudantis dos eventos na praça Tianamen em 1989. Diplomado em física pela Universidade de Pequim, é preso em 1989 e condenado em 1991 por "conspiração visando a derrubada do governo chinês".

Em 1998, organiza o Partido Democrata chinês juntamente com alguns colegas. Esse partido é perseguido pelo governo chinês, que o condena, no final desse mesmo ano, a onze anos de prisão. Exilado em 2004 sob pressão internacional, sobretudo dos Estados Unidos, onde se refugiou e vive até hoje.

Xiao Qiang:
Fundador e redator-chefe do China Digital Times (*site* bilíngue de informações sobre a China). É professor nas faculdades de jornalismo e informática da Universidade da Califórnia, em Berkeley, onde ensina ativismo numérico e produção de *blogs*.

Tornou-se ativista de direitos humanos na esteira do massacre na praça Tianamen em 1989.

O China Digital Times é financiado pela NED (Dotação Nacional para a Democracia), cujos fundos provêm do Departamento de Estado dos Estados Unidos.

Ele também participou da criação da Radio Free Asia. Financiada pelo Broadcasting Board of Governors (BBG), que comanda todos os serviços civis de transmissões internacionais do governo dos EUA, essa rádio se descreve como uma organização que monitora a mídia americana no exterior para assegurar a credibilidade dos Estados Unidos. Oito dos nove membros desse conselho são indicados pelo presidente e aprovados pelo Senado americano. O nono membro é o secretário de Estado americano.

Wang Dan:
É um dos dirigentes do movimento democrático chinês, após ter sido um dos líderes estudantis mais proeminentes durante as manifestações na praça Tianamen em 1989. Wang fez doutorado em história na Universidade de Harvard.

Entre agosto de 2009 e fevereiro de 2010, Wang dá aulas de história na Universidade Nacional de Chengchi, em Taiwan. Atuante na promoção da democracia e da liberdade na China, viaja pelo mundo buscando apoio dos expatriados chineses e do grande público.

Integra o conselho editorial da *Beijing Spring*, revista fundada pela NED.

C. J. Hinke:
Na década de 1970, organiza o movimento pacifista nos Estados Unidos que se opõe à guerra do Vietnã. É detido mais de trinta e cinco vezes durante as manifestações de desobediência civil. Deserta e parte para o Canadá em 1976.

Hoje é tradutor, editor e bibliógrafo de livros infantis em latim e tailandês. Mora na Tailândia desde 1989. Em 2006, cria o movimento FACT (Liberdade contra a Censura na Tailândia) para combater a censura na sociedade tailandesa. O FACT conta com a ajuda de organizações americanas e faz parte da Privacy International, financiada pelo Fund for Constitutional Government de Washington, sendo que um de seus membros, Steven Aftergood, também foi convidado para integrar o conselho consultivo do WikiLeaks.

Chico Whitaker:
Nasceu no Brasil em 1931. Arquiteto de formação e ex-militante do Partido dos Trabalhadores brasileiro, é militante social do movimento "Outro Mundo Possível". É um dos organizadores do Fórum Social Mundial de Porto Alegre e secretário administrativo da Comissão Brasileira de Justiça e Paz, órgão ligado ao episcopado brasileiro. Ganhou o Prêmio Nobel Alternativo em 2006.

É também membro do Conselho para o Futuro do Mundo e do comitê de apadrinhamento do Tribunal Russell para a Palestina. Esse tribunal foi fundado em março de 2009 para mobilizar a opinião pública e pressionar os estados-membros das Nações Unidas a tomar as medidas indispensáveis que levem a uma solução justa e durável do conflito entre Israel e a Palestina.

Ben Laurie:
É diretor de segurança da empresa The Bunker Secure Hosting e membro ou fundador de diversas organizações que promovem a *open source*.

Laurie diz, rindo, à revista *Mother Jones*: "O WikiLeaks tem um suposto comitê consultivo do qual pretensamente sou membro."

A seguir, admite ter estado algumas vezes com Assange, quando este estava em busca de conselhos para aumentar a segurança do envio de documentos confidenciais. Laurie disse o seguinte sobre ele: "É uma figura estranha. Parece bem nômade e, para ser franco, não sei como ele consegue viver assim. Ele está sempre com uma mochila nas costas, e desconfio que isso é tudo que ele possui".

Phillip Adams:
Escritor australiano, apresentador de televisão e animador de rádio no programa

Late Night Live na ABC há vinte anos, é também produtor de cinema. Tem mais de trinta livros e filmes no currículo, e foi premiado várias vezes. Foi eleito Humanista Australiano do Ano em 1987. É membro de diversos comitês consultores, como o do Centro da Mente da Universidade de Sidney e da Universidade Nacional da Austrália. Criado pelo professor de neurobiologia Allan Snyder, esse centro visa estudar cientificamente a criatividade e a fabricação de campeões. Adams integra também a Comissão para o Futuro australiana, que faz previsões sociais e políticas.

É, portanto, um artista engajado social e politicamente, especialista em comunicação. Ocupou diversos cargos na administração governamental australiana referente à mídia. Colaborou com os jornais *Times*, *Financial Times* e *The New York Times*. É o representante do Comitê Internacional pela Liberdade de Expressão. Aliás, em 2008 o WikiLeaks ganhou o prêmio de Liberdade de Expressão do jornal *The Economist*.

O mais surpreendente é que, segundo um artigo publicado no *The Australian*, Adams jamais se encontrou com Assange e nunca botou os pés em uma reunião do comitê consultivo do WikiLeaks.

Essa lista no *site* é a única que apresenta nomes de pessoas reais. Fica, portanto, evidente que, quando o WikiLeaks começou a ser um assunto quente, certos jornalistas ficaram curiosos (ou foram apenas profissionais) e entraram em contato com essas pessoas. As respostas do jornalista da *Mother Jones*, revista investigativa americana, são até certo ponto surpreendentes. Desde janeiro de 2010 a lista sumiu, e não se fala mais em comitê consultivo. Devemos supor que essas pessoas deixaram de ser próximas (se é que algum dia foram) do WikiLeaks? Por que divulgar uma lista de pessoas se elas não estão claramente envolvidas e empenhadas em seu papel? A entrada em cena de uma empresa como o WikiLeaks é inédita. Ela é feita empiricamente, e Julian Assange e sua jovem equipe acumulam experiência no dia a dia.

Em todo o caso, o WikiLeaks precisa achar outros disfarces além desses bonecos de palha. Se em épocas de crise os simpatizantes diminuem, nem por isso Julian Assange é um homem sozinho. Ele pode contar com seus "amigos" islandeses e alguns outros com os quais partilha a mesma visão do mundo e de suas realidades que parecem perfeitamente utópicas para os inexperientes. Jacob Appelbaum, que até então ninguém conhece, entra em cena em janeiro de 2010, quando o governo americano quer examinar sua conta no Twitter, assim como as de Birgitta Jónsdóttir e de Rop Gonggrijp. Appelbaum então ganha notoriedade como alguém próximo de Julian Assange.

20
O dublê

Jacob Appelbaum é um apaixonado, mas não o *nerd* que imaginamos no fundo de um porão, grudado no computador. Ele é *hacker,* fotógrafo, ativista e especialista em segurança para ONGs. Adora motos, documentários, robótica, mergulhar, pilotar, viajar e escrever. Ele se interessa pelo mundo e tenta mudá-lo onde quer que esteja.

Com quase 30 anos, esse anarquista tem as marcas dos meninos de rua. Foi criado por um pai viciado em drogas, abandonado por uma mãe esquizofrênica e molestado quando era pequeno por todos os membros de sua família.

Appelbaum parou de estudar e aprendeu sozinho as complexidades do código informático que resolveu desenvolver com uma concentração paranoica. Ele diz que programar e hackear lhe permitem sentir que o mundo não é um caso perdido. A internet é sua razão de viver.

Ele vive modestamente. Os únicos móveis em seu apartamento em São Francisco são um sofá, uma cadeira e uma mesa. Fotos de suas viagens cobrem as paredes de seu escritório e em um canto há pequenos sacos com dinheiro e bilhetes dos países por onde andou. Trata-se de um cidadão do mundo.

Appelbaum é como um dublê de Julian. "Quero que me deixem o mais tranquilo possível" diz ele, "e não quero história falsas circulando sobre mim." E acrescenta: "Vocês não acharão informação alguma sobre minha infância".

Appelbaum explica que nós disponibilizamos todos os nossos dados íntimos, como números de conta bancária, *e-mails,* conversas telefônicas e prontuário médico, confiando no sistema e acreditando que eles estão bloqueados em uma linguagem criptografada. Mas sabe que essas informações não estão de fato protegidas, pois ele mesmo pode achá-las.

Hacker brilhante, ele pode entrar praticamente em todos os computadores do planeta. Por isso, decidiu dedicar seu tempo à proteção da vida privada.

Appelbaum viajou pelo mundo inteiro para ensinar aos dissidentes políticos, aos ativistas de direitos humanos e a outros "fantasmas" como utilizar o programa

Tor e manter o anonimato de seus intercâmbios na internet perante aqueles que querem impedir sua atuação.

Jacob se considera um partidário radical da liberdade de expressão: "A única possibilidade de a raça humana progredir é através do diálogo" diz ele, "todos deveriam honrar a Declaração Universal dos Direitos do Homem das Nações Unidas, que afirma que a liberdade de expressão é um direito universal. O anonimato das comunicações é um meio para alcançar isso, e o projeto Tor é simplesmente uma implementação que ajuda a difundir essa ideia".

Ao distribuir o Tor pelo mundo, Appelbaum não faz distinção entre os bons e os maus: "Não faço diferença entre uma teocracia e outra no Irã ou alhures. O importante para mim é que as pessoas possam se comunicar livremente e sem vigilância. O sistema Tor não deve ser visto como subversivo, e sim como uma necessidade. Qualquer um em qualquer lugar deve ter a possibilidade de falar, de ler e de forjar suas próprias crenças sem ser controlado. O Tor não é uma ameaça e deve se assentar em todos os níveis da sociedade. Quando isso acontecer, será a vitória".

Assim como Julian, Jacob é um homem que concretiza suas ideias. Avesso a belas palavras, ele bota a mão na massa para implantar uma ação no mundo. Ele quer se manter anônimo e saber para quem e como libera informações sobre si mesmo. Quando viaja, se seu computador fica largado por algum tempo, ele o destrói e joga fora. Há sempre chance de alguém entrar sorrateiramente, e a desconfiança é obrigatória no caso dele. As medidas são radicais, e é muito difícil manter o anonimato quando se tem esse nível de envolvimento.

Em julho de 2010, um pouco antes de o WikiLeaks liberar os documentos secretos sobre a guerra no Afeganistão, surge o anúncio de que Julian Assange dará uma conferência no *Hackers* On Planet Earth (HOPE, ou *Hackers* no Planeta Terra) em um hotel em Nova York. Agentes federais comparecem à sala, provavelmente para aguardar a aparição de Julian. As luzes do palco se apagam para o conferencista se postar no lugar determinado. Um homem entra usando capuz preto. A encenação é toda calculada, e as luzes se acendem no momento em que o homem mostra o rosto. Para surpresa geral, não é Assange que está ali, e sim Jacob Appelbaum.

"Bom dia a todos os meus amigos e fãs da vigilância doméstica e internacional. Estou aqui hoje porque acredito que podemos fazer deste mundo um mundo melhor. Lamentavelmente, Julian não pôde vir porque ainda não vivemos nesse mundo melhor, porque ainda não o tornamos melhor. Gostaria de fazer uma pequena declaração aos agentes federais que estão de pé no fundo da sala e aos que estão aqui na frente, e ser bem claro. Tenho aqui comigo um pouco de dinheiro, a Carta de Direitos americana, minha carteira de motorista e nada mais. Não tenho computador, telefone, chave ou acesso ao que quer que seja. Não há, portanto, razão para vocês me prenderem ou me importunarem. E, apenas no caso de vocês não saberem, sou um cidadão americano legítimo que não está contente. Não estou satisfeito com o rumo das coisas." Ele faz uma pausa, interrompido por uma salva de palmas. "E endosso uma citação de *Tron*[10]: 'Eu luto pelo usuário'."

A seguir, ele fala sobre o WikiLeaks, sobre sua necessidade de voluntários e o interesse da causa. Quando as luzes se apagam, ele recoloca o capuz sobre o rosto e sai do palco, escoltado por voluntários. O grupo se dirige à recepção do hotel. O homem encapuzado então se descobre. Não é Jacob Appelbaum, mas outro rapaz. O verdadeiro Appelbaum escapou pelos bastidores e saiu do hotel pela porta de segurança. Ele tinha pressa de chegar ao aeroporto para pegar um avião para Berlim.

Menos de duas semanas depois, Appelbaum é detido por algumas horas no aeroporto de Newark, Nova Jersey, nos Estados Unidos. Nesse meio-tempo, os jornais noticiam que os documentos sobre a guerra no Afeganistão "vazados" pelo WikiLeaks permitiram identificar dezenas de informantes afegãos, assim como potenciais desertores que cooperam com o exército americano. A reação dos políticos americanos não tardará.

Appelbaum então é longamente interrogado sobre suas relações com o WikiLeaks e Julian Assange, e sobre suas próprias ideias em relação ao Iraque e ao Afeganistão. Seu computador e seus três telefones celulares são confiscados. Embora ameaçado de ter a entrada proibida em seu próprio país, como o interrogatório resulta em nada, ele é liberado.

Dois dias depois, enquanto é aguardado como mediador em uma conferência de *hackers* em Las Vegas, Appelbaum é abordado por dois agentes do FBI: "Gostaríamos de falar com você por alguns minutos. Duvidamos que você se recuse, mas às vezes é bom ter uma conversa para esclarecer as coisas".

Em 10 de janeiro de 2011, desta vez em Seattle e voltando da Islândia, ele é detido e revistado contra a vontade, apesar de pedir para ligar para seu advogado.

---

10 – *Tron – Uma Odisseia Eletrônica*, filme de ficção científica, produzido em 1982 por Steven Lisberger. O herói do filme é um *hacker*.

Depois é interrogado sobre a finalidade de sua viagem à Islândia. As autoridades ficam visivelmente decepcionadas por não acharem nem computador nem telefone celular. Através do Twitter, Appelbaum informa rapidamente a seus amigos sobre o episódio desagradável.

Segundo o WikiLeaks, hoje em dia Jacob Appelbaum se tornou o homem mais perigoso depois de Julian Assange e o pesadelo dos políticos. Ele é o único ativista conhecido do WikiLeaks, mas certamente não é o único que faz um *site* dessa envergadura funcionar. As presas são desmascaradas uma após a outra. Quantas ainda conseguem se esconder para dar continuidade à ação, graças a seu domínio absoluto da rede da internet?

21

Cryptome

Desde 1996 o *site* cryptome.org vinha divulgando documentos proibidos por governos do mundo todo, especialmente materiais sobre liberdade de expressão, privacidade, criptologia, tecnologias de uso duplo, segurança nacional, inteligência e governança secreta – documentos abertos, secretos e classificados –, mas não limitados a esses tipos[11].

Baseado nos Estados Unidos, o *site* foi estruturado com *sites*-espelho distantes a fim de lidar com ataques e assegurar sua disponibilidade *on-line*. O arquivo era acessível através de sua doação em forma de DVD. O *site* era gratuito e financiado por fundos e doações, e foi considerado o padrinho dos *sites* de denúncia.

Seu fundador, John Young, era respeitado por todos os que lidam com sigilo e confidencialidade. Ele próprio dirigia o *site*, com a ajuda de sua esposa, Deborah Natsios.

Seria lógico que Julian Assange contatasse Young em 2006 para registrar o domínio wikileaks.org. O WikiLeaks precisava personificar o portador do nome como um homem conhecido por sua integridade no mundo da internet.

Assange e Young não se conheciam pessoalmente, mas ambos faziam parte da lista de discussão do Cypherpunks. Esse lugar sagrado de compartilhamento para todos os adeptos e ativistas da criptografia nos anos 1990 foi criado por John Gilmore, fundador da Fundação Fronteira Eletrônica, organização que dava assistência legal na defesa de casos relacionados ao mundo digital e direitos autorais.

O fórum ajudou a alcançar avanços espetaculares na tecnologia de encriptação e na liberalização de *softwares* abertos para proteção pessoal. Foi a primeira vez na história da era eletrônica que os cidadãos tiveram acesso a *softwares* de encriptação que os permitia comunicarem-se entre si sem que as agências governamentais fossem capazes de ter acesso ao que eles diziam. Foi por esse motivo que nessa lista, sugerida por John Young em 1994, ele ofereceu espaço pessoal na internet para que alguns membros pudessem divulgar documentos confidenciais, plantando as sementes para seu *site* Cryptome.

---

11 – Do *website* www.cryptome.org

O anonimato e o uso de pseudônimos eram os temas principais da lista de discussão, então John Young (JYA) aceitou de bom grado apoiar a nova aventura com Proff, também conhecido por Julian Assange. Ele vislumbrou ali a oportunidade de consolidar seu comprometimento junto com um novo parceiro, que era dinâmico e inovador. A motivação do WikiLeaks era muito próxima à do Cryptome.

Havia tantos segredos a revelar, tantas realidades a esclarecer. Young gostava de relembrar as pessoas: "Não existem segredos que não devam ser publicados". Young não conseguia tolerar a engenharia das agências de inteligência e apontava os holofotes para elas tão logo conseguia.

Quando Young divulgou os contatos de 116 agentes do MI6 (serviço de inteligência britânico) em 1999 e de 400 agentes do serviço secreto japonês em 2000, o FBI lhe fez uma visita em ambas ocasiões. Depois de um papo cordial, ele correu para divulgar os nomes e contatos dos agentes que tinham acabado de sair de sua casa.

John Young tinha uma ideia clara acerca da confidencialidade na internet: ela não existia. E divulgar documentos secretos não colocava em perigo os Estados, porque os inimigos deles já tinham acesso a esses documentos. Era meramente uma divulgação de utilidade pública.

Ele também rechaçou as queixas sobre a segurança dos agentes quando mencionou seus nomes. Ele havia discutido isso a fundo com antigos agentes (seu padrasto trabalhava para a CIA): "Eles mentem tanto, organizam tantas operações falsas e plantam tantos agentes falsos. Eles expõem os próprios agentes de tal modo – não há nada que você possa fazer que já não tenham feito. Na verdade, esperam que você faça isso. Para deixar a situação confusa".

Na verdade, ele achou que as promessas feitas pelo WikiLeaks sobre proteger a identidade de suas fontes eram um pouco utópicas e totalmente fraudulentas: "O *site* deles tem bastante enganação. São páginas e páginas dizendo como vão protegê-lo. E eu digo: opa. Promessas demais. O fato de prometer muito já é uma indicação de que ele não funciona. E sabemos disso porque observamos [...] como os governos operam. Quando eles prometem demais, você sabe que estão escondendo alguma coisa. Quem é realmente digno de confiança não sai por aí anunciando o quanto é confiável".

Hoje, diante do WikiLeaks, o Cryptome parece um artista encarando a industrialização de um conceito. O *site* é muito rudimentar, listando os vazamentos um abaixo do outro, como textos de *hiperlinks* classificados pela data de divulgação. Eles também divulgam informações sigilosas, mas alegam não depender exclusivamente de vazamentos. A maior parte da coleção de documentos do Cryptome consiste em documentos acessíveis em outros lugares, informações abertas e documentos de domínio público. O próprio John Young cuida da republicação da informação que ele encontra ou recebe de sua rede de amigos e simpatizantes.

Toda manhã, John Young lê o *Federal Register*[12] e os arquivos sobre pedidos de informação para a agência FOIA (Lei da Liberdade de Informação, uma lei federal de 1966 que garante ao público o direito de obter informações sobre agências federais). Steven Aftergood, que visita o *site* todo dia, comentou sobre ele: "John Young vê muitas coisas que os outros não veem e divulga coisas que os outros não divulgam, ou não divulgariam".

Para John Young, sempre ativo como arquiteto famoso de Nova York, era um passatempo: "Não dá muito trabalho, é algo que eu faço periodicamente. Enquanto não houver interesse pessoal por trás, meu negócio não vai dar errado. Os passatempos perduram indefinidamente até que, um dia, se consomem".

Ele era um amador no sentido mais nobre do termo, a serviço de sua causa e paixão: "Nunca tive o desejo de destituir governos [...] nem de enaltecer o jornalismo".

Foi devido a essa cruel diferença que John Young não se uniu a Julian Assange. Embora fizesse parte da lista de discussão original do WikiLeaks que antecedeu ao lançamento do *site*, em janeiro de 2007, John Young respondeu de forma agressiva (ele é conhecido por ser totalmente imprevisível) a uma mensagem de Julian Assange que queria levantar um orçamento de cinco milhões de dólares para lançar o WikiLeaks no ciberespaço. Ele avaliava que hospedar seu *site* não lhe custava mais do que cem dólares por mês e simplesmente não concordava com essa ambição altamente suspeita. Deixou a organização em 7 de janeiro de 2007 e deletou sua conta JYA da lista.

Entretanto, John Young tratou de criar outra conta mais anônima e continuou a seguir os *e-mails* que circulavam dentro do projeto. Ele frequentemente divulgava mensagens sobre questões financeiras e éticas relativas a ações e até mesmo a divisões discutidas entre os membros. Deixou muito contentes todos os detratores do WikiLeaks.

De qualquer maneira, sua posição era mais complexa. Ele sempre repetia que ninguém devia confiar nele e que não se pode confiar em ninguém, e chegava a dizer: "Eu faço parte do WikiLeaks... Eu critico o WikiLeaks. Meu estratagema atual é fingir ser adversário do WikiLeaks. Isso se chama oposição amigável. Ficar elogiando um ao outro é tão sem graça. Seus pais o elogiam. Seus amigos,

---

12 – O *Federal Register* é a publicação diária oficial que traz as leis, projetos de leis, comunicações das agências e organizações federais e também as ordens executivas e outros documentos presidenciais.

nunca. Eles sabem que é um truque, então elogiar é manipulação. Criticar é mais honesto". Ele acrescentou, com certa ironia: "Assange não retribuiu o favor".

De acordo com John Young, o problema era o que Julian havia feito com o WikiLeaks: "Eu separei o WikiLeaks de Julian. Agora ele está seguindo seu próprio caminho... Está prestes a seguir a carreira de ser Julian Assange. Ele usou o WikiLeaks para alavancar isso. Então agora o WikiLeaks está se libertando dele e outros wikis estão caindo nas armadilhas de outros desafetos de sua monomania."

Na verdade, ele sempre desconfiou um pouco desse caráter "sem humor", ridicularizando gente pretensiosa. Reconhecia seu talento para representar. Não ficou nada surpreso ao ver o WikiLeaks cair nas graças da grande mídia. "A grande mídia usou bajulação, atenção e suborno, todas as maneiras comumente usadas para congregar o rebanho, porque, se você tem uma veia narcisista, é irresistível".

John Young percebeu que o WikiLeaks havia perdido uma parte de sua simplicidade original e que o problema era interno. Os membros não sabiam como administrar as ambições de Julian, e o amadorismo ingênuo deles foi confrontado com o árduo mundo empresarial.

Em relação à contínua necessidade de dinheiro, Young disse: "Você nunca deve fazer isso por dinheiro. Simplesmente porque contamina a credibilidade e vira uma oportunidade de negócios, onde há muita traição e mentiras. E isso vai contaminar o WikiLeaks. Eles estão agindo como um culto. Estão agindo como numa religião. Estão agindo como um governo. Estão agindo como um bando de espiões. Estão escondendo suas identidades. Não prestam contas do dinheiro. Prometem coisas dos mais diversos tipos. Eles raramente informam suas intenções. Têm rituais e todas aquelas coisas maravilhosas. Então eu os admiro pela noção de espetáculo e por seu valor de entretenimento. Mas eu certamente não lhes confiaria informações que tivessem algum valor ou que apresentassem algum risco para mim ou para alguém de quem gosto".

Se John Young continuou a divulgar todas as informações que recebeu, encontrou ou descobriu sobre o WikiLeaks, foi sempre com o intuito de compartilhar o conhecimento e permitir que o público formasse sua própria opinião. Ele não titubeou em divulgar *e-mails* extremamente críticos sobre Assange que recebeu de um estranho de dentro do WikiLeaks sem nem verificar a identidade deles.

Young também não hesitou em criticar duramente os ataques dirigidos a Julian ou ao WikiLeaks pelos gigantes da imprensa ou políticos.

Embora John Young possa ser visto como um rival de Julian, ainda era um grande defensor da verdade e nunca deixaria ninguém atacar os paladinos da transparência.

22

DDoS: Daniel Domscheit-Berg, ou Schmitt

29 de dezembro de 2007: 24C3, vigésima quarta edição do Chaos Communication Congress.

Esse congresso, realizado em Berlim e organizado pelo Chaos Computer Club (CCC), tornou-se a maior reunião de *hackers* e ativistas de *hacking* da Europa. O CCC foi fundado em 12 de setembro de 1981 nos escritórios do jornal independente *Die Tageszeitung* (também chamado de *Taz*), e um de seus fundadores foi Herwart Holland-Moritz, conhecido como Wau Holland, famoso *hacker* alemão dos anos 1980. A Fundação Wau Holland é uma homenagem a esse herói nacional do hackerativismo que morreu em 2001, aos 49 anos. Ela apoia vários projetos de grande estima para o CCC: o aspecto social da evolução técnica e a história da tecnologia e liberdade de informação. Em outubro de 2009, o CCC tornou-se o principal credor do WikiLeaks.

O Chaos Computer Congress (C3) manteve crescimento constante desde que foi lançado. Num ambiente descontraído, apresenta palestrantes especializados para uma plateia arrebatada onde é comum encontrar muitos membros do WikiLeaks.

Em 2006, no 23C3, Jacob Appelbaum apresentou seu método para burlar o FileVault, o sistema para encriptar informações armazenadas em disco. Seu copalestrante era Ralf-Philip Weinmann, antigo colega de Julian Assange no Rubberhose, um *software* gratuito que criaram juntos em 1997.

Em 2007, no 24C3, Rop Gonggrijp fez uma apresentação sobre sistemas de votação eletrônicos na Holanda. Outra apresentação apaixonada foi dada por Annie Machon, ex-agente do MI5 (o FBI britânico). Ela contou sua história de decepções e sua vida como lançadora de denúncias reclusa na França. Em 2008, também foi convidada por Julian Assange para o evento Hacking At Random, na Holanda.

O vigésimo quarto congresso ofereceu quatro dias de conferências. Os temas discutidos variaram do crime eletrônico aos *softwares* gratuitos e da criptografia ao anonimato, com o programa Tor sendo apresentado quatro vezes.

Além das conferências, foram organizados *workshops* sobre vários temas emergentes. Em 23 de dezembro, às 9h30 da manhã, um certo "Julian Assange", membro do conselho consultivo de uma organização denominada WikiLeaks, apresentou "WikiLeaks – um lugar para jornalistas, gente que diz a verdade e todos os outros."

O alemão Daniel Berg, profissional de tecnologia da informação, comparece à apresentação. Ele é engenheiro de rede da multinacional EDS, que trabalha com informações eletrônicas. Na rede social de profissionais *LinkedIn*, seu perfil exibe as palavras-chave: "analista da realidade, formador de sonhos, defensor da liberdade, abominador do interesse, salvador de baleias, devorador de livros, transbordante, demolidor, *wardriver*, *packetizer*, *hacker*, ralador, motivador, criador".

Julian Assange apresentou o WikiLeaks, sua missão, desafios técnicos e a já existente visibilidade do projeto graças a artigos publicados nos jornais *The Guardian*, *The New York Times*, *Washington Post*, *Die Welt* e *Der Spiegel*. Terminou sua apresentação pedindo que a audiência aderisse ao movimento.

Depois que Julian e Daniel Berg se conheceram, Berg decidiu aderir.

Daniel era técnico, graduado em tecnologia da informação pela Universidade de Educação Cooperativa de Mannheim, uma universidade que dava treinamento de empresa baseado na imersão prática. Daniel trabalhava na EDS desde 2002. Gostava de correr, fazer *mountain biking*, de David Lynch, Alejandro Jodorowsky, e era viciado em trabalho. Certa vez resistiu a uma maratona de 428 horas em quatro semanas para salvar um projeto que corria perigo em Moscou.

O WikiLeaks estava em movimento ascendente, e então um recurso como ele era mais do que bem-vindo. Em seu tempo livre, Daniel trabalhava como analista para a organização.

Seu comprometimento era apaixonado, e sua extraordinária habilidade de trabalhar com rapidez o aproximou de Julian Assange. O Número Um da organização pediu-lhe que fosse junto com ele para a 25C3 apresentar uma conferência chamada "WikiLeaks contra o Mundo". Julian Assange, usando seu verdadeiro nome, apresentou-se como *Editor Investigativo* da organização, enquanto Daniel Domscheit-Berg foi chamado de "Berger".

Em 30 de dezembro de 2008, o WikiLeaks já havia passado por muitos eventos dolorosos ligados ao crescente sucesso de suas ações.

No começo de 2008, ele sofreram uma ação legal por parte do Grupo Julius Baer depois da divulgação de uma lista de 1.600 afortunados clientes que se beneficiaram da habilidade do banco nos assuntos de evasão fiscal. Eles granjearam a ira de Sarah Palin, candidata a vice-presidente de John McCain, depois da divulgação de seus *e-mails* pessoais do Yahoo durante a campanha eleitoral para a presidência. Eles sofreram o impacto que se seguiu ao terremoto que causaram na Grã-Bretanha depois da divulgação de uma lista de 10.000 membros do Partido Nacional Britânico, de extrema direita, que incluía policiais, membros da igreja e professores.

Assange e Berger chegaram à 25C3 em Berlim cansados demais para relatar esses fatos. A dupla trabalhou em harmonia, cada um com tarefas designadas. Julian expôs as questões, o impacto e as lições a serem aprendidas, enquanto Daniel apresentou alguns fundamentos e necessidades técnicas. A plateia foi conquistada. Julian foi aplaudido de pé quando declarou, em tom solene, deixando o silêncio envolver cada palavra: "Nunca uma fonte nossa foi exposta. Nunca uma fonte nossa foi processada".

O papel de Daniel Berg começou a se cristalizar. Ele largou o emprego e assumiu a identidade de Daniel Schmitt, porta-voz do movimento. No final de dezembro de 2008, seu nome apareceu em artigos que falavam de ameaças feitas ao *site* em consequência da divulgação de documentos secretos do BND (Bundesnachrichtendienst, serviço secreto alemão). A partir de 2009, em pouco mais de um ano, Daniel daria cerca de cem entrevistas pelo mundo todo.

Daniel era a face pública do WikiLeaks, enquanto Julian continuava a viajar pelo mundo, de conferência em conferência. Ele falou sobre a publicação das 500.000 mensagens de texto de telefones celulares e *pagers* do dia 11 de setembro de 2001, durante a destruição das Torres Gêmeas do World Trade Center. Ele tomou a palavra durante o lançamento *on-line* de 6.780 relatórios do CRS (Serviço de Pesquisa do Congresso), relatórios analíticos sobre diferentes assuntos de interesse para o congresso americano. Foi com Julian que ele cobriu o caso ligado à falência do banco Kaupthing, da Islândia.

Juntos, eles voltaram à 26C3, em 30 de dezembro de 2009, o vigésimo sexto Chaos Communication Congress. Sua conferência apresentou o projeto WikiLeaks em seu conceito original, em seu auge. Ela exibiu, especificamente, uma dinâmica dupla de oradores e companheiros de luta.

À frente de algumas centenas de pessoas, o palco principal do Centro de Convenções de Berlim tinha um púlpito à direita de uma grande tela. Eram 5h15 da tarde, Daniel Schmitt estava no púlpito parecendo um pouco soturno e usando calça preta e camisa preta. No palco estava Julian Assange, de pé, casual, de camisa branca e cabelo grisalho, as mãos nos bolsos da calça marron.

A apresentação se intitulava "Lançamento WikiLeaks 1.0", em referência a um sistema de numeração utilizado em programação para confirmar que o *software* estava amadurecido, sem *bugs* e pronto para ser usado antes que uma nova versão atualizada fosse lançada sem funcionalidades adicionais.

A conferência começou com um breve resumo das bases do WikiLeaks e em seguida Daniel Schmitt anunciou: "O *National* [jornal de língua inglesa dos Emirados Árabes Unidos] publicou que nós provavelmente desencavamos mais segredos em nossa breve vida do que o *Washington Post* nos últimos 30 anos". A plateia aplaudiu. E Daniel acrescentou: "Obrigado, estamos só aquecendo". Enquanto Daniel falava, Julian contemplava a plateia já convencida e sorria.

Daniel não ficava à vontade falando diante de grandes plateias, porque o negócio dele era se relacionar com a imprensa. Conferências o intimidavam de verdade. Ele sentia falta de ar, e suas mãos suadas fizeram com que ele deixasse cair suas anotações quando passava a palavra para seu parceiro. Julian, por sua vez, tinha o controle total: não levava anotações e não olhava para a tela, e relaxou o ambiente, ou somente seu copalestrante, com falas do tipo: "Quando estávamos montando esta apresentação *hoje cedo*..."

Julian Assange introduziu brevemente os eventos de 2009 com uma brincadeira, dizendo que as pessoas poderiam verificar na Wikipédia. Em seguida Daniel resumiu seriamente a descrição dos vazamentos divulgados naquele ano: o assassinato de civis afegãos em Kunduz, conduzido pelas forças armadas alemãs, cuja missão era manter a paz. Muito focado, ele falou sobre os relatórios do Instituto de Estudos de Segurança da União Europeia (usina de ideias de especialistas em segurança europeia).

Imagine assistir a uma dupla muito equilibrada, como *yin* e *yang*, o preto, sólido em suas posições, pragmático e direto, com o branco, lírico em suas explicações, vagando pelo palco, brincando aqui e teorizando ali.

Protegido atrás do púlpito, mantendo as mãos próximas de seu laptop, o público o ouvia com atenção. Ele fez comentários sobre suas anotações que preveem uma futura unidade policial da Europa cercada por uma muralha virtual para impedir a imigração. Disse: "Vamos dar nosso consentimento silencioso? É esse o mundo em que queremos viver no futuro?".

Os dois homens exibiram os melhoramentos que queriam fazer no sistema: uma abertura para cidadãos e um túnel de acesso aos "bons" jornalistas para dar mais legibilidade à montanha de informação que eles vinham divulgando, e aumentar seu impacto.

Depois, começaram a longa apresentação de um projeto iniciado por Julian: um refúgio da informação, baseado na ideia dos paraísos fiscais. Começaram com o caso da Islândia. Julian relatou a desventura da televisão pública RUV. A estação não conseguiu colocar no ar seu relatório sobre o escândalo financeiro exposto pelo WikiLeaks, pois recebeu um mandado legal alguns minutos antes da veiculação. Em seguida, Julian disse que ela veicularia a *homepage* do WikiLeaks por vários minutos, o que permitiu que se dirigissem para a história que queriam revelar. A plateia aplaudiu com entusiasmo. A reação dos dois representantes diante dessa ovação foi típica deles: Daniel escondeu-se atrás da tela de seu computador, como se quisesse conter o entusiasmo, enquanto Julian ergueu a cabeça, absorvendo toda aquela energia benéfica.

Julian explicou seu projeto sozinho, de braços cruzados, como um pregador perante seu rebanho. Ele sabia o que estava dizendo. A ideia era dele, e ele não precisava de ninguém. Em determinado momento, ele tentou incluir Daniel, que resmungou alguma coisa enquanto abaixava a garrafa de água da qual estava bebendo. Julian tomou conta. Somente após dez minutos de monólogo é que Daniel concluiu, com um comentário bem-humorado: "Para convencer aquelas pessoas na Islândia que ainda não tinham entendido – eles também têm partidos conservadores – que aquela era a coisa a ser feita". A plateia riu.

A conferência terminou com uma homenagem feita por Julian a todas as fontes e sua coragem. Ele acrescentou, causando um silêncio desconfortável na sala, que queria agradecer à mídia tradicional, pois: "Tem gente muito, muito boa".

Como de costume, Daniel encerrou a apresentação com um "Obrigado pela paciência". Depois de uma ovação que durou minutos, as perguntas foram pontuadas por um testemunho de Jérémie Zimmermann, porta-voz do La Quadrature du Net, um grupo francês que promove os direitos e liberdades dos cidadãos na internet: "Antes de tudo, quero dizer que os admiro muito. Vocês são meus heróis". Mais uma vez, Julian ficou radiante, enquanto Daniel foi logo ao ponto, dizendo: "O projeto, por favor".

No começo de 2010, aos 32 anos de idade, Daniel já passara os dois últimos anos trabalhando para a organização. Largara seu emprego no começo de 2009 a fim de se comprometer totalmente: "Investi um bocado de tempo, dinheiro e energia no WikiLeaks. O WikiLeaks cresceu de modo absolutamente exponencial, 'depressa demais'".

Os vazamentos chegavam todos os dias, e Daniel achava que alguns deles eram muito interessantes no nível local. Para ele, a plataforma não deve descriminar e a verdade é sempre boa, tenha ela impacto regional, nacional ou global. Mas um projeto monopolizou a maior parte dos recursos dessa pequena organização.

Em fevereiro de 2010, eles receberam o vídeo chocante de um helicóptero no Iraque atacando civis. Julian viu a necessidade de alavancar isso a fim de atrair a atenção para a empresa. Um vídeo é sempre mais eloquente do que um relatório de centenas de páginas. Ele se queixava de que os cidadãos não liam os vazamentos por vontade própria, sonhando com a *Maximização do Impacto* (tirada de um *slide* de sua apresentação no 26C3). Agora ele tinha os meios para provocar esse tipo de impacto. Recrutou uma equipe de especialistas em comunicação e vídeo, e também editores de vídeo e de som para um verdadeiro projeto de mídia. Eles produziram o documentário *Assassinato Colateral*, no qual Julian encara o mundo.

Daniel envolveu-se moderadamente. Cansado de viajar pelo mundo, ele assumiu seu papel de porta-voz dando entrevistas para jornais, principalmente alemães. Também teve de lidar com a suspensão do *site* por falta de dinheiro, o que foi duro para ele. Era uma manobra que pretendia abalar a opinião pública a fim de motivar a arrecadação de fundos, e que também encobria uma realidade mais urgente. A infraestrutura do *site*, com suas múltiplas instalações-espelho, precisava ser revista para mudar para um modelo mais industrial, o que exigia investimentos e recursos. Como engenheiro e técnico cuja tarefa era salvar projetos de tecnologia da informação da falência, ele queria que essa fosse a prioridade. Infelizmente, a atenção foi desviada para o *Projeto B* e o lançamento do vídeo em todo o planeta, já que essa era a única preocupação de Julian.

O divórcio foi anunciado. Em 22 de abril, Daniel apareceu sozinho no re:publica 2010, um congresso alemão sobre novas mídias. Começou sua apresentação informando a ausência de Julian, "nosso representante público", que ainda estava nos Estados Unidos, depois de ter dado uma conferência.

O que se passava pela cabeça de Daniel naquela hora? Seu papel era dar respostas para a imprensa, representar a organização e ser seu porta-voz. Agora ele se encontrava no papel de orador. Enquanto Julian vestia a máscara pública da organização, e as pessoas falavam tanto sobre o homem misterioso, cativante e magnético quanto sobre a organização, Daniel sempre preferira desaparecer por trás do projeto, manter uma atitude discreta e um discurso pragmático para não atrair atenção e ser somente uma voz para a equipe.

Sua apresentação naquele dia foi rápida e um tanto monótona. Daniel informou a lista dos maiores vazamentos dos últimos seis meses diante de uma audiência atenta, mas menos brincalhona do que a de um C3. Ele se surpreendeu por ter acabado a apresentação em trinta e cinco minutos. Mesmo assim, os aplausos foram calorosos e a sessão de perguntas e respostas durou quase quinze minutos, permitindo que ele voltasse a falar dos problemas estruturais que, obviamente, o incomodavam. Também lhe perguntaram insistentemente sobre o vídeo e sobre o limite tênue entre divulgar fontes raw e uma linha editorial menos objetiva da informação. Alguém pegou o microfone e gritou: "Vocês estão escondidos!".

Daniel permaneceu calmo, mas seus olhos se arregalaram. Faltou-lhe um pouco de ar, e ele respondeu: "Não, os nomes estão lá, bem claros [no vídeo]. E repito o que eu disse antes: acho que foi a partir de minha perspectiva pessoal, acho que não foi assim tão bom que este limite não tenha sido traçado com mais clareza. Que haja o WikiLeaks, que está divulgando um video raw não editado, e que haja uma peça jornalística, que é o *Assassinato Colateral*".

Ele deixou o palco agradecendo a plateia e dizendo: "Descansem bem do republica. Espero que haja coisas mais importantes para vocês ficarem sabendo".

Daniel compareceu a essa conferência num estado de espírito diferente do de costume. Ele sentia que as coisas estavam fugindo ao controle e que a realidade seria ainda mais cruel.

Em abril de 2010, a organização nunca tinha tido tanta cobertura na mídia, porque a imprensa ficou em cima deles. Chegavam perguntas de todos os lugares, e eles tinham de evitar levar muito a sério os ataques e teorias nebulosas sobre ligações com os serviços secretos. Daniel continuava a responder como porta-voz.

Estavam recebendo quase vinte e cinco documentos por dia, mas em fevereiro receberam, junto com o vídeo e um conjunto de documentos americanos, tamanha quantidade de informações explosivas que não houve tempo para averiguar tudo.

Julian sabia que tinham de se beneficiar da energia do vídeo para elevar o WikiLeaks ao nível ao qual ele aspirava. Decidiu colocar de lado todos os outros documentos que tinham recebido. Eles tiveram de se concentrar nos vazamentos americanos e editar *Diários da Guerra Afegã*, conhecidos simplesmente como *Diários de Guerra*. Os associados o produziram refreando suas frustrações, pois ninguém tinha tempo para discutir.

Era um montante enorme de trabalho: revisar todo o banco de dados de 92.000 documentos e ao mesmo tempo tentar remover os nomes dos informantes e colaboradores afegãos que trabalharam com as forças americanas durante o período coberto pelas anotações, de 2004 a 2009. O mundo inteiro estava trabalhando nisso, tanto os voluntários como os associados.

Em junho de 2010, eles ficaram sabendo da prisão de uma suposta fonte do material recebido em fevereiro. Seu nome era Bradley Manning, um jovem soldado das forças armadas americanas baseado no Iraque. Foi um grande choque, a primeira vez em que uma fonte foi identificada e presa. Daniel lembrou-se das palavras de Julian durante o 25C3, numa fala que lhe rendera muitos aplausos: "Nunca uma fonte nossa foi exposta. Nunca uma fonte nossa foi processada".

Os *Diários da Guerra Afegã* finalmente saíram, em 25 de julho. Eles não tinham conseguido analisar todos os documentos, e 15.000 foram deixados de lado para divulgação posterior. A informação foi imediatamente capturada pelos grandes nomes da imprensa internacional, como os jornais *The Guardian*, *The New York Times* e *Der Spiegel*. Daniel compartilhava com Julian a ideia de que era necessário pedir o auxílio da imprensa tradicional para melhor cobertura de suas ações. Entretanto, Julian ficou furioso quando viu que o *The New York Times* não havia incluído o *link* para a fonte da informação. Daniel não se surpreendeu; era, na verdade, esse sistema que eles queriam automatizar futuramente na plataforma, um método de gerenciamento de conteúdo chamado "syndication".

A tensão começou a aumentar na equipe do WikiLeaks após a desaprovação de organizações como Repórteres Sem Fronteiras e até mesmo do Pentágono. Eles deixaram alguns nomes nos documentos, colocando as vidas das pessoas mencionadas em perigo. A equipe estava no limite. Tudo estava indo depressa demais.

Daniel achou que tinha de se distanciar um pouco. Revisar a infraestrutura, consolidar a organização, trabalhar na comunicação das finanças e divulgar informações locais.

Julian estava cada vez mais ausente. Estava sempre em Londres, participando de conferências, debates e programas de televisão. Apareceu sozinho no TED, um programa de conferências transmitido em vídeo pela internet. Sua aparência tinha mudado, seu cabelo estava mais curto e ele vestia um terno cinza de corte fino.

O verão de 2010 foi decisivo para o WikiLeaks. Em agosto, quando Julian foi acusado de supostamente ter estuprado duas mulheres na Suécia, a equipe entrou em pânico. Que impacto isso teria no WikiLeaks? Ele tinha acabado de alçar o projeto ao nível internacional, para uma audiência maior, quando as acusações se concretizaram. Daniel conteve a imprensa. Alguns jornalistas já haviam esquecido do porta-voz. Karl Ritter, da *Associated Press*, apresentou-o como "Um porta-voz do WikiLeaks que alega chamar-se Daniel Schmitt a fim de proteger sua identidade". Daniel declarou que estas eram "[A]legações extremamente sérias". Ele disse que não sabia onde Julian estava e que "ele é inteligente o bastante para saber o que tem que fazer".

Mas Daniel já estava farto. Os 15.000 *Diários da Guerra Afegã* estavam prontos, mas Julian não queria divulgá-los. Por quê? Ninguém sabia. Ele também descobriu que Julian havia negociado uma data de divulgação para os *Diários da Guerra Afegã* que eles vinham preparando há várias semanas, mas depois ele não soube de mais nada sobre isso. Achou que era hora de Julian ficar fora dos holofotes e cuidar de seus assuntos pessoais.

Um artigo da *Newsweek* com data de 26 de agosto de 2010 deixou Julian furioso. O artigo citava "Alguém próximo do WikiLeaks" que declarou que um certo número de colaboradores estava preocupado com a defesa que Julian usou quando falou de difamação e conspiração contra ele sem justificativa. Os mesmos colaboradores estavam pensando em como convencê-lo a se afastar do movimento durante o caso na Suécia.

Julian entrou em contato com Daniel por via eletrônica. A *Wired Magazine* apoderou-se dos detalhes da discussão, e, embora Daniel Domscheit-Berg negasse ter dado o documento à revista, confirmou o conteúdo da seguinte discussão:

Daniel: *O que foi combinado sobre o Iraque? Preciso entender qual é o plano e quais são as restrições.*

Julian respondeu com uma cópia da transcrição no *Newsweek*:

Julian: *"Uma pessoa em contato estreito com outros ativistas do WikiLeaks em toda a Europa, que pediu para permanecer no anonimato quando discutisse um tópico delicado, afirma que muitos deles ficaram preocupados que Assange tenha continuado a espalhar alegações de truques sujos e sugerir conspirações contra ele sem justificativa. Pessoas de dentro dizem que alguns afiliados do* website *já estão pensando em maneiras de convencer seu chefe nominal a sair da frente ou, caso isso não ocorra, expulsá-lo".*

Daniel: *O que isso tem a ver comigo? E de onde veio isso?*

Julian: *Por que você acha que tem alguma coisa a ver com você?*

Daniel: *Provavelmente porque você alega que fui eu.*

Daniel: *Conforme conversamos ontem, esta é uma discussão que está ocorrendo agora sobre a qual muita gente já expressou preocupação.*

Daniel: *Você deve encarar isso em vez de tentar atirar na única pessoa que faz questão de ser honesta sobre isso com você.*

Julian: *Foi você?*

Daniel: *Eu não falei com a* Newsweek *e nem com outros representantes da mídia sobre isso.*

Daniel: *Eu falei com as pessoas com quem trabalhamos e que têm interesse e se importam com este projeto.*

Daniel: *E não há nada de errado nisso.*
Daniel: *Na verdade, é isso que está faltando. Eu só recomendo que você comece a dar ouvidos a essas preocupações.*
Julian: *Com quem você falou sobre este assunto?*
Daniel: *Eu já disse a você.*
Julian: *Foram as únicas pessoas?*
Daniel: *Algumas pessoas do clube [CCC] me perguntaram sobre o assunto e eu publiquei que acho que este seria o melhor comportamento.*
Daniel: *É a minha opinião.*
Daniel: *Diante do fato de que você não goza mais de muita confiança interna.*
Daniel: *E que somente negar e afastar, como se fosse uma campanha contra você, não vai mudar algo que é somente uma consequência de suas atitudes.*
Daniel: *E não das minhas.*
Daniel: *Eu nem quero pensar em quantas pessoas que costumavam respeitá-lo me disseram que se sentem desapontadas com suas reações.*
Daniel: *Eu tentei dizer tudo isso para você, mas você, em toda a sua arrogância, nem deu atenção.*
Daniel: *Então eu também não estou mais ligando.*
Daniel: *Fora isso, eu fiz perguntas e preciso das respostas.*
Daniel: *Como o que ficou combinado.*
Daniel: *Preciso entender isso para podermos continuar trabalhando.*
Daniel: *Você fica enrolando o trabalho dos outros.*
Julian: *Quantas pessoas são representadas por estes bate-papos secretos? E quais são as posições deles no CCC?*
Daniel: *Comece a responder minhas perguntas, Julian.*
Julian: *Está se recusando a responder?*
Daniel: *Eu já disse mais de uma vez que não vejo por que deva responder mais só porque você quer respostas, mas ao mesmo tempo se recusa a responder o que estou perguntando.*
Daniel: *Não sou um cachorro que você pode controlar do jeito que quer, Julian.*
Julian: *Estou investigando uma brecha séria na segurança. Está se recusando a responder?*
Daniel: *Estou investigando uma brecha séria na confiança. Está se recusando a responder.*
Julian: *Não, não está. Eu comecei esta conversa. Responda a pergunta, por favor.*
Daniel: *Não jogue comigo.*
Daniel: *Igualmente, e isso não se aplica só a mim.*
Julian: *Se não responder a pergunta, será removido.*
Daniel: *Você não é o deus e nem o rei de ninguém.*

Daniel: *E não está desempenhando seu papel de líder neste momento.*
Daniel: *Um líder se comunica e cultiva a confiança nele mesmo.*
Daniel: *Ou está fazendo exatamente o contrário.*
Daniel: *Você se comporta como um imperador ou traficante de escravos.*
Julian: *Você está suspenso por um mês a partir de agora.*
Daniel: *Ah-ha.*
Daniel: *Muito bem, por que razão?*
Daniel: *E quem está dizendo isso?*
Daniel: *Você? Mais uma decisão com um objetivo especial?*
Julian: *Se quiser apelar, será ouvido na terça-feira.*

O apelo nunca foi ouvido, e Daniel demitiu-se no domingo seguinte, enviando ondas de choque por todo o WikiLeaks.

Julian anunciou que havia feito um acordo com a imprensa para divulgar os *Diários da Guerra Afegã* no final de outubro. Eles não estavam prontos e não queriam ter a mesma resposta de antes.

Herbert Snorrason, um estudante islandês de 25 anos que participava da sala de bate-papo segura do WikiLeaks para voluntários, reagiu de modo agressivo: "A data de lançamento que foi estabelecida era completamente impraticável. Descobrimos que o nível de edição dado aos documentos do Afeganistão não era suficiente. Informei que se o próximo lote não recebesse atenção total, eu não iria mais cooperar". Sua exigência chegou até Julian, que respondeu: "Eu sou o coração e a alma desta organização, seu fundador, filósofo, porta-voz, primeiro codificador, organizador, financista e todo o resto. Se você tem algum problema comigo, caia fora".

Herbert Snorrason *caiu fora*. Ele declarou ao wired.com: "Acredito que Julian, na verdade, afastou as pessoas mais capazes. O comportamento dele não é do tipo que mantém gente de mentalidade independente interessada".

Daniel deu uma breve entrevista para a *Der Spiegel* e comentou:

"Crescemos incrivelmente rápido nos últimos meses e precisamos urgentemente nos tornar mais profissionais e transparentes em todas as áreas. Este desenvolvimento está sendo bloqueado internamente. Não está mais claro, nem para mim, quem realmente está tomando decisões e quem é responsável por elas.

Tentei muitas vezes pressionar nesse sentido, mas Julian Assange reagia a qualquer crítica com a alegação de que eu estava sendo desobediente com ele e desleal ao projeto. Ele me suspendeu – agindo como promotor, juiz e carrasco numa só pessoa. Desde então, por exemplo, eu não tenho acesso ao meu correio eletrônico do WikiLeaks. Então, tem muito trabalho esperando para ser feito e outras pessoas que querem auxiliar e estão sendo bloqueadas. Eu sei que ninguém da equipe principal concordou com a mudança. Mas isso parece não importar. Não quero mais assumir a responsabilidade, e é por isso que estou saindo do projeto".

O que o WikiLeaks estava vivendo era algo típico entre jovens empresas novatas que crescem muito depressa. O fundador original se cerca de ajudantes talentosos e comprometidos, geralmente escolhidos dentro de seu círculo íntimo. Depois, quando os recursos são suficientes, o jovem criador começa a expandir os negócios a fim de conhecer mais gente, apresentar os resultados de sua empresa e fazer promessas, convencido de seu sucesso e já se imaginando como diretor de uma multinacional em cinco anos. A essa altura, ele tem menos tempo para conversar com sua equipe, que foi deixada para trás para lidar com tarefas produtivas, e se cerca de gente que lhe fará diversas propostas. É neste ponto que há uma quebra, quando o criador percebe que subiu para o próximo nível, para além de seus colaboradores originais. Ele não pode explicar tudo para eles; eles não iriam entender e ele tem que se cercar de outras pessoas mais competentes para subir ainda mais alto. Ele está desconcertado, mas era o que ele queria. Ele respeita seus lugar-tenentes, compartilhou tanto com eles, são seus amigos, mas ele tem que tomar decisões maiores. É para o bem da empresa, ele diz a si mesmo. Quase sempre, é para o bem de seu ego também. E suas amizades vão se fragilizando de modo tão sutil que ele nem nota. No entanto, ao primeiro sinal de crise interna, ele responde de modo muito violento, as palavras e imagens de seus conselheiros começam a inundar sua cabeça: estão certos; ele não pode continuar com estas pessoas, e é sem piscar que ele as abandona para continuar seguindo adiante com gente que alimentava sua ambição.

Para o lugar-tenente foi a incompreensão, depois a tentativa de permanecer confiante, mas chegar a novas situações, que o empurraram para uma crise. E foi um grande choque: ele quase esperava por isso, mas não queria acreditar que poderia acontecer. Ele não podia ficar bravo com seu velho amigo porque eles compartilharam tantas coisas juntos. Em seu lugar, ele provavelmente teria feito a mesma coisa. Também tinha um espírito empreendedor, mas nunca tivera a coragem de fundar uma empresa. Ele até o invejava. Percebeu que era um seguidor e que agora era hora de reunir um pouco de coragem e tornar-se um criador.

Em agosto, Julian declarou: "Gosto de criar sistemas em grande escala e gosto de ajudar as pessoas que são vulneráveis. E gosto de esmagar patifes".

Essa foi a chamada de Daniel. Era hora de aparecer. Ele era conhecido como Daniel Domscheit-Berg, seu nome real, e também estava criando em grande escala.

Em dezembro, ele foi procurado para escrever seu livro, assim como Julian. Dois homens conduziam o WikiLeaks, agora dois homens travariam uma guerra pela transparência, ambos no mesmo nível.

O projeto de Daniel Domscheit-Berg era simples: criar um sistema em sintonia com suas próprias convicções e ideias chamado *OpenLeaks*.

Ele tinha a mesma premissa inicial: permitir que denunciantes anônimos submetessem informações sensíveis à mídia, garantindo-lhe total segurança de uma ponta à outra da cadeia.

Como uma organização ideal, ele já tinha dez pessoas auxiliando, incluindo Herbert Snorrason e um punhado de dissidentes do WikiLeaks e defensores do CCC. As tarefas não eram segmentadas; todos tinham seu lugar: "Somos uma fundação, registrada como tal na Alemanha, não uma organização secreta. Isso significa que não temos agenda política, não temos motivações para esconder e construímos nossas ferramentas a fim de poder controlá-las. Devemos manter controle e ao mesmo tempo permanecer neutros".

O conceito era uma evolução do WikiLeaks. O engenheiro era capaz de pensar enquanto Julian misturava política e comunicações. Ele continuava dizendo que era um técnico. Sua missão era oferecer uma solução eficiente para que os guerreiros da verdade pudessem lutar. Ele era um intermediário, um facilitador e um parceiro. Era uma ação coletiva dirigida para a coletividade. "Queremos fazer com que os sindicatos, as ONGs e a mídia possam trabalhar juntos e permitir que incorporem suas próprias versões do OpenLeaks, um tipo de Privacybox_[*drop box* de correio] com características avançadas. O uso é gratuito, mas temos diferentes abordagens e modelos. Se você for um grande jornal, pode escolher um sistema projetado para suprir suas necessidades específicas caso precise de um maior poder de computação, por exemplo. Em todos os casos, você tem dois acessos, um reservado para você e um que permite que você acesse a rede de colaboradores."

Quando o parceiro francês de tecnologia do WikiLeaks o questionou, ele disse: "No OWNI [grupo francês de mídia], por exemplo, você segue diligentemente a Hadopi [lei "Criação e internet" francesa] ou o ACTA [Acordo Comercial Anti-Contrafação]. Do nosso lado, temos documentos interessantes sobre esse assunto, submetidos por um informante que acredita que você está em posição melhor para investigar. O informante pode escolher dar-lhe acesso privado aos documentos por duas semanas – por exemplo – e depois você decide se divulga os documentos em questão".

Sua abordagem era *open-source* porque ele queria uma organização aberta. Ele aceitava qualquer parceiro e o WikiLeaks poderia até ser um deles. Não havia competição no mundo dele. Na verdade, ele não estava bravo com Julian. "Julian é realmente uma pessoa brilhante e tem talentos muito, muito especiais. Nós sempre [prosperamos através] de uma diversidade de qualidades trazidas pelas mais diferentes pessoas... Isso funciona, desde que você trabalhe como uma equipe. Mas, sempre que você perde esse espírito, então uma das qualidades se torna dominante demais, de algumas formas – tais como tomar decisões solitárias e pensar que está em posição de fazer isso. Temos que permanecer juntos diante das questões importantes que concernem a todos neste planeta e à qualidade de todas as nossas vidas".

Como seu alter ego, Daniel Domscheit-Berg citou Alexander Solzhenitsyn em seu discurso ao aceitar o Prêmio Nobel, em 1970: *"O resgate da humanidade é possível se todos se preocuparem com tudo. É essa a verdadeira sociedade da informação"*.

23

Davi contra Golias

"Hoje, em muitos sentidos, a informação nunca foi tão gratuita. Há mais maneiras de divulgar ideias para outras pessoas do que em qualquer outro momento da história. Mesmo nos países autocráticos, as redes de informação ajudam as pessoas a descobrir fatos novos e tornam os governos mais responsáveis."

Essas frases são representativas da ideia defendida por Julian Assange: informação para todos, por um aperfeiçoamento da governança. Elas foram tiradas do discurso pronunciado por Hillary Clinton em 21 de janeiro de 2010 no Newseum (museu da história da informação e do jornalismo de Washington), em que ela exprime com força e convicção a importância das novas tecnologias para a liberdade dos povos. Enquanto representante da pátria da liberdade, ela adverte que "as tecnologias que têm o potencial de permitir o acesso ao governo e de promover a transparência também podem ser desviadas pelos governos para esmagar contestações e negar os direitos humanos".

Ela cita então o presidente Barack Obama durante sua viagem à China. Ele "diz que, quanto mais informação circular livremente, mais as sociedades serão fortes. Ele exprime como o acesso à informação ajuda os cidadãos a responsabilizar seus governos, a gerar novas ideias, a encorajar a criatividade e o empresariado. Os Estados Unidos acreditam nessa verdade".

A grande América tem a intenção de promover a liberdade graças à internet. O discurso é magnífico.

Durante sua campanha, Barack Obama havia se comprometido a restabelecer a honra do Ato de Liberdade de Informação (FOIA); essa lei de 1966 se baseia no princípio da liberdade de informação que obriga os órgãos federais a abrir seus documentos a qualquer pessoa que pedir. Essa liberdade de acesso sofreu diversas restrições ao longo da história dos Estados Unidos. O futuro presidente prometia assim rejeitar o culto do sigilo protegido por seu antecessor, George W. Bush. Desde sua posse na presidência, Barack Obama pede que o ministro da Justiça publique novas diretrizes para o governo e aplique princípios de abertura e transparência aos procedimentos e pedidos de acesso a documentos governamentais. Seu memorando começa assim: "Uma democracia precisa de responsabilidade, e a responsabilidade precisa de transparência". Mas a transparência e sua aplicação não são consideradas do mesmo modo nos corredores do poder e do lado de fora. Certos adversários dizem hoje que o governo Obama esconde mais segredos que seus antecessores.

Em 28 de novembro de 2010, o WikiLeaks expõe as comunicações entre Hillary Clinton e os diplomatas americanos de quatro cantos do mundo. Suspeitas referentes a funcionários do serviço exterior dos Estados Unidos que espionariam outros diplomatas já haviam sido manifestadas, mas com a publicação dos telegramas diplomáticos americanos o WikiLeaks dá provas escritas e indiscutíveis, forçando o governo a explicar-se publicamente.

Um despacho de abril de 2009, assinado por Hillary Clinton, pede aos oficiais do Departamento de Estado que obtenham dados biométricos, impressões digitais, fotos de identidade, o DNA e o rastreamento de retina de dirigentes africanos.

Outro despacho de julho de 2009 ordena que os diplomatas americanos, incluindo os da ONU, obtenham senhas, chaves e criptografias pessoais, números de cartão de crédito, os de suas contas de viajantes frequentes, assim como outros dados ligados ao cargo.

Esses telegramas mostram os Estados Unidos tecendo, graças a suas embaixadas, uma rede independente de sua rede habitual de espionagem.

A ONU, segundo os tratados internacionais, não deveria abrigar espiões. Essas revelações mostram que os EUA desprezam secretamente essas regras. Com efeito, o Departamento de Estado de Clinton visou especificamente autoridades da ONU e diplomatas destacados no órgão. Entre eles, o secretário-geral Ban Ki-moon e os representantes permanentes no Conselho de Segurança da China, Rússia, França e Reino Unido, como demonstra o despacho secreto de julho de 2009.

O porta-voz da ONU denuncia essa grave infração da diplomacia. Hillary Clinton desvia a atenção, fulminante. Ela considera "ilegal" a publicação de documentos confidenciais na rede pelo WikiLeaks e promete que os autores dos vazamentos serão processados. Ela afirma que essa organização sabota as relações pacíficas entre países e põe em risco os indivíduos.

A ideia de transparência é relativa. O torniquete se fecha cada vez mais ao redor de Julian Assange. Os comentários de jornalistas e políticos se desencadeiam:

Sarah Palin, governadora do Alasca, compara-o a um terrorista da Al Qaeda e pede que o governo americano o processe. O comentarista político Bob Beckel declara na Fox News, um dos programas mais vistos do país: "Um homem morto não pode divulgar informação! Esse sujeito é um traidor e infringiu todas as leis dos EUA. Não sou a favor da pena de morte... só há uma coisa a fazer: atirar ilegalmente nesse filho da puta".

Peter King, representante republicano da Comissão de Segurança Interna, apela a Clinton para que ela declare o WikiLeaks uma organização terrorista e que sejam tomadas as medidas governamentais cabíveis.

Newt Gingrich, presidente da Câmara dos Deputados entre 1995 e 1999, exprime-se na Fox News nestes termos: "O cara do WikiLeaks deveria ser preso para o resto da vida. Ele é um inimigo dos Estados Unidos, colocando pessoas em perigo, e elas serão mortas por sua culpa. Creio que é um ato desprezível e que deveríamos tratá-lo como um combatente inimigo e um inimigo dos Estados Unidos".

Esses comentários têm uma repercussão impressionante por todo o planeta e no mundo virtual.

Artigos referentes ao WikiLeaks e sobretudo Julian Assange aparecem diariamente na internet. Os jornalistas descobrem um desconhecido misterioso e encantador que no espaço de alguns meses torna-se um dos homens mais influentes do planeta. Depois da publicação dos memorandos diplomáticos, a China bloqueia o acesso ao WikiLeaks, o governo americano aconselha os estudantes a não falar sobre ele em seus *blogs* e a aeronáutica proíbe a consulta dos *sites* dos jornais afiliados ao WikiLeaks.

"Assange deu a entender que os telegramas diplomáticos revelariam diversos segredos e poderiam desestabilizar países, notadamente os EUA, demonstrando uma profunda diferença entre a palavra pública americana e o que é dito a portas fechadas. Finalmente, o aparecimento desses telegramas mostra que os diplomatas americanos perseguem globalmente os mesmos objetivos na área privada e na pública, fora algumas diferenças de linguagem", analisa Anne Applebaum, do *Slate*.

Robert Gates, secretário da Defesa americano, avalia a importância da publicação desses documentos de maneira claramente mais moderada: "Ouvi falar que essas publicações sobre nossa política externa eram uma catástrofe, uma revolução etc. Penso que essas descrições são exageradas. O fato é que os governos tratam com os EUA porque é de seu interesse, e não porque nos amem, não porque confiem em nós, nem porque acreditem que podemos guardar os segredos. Alguns governos tratam conosco porque nos temem, outros porque nos respeitam, a maioria porque tem necessidade de nós. Isso é incômodo? Sim. É delicado? Sim. As consequências para a política externa dos EUA? Modestas, eu penso".

Apesar de seus pontos de vista relativizados, a classe política americana continua polarizada sobre o WikiLeaks e seu principal representante, Julian Assange.

O Departamento de Justiça anuncia que estuda os processos possíveis, eventualmente em virtude da lei sobre espionagem de 1917, considerando o WikiLeaks uma espécie de ciberorganização terrorista. Essa lei contra a espionagem é uma lei draconiana adotada no contexto da Primeira Guerra Mundial, que pune com a pena de morte ou longas penas de prisão os que divulgarem informações prejudiciais à segurança dos Estados Unidos. Eles só podem processar as fontes, que, perturbadas pela consciência, entregaram informações à organização em nome do interesse público, sob o risco de ser banidas como traidores.

Os juristas do governo foram solicitados a ser criativos na pesquisa das opções jurídicas em relação a Julian Assange e sua organização. A investigação do Ministério da Justiça é uma tarefa difícil, pois, juridicamente falando, o WikiLeaks não pode ser diferenciado de outro órgão de informações *on-line*, e Assange é semelhante a qualquer outro jornalista.

A busca de fontes de informações está no centro do trabalho jornalístico, assim como a incitação de suas fontes a fornecer seus segredos para que sejam publicados.

O objetivo do governo americano é "descobrir" as provas de que Julian Assange "complotou", segundo as palavras do vice-presidente Joe Biden. Trata-se de ligar de maneira efetiva o fundador do WikiLeaks ao jovem militar Bradley Manning, suspeito de ter transmitido documentos militares confidenciais à organização. Isso permitiria que os procuradores do ministério acusassem Assange de complô. Então o governo americano teria a possibilidade de acusá-lo de atentado contra a segurança nacional sem associar a isso sua qualidade de jornalista protegido pela Primeira Emenda da Constituição.

O vice-presidente americano fulmina que Julian Assange comprometeu a vida de certas pessoas no exercício de sua profissão e que prejudicou a condução dos negócios entre os EUA e seus aliados.

O fundador do WikiLeaks, interrogado nesse sentido pelo jornal *El País*, simplesmente salientou que Joe Biden associava a verdade sobre os EUA ao terrorismo. Ele volta em seguida a acusação contra o governo de Biden, afirmando que, se o emprego da violência com fins políticos é considerado terrorismo, então o escândalo político e violento contra o WikiLeaks e a imprensa também poderia se aparentar ao terrorismo.

Em dezembro de 2010, os EUA ainda procuram o meio de processar Assange, agora considerado um "ciberterrorista". Entretanto, verifica-se cada vez mais difícil ligar Assange a uma atividade ilegal, mas uma ameaça paira acima das cabeças atuantes do governo americano.

Hillary Clinton salientou em seu discurso de 21 de janeiro de 2010: "Os governos e os cidadãos devem ter confiança que as redes no centro da segurança nacional e da prosperidade econômica são seguras e resistentes. Agora, são mais que pequenos *hackers* que desfiguram a *web*. [...] Adotamos medidas enquanto governo e Departamento de Estado para encontrar soluções diplomáticas para reforçar a segurança global do ciberespaço".

Há necessidade de foras-da-lei para reforçar a segurança, e Assange poderia servir como prova da insegurança do país, o que permitiria que os EUA vigiassem as trocas de informação na internet e eventualmente reduzissem as comunicações mundiais entre internautas.

Sejam quais forem os comentários dados à imprensa, é interessante notar que, nos dez dias seguintes à divulgação dos documentos diplomáticos, vários políticos americanos e europeus tentam exercer pressão sobre o prestador de serviços da internet que tinha o WikiLeaks entre seus clientes. Para os que já tendem a desconfiar dos governos, a situação é preocupante.

Uma campanha discriminatória contra o WikiLeaks e Julian Assange os incitará a se radicalizar, seja na forma de rebelião agressiva como o ataque das estruturas públicas cada vez mais digitais, provocando consequências para a economia mundial, seja unindo-se a uma formação política que luta pela internet livre. Esse movimento político já existe sob o nome de Partido Pirata. Com efeito, várias células estão ativas na Europa, pregando a liberdade na internet e a atenuação das leis em termos de direitos autorais.

24

Apoio político

Entrevista no antro do Partido Pirata sueco ao Parlamento Europeu em Bruxelas, com Christian Engström, deputado do Partido Pirata, e seu assistente, Henrik Alexandersson.

Élise: Eu gostaria primeiro de falar sobre o partido. Qual é sua história? Como ele começou?

Christian: O Partido Pirata foi fundado em 1º de janeiro de 2006 por Rick Falkvinge na Suécia. Na época, Rick trabalhava em uma empresa que, eu creio, pertencia à Microsoft. Ele era um técnico em informática como tantos outros, desesperado pela guerra travada contra as redes de compartilhamento de arquivos e contra a vida privada na internet etc. Um dia, um pouco por brincadeira e um pouco seriamente, ele publicou uma página *web* que dizia: "Para mim basta. Eu lanço o Partido Pirata". Quarenta e oito horas depois, essa página havia recebido 3 milhões de visitas.

Henrik: Houve um efeito "buxixo" em todo o mundo.

Christian: Então ele disse a si mesmo: "Provavelmente toquei num ponto delicado", e depois pensou: "Esta é minha chance de tentar melhorar o mundo. Se eu não aproveitar agora, não terei direito de me queixar depois". O objetivo é exatamente o que é hoje: defender a liberdade na internet. Eleições legislativas estavam previstas para o mês de setembro do mesmo ano. Foi um pouco loucura organizar tudo, mas nós participamos dessas eleições, onde conseguimos 0,6% dos votos. E durante as eleições europeias seguintes conseguimos 7% do voto nacional na Suécia, o que explica minha presença aqui.

Henrik: É muito importante para os membros do Parlamento ter alguém com quem falar. Antes havia lobistas das empresas de telecomunicações ou das gravadoras para falar de tecnologia. Hoje eles podem encontrar no edifício uma pessoa neutra com a qual falar sobre os problemas da reforma dos direitos autorais etc. Temos respostas a propor para as diversas questões sobre o futuro. Somos também os que levantam novas reflexões.

Christian: Numerosas questões de que tratamos têm relação direta com o WikiLeaks. Por exemplo, em diversas situações ou propostas, ou hoje no Acordo

Comercial Antipirataria (ACTA), nos preocupamos com a responsabilidade indireta dos provedores de acesso à internet. Eles poderiam se tornar um dia responsáveis pelo conteúdo do tráfego em suas linhas... Em comparação, o correio não é responsável pelo que você envia.

Henrik: Mas forças poderosas tentam mudar isso, o que faria que todos os provedores de acesso à internet tivessem de verificar o conteúdo que transita por sua infraestrutura para não ser processado na justiça. Em tal contexto, um *site* como o WikiLeaks, por exemplo, seria fechado imediatamente, pois o provedor de acesso não desejaria ser confrontado com os mesmos problemas que a organização.

Christian: Grandes esforços são mobilizados para regulamentar a internet; regulamentar o conteúdo; tornar os fornecedores de acesso responsáveis; explorar diversos métodos de controle do que as pessoas fazem na internet; e sancioná-las caso se dediquem a atos que o governo não aprecia.

Henrik: E, é claro, os políticos têm três motivos oficiais para tentar restringir as liberdades na internet. Trata-se da partilha de arquivos, da pedofilia e do combate ao terrorismo. Mas com frequência desconfiamos que os governos tenham outros motivos, por exemplo, o interesse por manter as coisas secretas, manter as pessoas afastadas do debate. Pode-se tratar igualmente do desejo de restringir as liberdades do jornalismo cidadão e de coisas parecidas. É claro, os governos não podem confessar isso, porque teria um efeito devastador. Mas nós temos realmente a impressão de que é o que acontece.

Christian: Tudo se insere na mesma tendência. Esta manhã participei de um seminário organizado pelo grupo **ADLE** (Aliança dos Democratas e Liberais pela Europa). Esse seminário tratava da Hungria, onde uma nova lei sobre mídia acaba de ser aprovada: agora todo mundo, incluindo os blogueiros, deverá se registrar antes de ter o direito de publicar opiniões. Portanto, haverá na Hungria um órgão administrativo nomeado pelo partido no poder que poderá decidir que uma pessoa que divulgue informações que ele não deseja ver divulgadas possa receber multas ilimitadas. Isso, bem entendido, não deveria ocorrer em uma democracia ocidental, ou em qualquer democracia. Penso que é o problema subjacente da sociedade. A internet e as novas tecnologias da informação deram acesso a imensas possibilidades para a democracia, a transparência e a participação cidadã no processo democrático. Também contribuíram enormemente para a difusão da cultura. Todas as culturas do mundo estão a um clique de distância. É fantástico. Os políticos ficariam muito orgulhosos disso, caso se tratasse de sua invenção. Mas esse fenômeno ocorreu de certa forma por si próprio, e os políticos tentam detê-lo. Como toda vez que uma mudança ocorre em uma sociedade, os vencedores do século anterior serão os novos perdedores ou deverão adaptar suas atividades. Ninguém gosta de mudar. Principalmente quando você é um grande chefe, deseja que tudo continue intacto. É por isso que os conflitos explodem em toda parte. No final, sei que nós vamos vencer. Por "nós" entendo aqueles que estão do lado da abertura, da divisão etc., pois a tecnologia faz disso uma necessidade histórica. Sei a que ponto nos tornamos impopulares em quase todo o mundo quando começamos a falar de necessidades históricas. Estou convencido de que isso vai acontecer. Agora, se será para daqui a cinco anos ou 50, tudo vai depender das decisões políticas.

HENRIK: : É muito interessante, pois o Parlamento debateu sobre o Irã e Cuba, ou outros países cujo governo reprime a oposição. E o Irã e Cuba utilizam as tecnologias que temos aqui, pois os governos exigiram a possibilidade de realizar uma vigilância no sistema.

CHRISTIAN: Acredito que esse conceito de "dois pesos e duas medidas" é muito incômodo, mas importante. Tomemos o caso, por exemplo, da comissária sueca Cecilia Malmström, membro do Partido Liberal sueco desde os anos 1980. Quando ela estava no Parlamento, não hesitava em defender a liberdade de expressão, a liberdade do que você quiser etc. Ela era evidentemente a primeira a criticar a China pela censura na internet e o bloqueio de certos *sites* etc. Foi na época em que ela era parlamentar. Hoje ela é comissária. Uma das primeiras diretrizes que ela propôs tratava da introdução da censura na internet, e ela arromba as portas com a pedofilia como pretexto. É fácil criticar a China pela censura da internet, mas, assim que essa pessoa supostamente progressista chega ao poder, pratica exatamente a mesma política. Esse cenário se repete na maioria dos países-membros. Diversos partidos fazem um excelente trabalho quando estão na oposição. Não é realmente uma questão de esquerda/direita. Mas assim que eles chegam ao poder querem mais controle e menos transparência. Creio que se trata de uma das formas de corrupção do poder. É portanto um desenvolvimento positivo para os cidadãos ter acesso a uma tecnologia que pode servir de contrapoder. É ainda mais positivo que certas pessoas, como os membros do projeto WikiLeaks, aproveitem essa oportunidade. Por esse motivo, penso como todos no Partido Pirata que as pessoas do WikiLeaks são verdadeiros heróis.

ÉLISE: Qual é a ligação entre o Partido Pirata e os atos de Birgitta Jonsdóttir na Islândia? E entre a Islândia e a Suécia?

CHRISTIAN: A iniciativa islandesa IMMI é realmente genial. Se pudéssemos transformá-la em iniciativa europeia para as mídias modernas, seria fantástico.

Pelo menos é muito bom que a Islândia dê um bom exemplo. É exatamente por esse tipo de mudança que o Partido Pirata luta no plano político. Pensamos que a sociedade aberta, o direito à liberdade de informação e de expressão estão ameaçados. Aí está a ironia: temos essa maravilhosa tecnologia que ampliou as possibilidades e que desembocou na repressão política.

O mesmo cenário se desdobrou há 500 anos, com a invenção da imprensa. Antes só os monges copistas nos mosteiros podiam copiar os livros. Gutenberg tornou a produção de livros mais acessível, e a primeira reação foi a vontade de impor regras. A Igreja queria regulamentar a imprensa para que os heréticos não pudessem utilizar essa tecnologia para divulgar as ideias luteranas ou outras que julgava piores. A expressão "direito autoral" aparece pela primeira vez no Reino Unido sob Henrique VIII. É uma de suas filhas que queria ter certeza de que só o seu lado e seus partidários políticos pudessem imprimir livros. Assim, eles concederam um monopólio à London Company, a guilda dos impressores, e obtiveram o direito autoral, a saber, o direito de produzir cópias desde que imprimissem unicamente o bom conteúdo religioso.

Quando uma tecnologia oferece novas possibilidades aos cidadãos comuns, é natural que a ordem estabelecida empreenda tudo o que estiver ao seu alcance para detê-la e manter seu privilégio. Mas podemos esperar seu fracasso a longo prazo, pois sabemos o que aconteceu com a imprensa. Espero somente que consigamos negociar a transição mais rápido e por um custo menor, sobretudo em vidas humanas. É o objetivo do Partido Pirata: evitar de algum modo que um grande número de heréticos seja conduzido à fogueira antes que a sociedade aceite a mudança.

ÉLISE: E como você descreveria seu trabalho cotidiano?

HENRIK: Eu mergulho Christian sob os papéis, e minhas funções vão do conselheiro político ao sujeito que vai buscar os sanduíches quando ele está em reunião. Christian quer que eu mantenha meu *blog* também, pois é um dos maiores *blogs* políticos suecos, ou o maior.

CHRISTIAN: Eu também tenho um *blog*. Penso que isso ilustra bem a utilidade das novas tecnologias, pois um parlamentar, seja aqui no Parlamento Europeu ou em um Parlamento nacional, não tem realmente poder como tal. O poder se situa no nível do governo para os países ou no nível da comissão para a Europa.

HENRIK: Não esqueçamos o Conselho.

CHRISTIAN: É verdade, mas eu diria que de qualquer modo antes de tudo a Comissão. Mas pelo menos um parlamentar tem um certo acesso ao poder, ele está mais próximo e pode saber mais sobre o que acontece. Para mim, tanto no nível europeu como no nacional, ele é a ligação entre os cidadãos e aqueles que realmente detêm o poder. Por conseguinte, penso que um *blog* é muito útil nos dois sentidos. Henrik e eu apresentamos em nossos *blogs* o que acontece aqui. Jornalistas nos lerão, talvez, e transmitirão a história. Nenhum *blog* pode concorrer com as mídias tradicionais em termos de cobertura. Mas se você estiver realmente interessado em um determinado assunto poderá obter mais informações em um *blog* do que nas mídias tradicionais. Mas isso também vai no outro sentido. Quando recebemos uma proposta, ela chega sob a forma de um livro branco, um livro verde ou Deus sabe que cor escolhida pela comissão, e com frequência esse documento é muito técnico. É sempre assim na política: o demônio está nos detalhes. Às vezes é difícil localizar os elementos contestáveis depois de uma leitura superficial. Mas o *blog* permite divulgar a informação dizendo "Aqui está a proposta do comissário. Eu serei o relator do assunto. Você tem comentários?". Isso permite que as pessoas interessadas ou especializadas na matéria deem sua opinião. Acho muito útil.

Henrik: É muito interessante, pois uma grande parte desse trabalho se mistura com o WikiLeaks. Tomemos por exemplo o acordo SWIFT, que visa a transmissão de informações relativas às transações bancárias europeias aos caçadores de terroristas nos Estados Unidos. O Parlamento havia se oposto, mas os governos nacionais se opuseram aos parlamentares e o Parlamento teve de aprovar o acordo com suas modificações. Em seguida, descobrimos graças ao escândalo dos telegramas das embaixadas americanas que o governo sueco estava muito envolvido no caso. Como para o ACTA, que poderia reduzir a liberdade na internet. Esse acordo é negociado a portas fechadas. No final, o Parlamento deverá se pronunciar a favor ou contra, mas durante muito tempo a única fonte de informações sobre esses documentos seria o WikiLeaks.

Christian: Até eu, como parlamentar, tive de contar com os vazamentos para obter informações. É evidentemente um aspecto da União Europeia que acho totalmente inaceitável. Mas é a realidade.

Élise: Qual é a relação entre a política e a ação do WikiLeaks, de OpenLeaks ou outros fenômenos semelhantes? Você acha que eles têm uma ação política?

Henrik: Eles têm consequências políticas. Muita gente diz que Assange é um esquerdista ou que ele detesta os Estados Unidos ou não sei o que mais. Não penso que seja o caso. Creio que ele é simplesmente a favor da informação aberta e da transparência. E, claro, elas têm consequências. O vídeo *Collateral Murder* foi catastrófico para os Estados Unidos em termos de relações públicas. E a história do "Cablegate" agora... Tudo isso teve consequências políticas. Mas você também pode ver a ideologia da abertura por trás do WikiLeaks. Eu diria que se trata mais de uma questão filosófica que política. É uma espécie de pureza em termos de democracia. Escrevi outro dia um bilhete em meu *blog* onde lembrei que o elemento-chave a não se esquecer nessa história é que o WikiLeaks traz a verdade. Essa verdade pode ser incômoda, mas é o WikiLeaks que dá a verdade. São os políticos e os funcionários que mentem e tentam dissimular as coisas. É primordial não perder de vista esse elemento.

Élise: Você pensa que Julian Assange é um guerreiro da verdade?

Henrik: Sim.

Christian: Neste momento, é claro, os americanos o tratam como esquerdista. Eu não acredito nada nisso. Por exemplo, se você adotar o ponto de vista dos Verdes, já que nos sentamos com os Verdes, entre os documentos publicados havia muito sobre um escândalo ambiental na Costa do Marfim em que grandes empresas simplesmente despejaram grandes quantidades de substâncias altamente tóxicas. Do ponto de vista dos Verdes, esse vazamento, quando ocorreu, teria sido muito popular politicamente, pois punha em evidência os problemas ecológicos. Mas o WikiLeaks também publicou as mensagens eletrônicas do "Climategate", uma ação certamente muito menos popular junto aos Verdes. Segundo eu, isso demonstra que Assange busca apenas a verdade.

Henrik: Eu diria que é uma pessoa de extrema integridade.

Élise: Vocês acreditam que daria um bom político e que deveria se lançar na política?

Christian: Não. Não.

Henrik: Não. Não. Não.

Élise: E por que não?

Christian: Ele é um bom orador. Tem opiniões políticas interessantes a expor. Não acredito que ele se interessasse pelos compromissos cotidianos, característicos do jogo político. Eu o vejo mais como um ativista de coração que representa certas ideias. Penso que não gostaria de ser político.

Henrik: Se ele tivesse de seguir essa carreira, deveria ser como subsecretário-geral da ONU encarregado da internet e da comunicação aberta etc. Isso poderia funcionar. Mas a política no dia a dia é como nadar na geleia.

Élise: Vocês acham que o WikiLeaks e outros movimentos semelhantes deveriam se envolver de maneira tradicional na política? Isso é possível?

Henrik: As implicações seriam enormes.

Christian: Sim, a menor divulgação tem enormes implicações nesse campo. Por exemplo, em nível nacional, retivemos um telegrama que explicava as visitas de ministros suecos à embaixada dos Estados Unidos e que apresenta as conversas detalhadas sobre a aprovação de leis na Suécia que agradariam aos Estados Unidos. Isso estava nos telegramas divulgados. É uma informação política muito interessante em si mesma. Ela confirma o que o Partido Pirata dizia: "Vejam, o governo sueco é uma marionete dos americanos". Mas muitas pessoas pensavam que nós fôssemos partidários da tese do complô. E eis que é confirmado por um documento oficial da embaixada americana. Portanto, é claro que isso tem implicações. Mas eu espero que o efeito a longo prazo ainda mais interessante seria que, se os políticos do mundo inteiro começassem a perceber que não podem mais realmente ter segredos, talvez se tornassem honestos por necessidade.

Henrik:: Se eles não puderem escapar disso, não terão opção.

Christian: Estamos apenas no início desse processo.

Élise: Falemos de Julian Assange. Onde vocês o encontraram?

Christian: Eu o encontrei uma vez aqui em Bruxelas em junho de 2010. Ele veio como mediador de um seminário organizado pelo grupo progressista. Na saída desse seminário, muita gente desejava falar com ele, é claro. Nós queríamos lhe dizer que o Partido Pirata sueco estava disposto a ajudar o WikiLeaks em termos de cooperação técnica, serviços etc. Mencionei isso rapidamente, depois um jornalista fez uma entrevista conosco. Não tivemos muito tempo, mas ele foi à Suécia e visitou o Partido Pirata. Nós o ajudamos. Eu não o encontrei nesse momento, mas ele teve uma reunião com Rick Falkvinge, o presidente do partido na época, e Anna Troberg, a atual presidente. Eles almoçaram juntos. O objetivo principal era confirmar o fato de que nós, enquanto Partido Pirata, forneceríamos ajuda na transmissão de dados.

Somos apenas uma organização entre tantas outras que ajudam o WikiLeaks dessa maneira. Isso afetava principalmente a ajuda técnica que queríamos dar. Mas é claro que apoiamos o WikiLeaks em todos os aspectos. Quando uma pessoa como você me pergunta sobre o WikiLeaks, fico feliz em poder dizer que gosto muito dele.

Élise: E o que diz sobre a personalidade de Assange?

Christian: É preciso estar realmente concentrado em sua ação para se tornar um ícone internacional. E provavelmente ele não está muito interessado em todos os aspectos sociais que cercam qualquer projeto.

Henrik: Observamos muitas vezes isso entre as pessoas que estão concentradas em um projeto em particular, mas com frequência elas não têm atitudes sociais perfeitas. Para muitas pessoas é um pouco enervante. No que me diz respeito, estou acostumado a isso e aprendi a apreciar até as pessoas estranhas pelo que elas fazem.

Christian: Suponho que nossos caminhos vão se cruzar novamente. O Partido Pirata é um projeto político, como dizia Henrik, o braço político da internet.

Parte VIII
No coração da caverna

O homem que se considera determinado mascara sua responsabilidade.
– Jean-Paul Sartre

25
Herança

Julian Assange só conheceu seu pai biológico aos 25 anos. Desde então o encontrou algumas vezes. Julian Shipton, o estudante ativista dos anos 1960 pelo qual Christine Assange se apaixonou durante uma manifestação contra a guerra do Vietnã em Sidney – que se tornou arquiteto –, é descrito pelo filho Julian como um espírito rebelde dotado de uma inteligência aguçada, lógica e desapaixonada. Um amigo próximo o descreve "como um espelho que reflete a imagem de Julian".

A paternidade, a maternidade, o relacionamento afetivo são valores que Julian experimentou de maneira totalmente particular. Um pai ausente, uma mãe artista e ativista, um padrasto que preferia considerá-lo como adulto, mudanças incessantes, uma primeira união que fracassou ao fim de dois anos em uma peleja judicial que durou mais de cinco, um filho perdido e depois reencontrado.

Todas essas experiências marcam a criança em um nível mais profundo. Para *The First Post*, a psicanalista Coline Covington explica: "O único fator de estabilidade nos primeiros anos de Julian Assange era sua mãe. Com esse passado, seria surpreendente que mãe e filho não tivessem uma relação forte, especialmente durante os anos que passaram escondidos".

Christine decide ir para Londres em dezembro de 2010 para recriar esse laço com seu filho quando ele é preso; ela declara na escadaria do tribunal: "Estou novamente conectada com ele". Coline Covington prossegue: "Sem pais que tivessem condições de impor limites e reconhecer a vulnerabilidade de seu filho, não havia meios de conter o comportamento onipotente de Julian. [...] Quando a mãe idolatra seu filho, essa primeira experiência de onipotência continua sem intermediário, e o elo narcisista da criança com a mãe não se rompe. Mãe e filho continuam mantendo uma relação exclusiva da qual o pai está ausente. Isso pode levar a ter relações fugazes com mulheres, uma forma de se defender da relação sufocante com a mãe".

Julian Assange demonstra em suas relações com as mulheres a importância que lhes dá. Elas são necessárias para seu equilíbrio, estão presentes em seu caminho, mas ele rejeita a ligação. Covington vê aqui uma certa vingança contra a mãe, que o teria deixado cedo demais, duplicada pela dor sentida após a ruptura com sua primeira mulher.

A psicanalista vê também uma influência paterna. Primeiro na busca pela verdade como um desejo de se imiscuir no quarto dos pais, colocar-se entre o casal que ele nunca conheceu. Mas também em sua vontade de usurpar o papel do pai e de retomar a posse exclusiva sobre a mãe. Por outro lado, quanto à fecundação, Julian Assange vê em si uma certa legitimidade. Covington conclui: "Em seu desejo de relações sexuais não protegidas, Assange afirma seu direito de engravidar as mulheres – mesmo sem o consentimento delas. Mas não são mulheres com as quais ele tem relações sérias. Como seu pai desconhecido, ele também desaparecerá, provavelmente".

Julian possui uma missão pessoal, que não pode ser entravada por restrições familiares.

Circulam rumores sobre a múltipla paternidade de Julian Assange. Em um post de 22 de novembro de 2006, uma foto em seu *blog* mostra uma menina de 1 ou 2 anos, com este comentário: "Esses olhos – todas as fitas rosas da Terra não poderiam escondê-los".

Julian também teria tido uma ligação com uma mulher francesa, que teria dado à luz um menino em 2010. Se os rumores forem verdadeiros, essas mães permaneceram discretas diante da notoriedade de Julian. Elas poderiam ter saído da sombra. A mídia teria adorado suas histórias, e pagaria bem por elas. Duas hipóteses se apresentam então: elas não têm censuras a formular sobre o comportamento de seu ex-amante, ou seu rancor não vale a onda midiática que viveriam se fossem conhecidas.

E se elas nos contassem que Julian Assange, apesar da missão que se conferiu, assumia seu papel de pai?

Daniel, seu primeiro filho, pensa que a principal qualidade de Julian como pai é seu desejo de compartilhar seu conhecimento e conversar com o filho sem tratá-lo como criança. Durante uma longa entrevista para o *site* de investigação crickey.com, em setembro de 2010, Daniel declara: "A coisa que eu mais apreciei é que ele não me tratava como criança no que se referia ao conceito intelectual: ele me falava como se realmente desejasse que eu compreendesse a ideia como um todo". Daniel acrescenta: "Creio que ele me ajudou muito a compreender a natureza da realidade".

Daniel Assange nasceu em 26 de janeiro de 1990. Diplomado pela Universidade de Melbourne em genética, seguiu os estudos enquanto seu pai terminava os seus na mesma universidade. Cansado da genética, voltou-se para a informática. Foi programador em uma pequena empresa de programas de *marketing* dirigido (programas que otimizam *sites* e sua indexação nas máquinas de pesquisa). É apaixonado por música *new age*, literatura de ficção científica, filmes de animação e mangás. Culto, ateu, pontua suas reflexões com notas de humor no *blog* lemma.org.

Seu pai, Julian, durante o período de *globe-trotter* e até o lançamento do WikiLeaks, não foi muito presente. As relações pai-filho foram bastante distantes durante esses anos. Foi apenas em 2007 que Julian contatou o filho para lhe propor entrar na organização. Daniel não acreditava realmente no conceito e recusou. Desde então não teve mais contato com o pai. Mas continua orgulhoso e solidário. Segundo ele, seu pai quis sobretudo protegê-lo: "No que se refere ao fato de ele não ter me procurado na sequência, foi provavelmente em parte uma tentativa de me proteger [...] Se soubessem que eu era seu filho e que estava diretamente envolvido de certa maneira, talvez houvesse represálias diretas, e meu pai estava muito preocupado com isso".

Para ele, Julian é muito inteligente e tem todos os problemas típicos desse tipo de pessoa. Com frequência fica frustrado por trabalhar com indivíduos que não são capazes de acompanhar seu raciocínio e de ver as ideias que ele capta intuitivamente. Ele também pensa que sempre se interessou pelo ativismo político em geral, mas sempre teve ainda mais atração pela ciência, a filosofia e a busca do conhecimento, e acredita que esse conhecimento deveria ser acessível a todo mundo. WikiLeaks é o ponto culminante desses conceitos.

Daniel reflete sobre o caso sueco. Ele declarou na página de um amigo no Facebook, em agosto de 2010: "Esse homem tem jeito para ganhar mulheres e inimigos". O *New York Post* utilizou essa mensagem em um de seus artigos sem encontrar pessoalmente o jovem Daniel. Confrontado no jogo da mídia, ele questiona a ética do jornal e prefere transmitir seu próprio sentimento: "Parece-me que é apenas uma espécie de mal-entendido cultural ou uma falha social geral da parte de meu pai ou das mulheres que o levaram a essa situação".

Hoje, adulto que observa a obra do pai, o filho diz: "Seu comportamento como indivíduo e seu comportamento no plano político são coisas completamente separadas, e deveriam ser consideradas nesse sentido".

AFP / Photographer: AFP/Stringer

A parlamentar islandesa Birgitta Jónsdóttir, advogada da liberdade da informação, fornece uma entrevista próximo ao Parlamento islandês em Reykjavik em 3 de agosto de 2010.

Christine Assange, mãe do fundador da WikiLeaks, chega a Real Corte de Justiça em Londres. Dezembro de 2010.

Getty Images News / Photographer: Dan Kitwood

Julian Assange deixa a Corte Suprema de Londres no dia 16 de dezembro de 2010. A Corte posteriormente libertou-o sob fiança.

AFP / Photographer: Karen Bleier

Daniel Ellsberg, ex-analista militar famoso pelo caso dos *Documentos do Pentágono*, é fotografado durante uma manifestação pela paz em frente a Casa Branca. Dezembro de 2010.

Christine Assange durante a Marcha do Biquíni em Melbourne, Austrália,

Vaughan Smith, fundador do Frontline Club, ao deixar a Corte Belmarsh de Magistrados em Londres, após apoiar Julian Assange no dia 11 de janeiro de 2010.

Getty Images News / Photographer: Oli Scarff

Julian Assange chegando à Corte de Belmarsh em Londres em 11 de fevereiro de 2011, acompanhado por sua advogada, Jennifer Robinson, e seu porta-voz, Kristinn Hrafnsson.

Collection: AFP / Photographer: Carl Court

Julian Assange deixa a corte de Londres acompanhado por um dos seus advogados, Geoffrey Robertson, no dia 11 de fevereiro de 2011.

Getty Images News / Photographer: Peter Macdiarmid

Mark Stephens, um dos advogados de Julian Assange, fala com os jornalistas em frente à Corte Belmarsh de Magistrados em Londres, no dia 24 de fevereiro de 2011.

AFP / Photographer: Ben Stansall

Julian Assange e sua advogada Jennifer Robinson chegam à Corte Belmarsh de Magistrados em Londres, no dia 24 de fevereiro de 2011.

Getty Images News / Photographer: Peter Macdiarmid

Polícia contém manifestantes pro-Assange em frente à Corte Belmarsh em Londres, no dia 24 de fevereiro de 2011.

Namir prestes a colocar a câmera sobre o ombro.

Saeed falando ao telefone.

Pode matá-los.
Vamos, fogo!

Vamos!

Vamos!

← Corpo de Saeed

Tudo bem. Eram aproximadamente quatro ou cinco indivíduos nessa van... então conto entre doze e quinze.

http://photos.hackinthebox.org

Julian Assange, em boa companhia, na conferência Hack In The Box (HITB) em Kuala Lumpur, Malásia, 2009.

Rickard Falkvinge, líder do Partido Pirata sueco.

Getty Images News / Photographer: Sean Gallup

Daniel Domscheit-Berg, ex-colaborador do Wikileaks/Assange, na conferência Chaos Computer Club em Berlim realizada em dezembro de 2010.

26

As sombras de Assange

12 de julho de 2006: A verdade na página e fora dela
A verdade não se encontra na página, mas é um gênio incontrolável que surge lá, do espírito do leitor, por motivos que lhe são próprios.

Julian Assange gosta de filosofar sobre temas que lhe agradam. Em seu *blog* IQ.org, em julho de 2006, elabora teorias sobre a verdade subjetiva da justiça diante da realidade lógica de um axioma:

Você pode mostrar de modo irrefutável que (A=>B) e (B=>C) e (C=>D) e a justiça aceita, mas quando você reivindica seu coup de grâce *de modo irrevogável A=>D, a justiça balança a cabeça e revoga o axioma de transitividade, que para a justiça não pode ser dito. A transitividade funciona quando a justiça decide por motivos emocionais que A=>D é agradável.*

Para ele, a verdade é lógica e deve repousar sobre esses postulados, sem o que ela se torna "um maremoto de madeira esmagada, detritos e marinheiros que se afogam".

No entanto, a mesma transitividade é usada diversas vezes por todos os teóricos da conspiração a propósito de Julian Assange e do WikiLeaks.

São muitos a elaborar possíveis ligações entre a organização e complôs político-militar-financeiros.

Por exemplo, os Estados Unidos e Israel conduzem há anos uma campanha mundial contra o Irã, e buscam todos os meios possíveis para balançar a opinião pública. (A=>B). Mas os telegramas diplomáticos apresentados pelo WikiLeaks abalam a opinião mundial e revelam verdades que alguns não ousavam dizer publicamente no nível dos testes nucleares iranianos (B=>C). O WikiLeaks não seria um meio para os Estados Unidos e Israel atingirem seus fins? (A=>C).

Do mesmo modo, o *site* de Wayne Madsen, ex-oficial da marinha americana transformado em jornalista e comentarista sobre questões de segurança nacional, revela um projeto da CIA de 20 milhões de dólares cujo objetivo é dar meios a dissidentes chineses para simular ataques em sistemas de informática americanos provenientes da China, para aumentar o medo do risco de guerra eletrônica (A=>B). Mas o WikiLeaks, cujo objetivo é divulgar informações confidenciais dos países, incluindo os Estados Unidos, baseia sua comunicação na representação majoritária de dissidentes chineses em seu comitê consultivo (B=>C). A imprecisão em torno desse comitê e os debates sobre a segurança nacional enfraquecida pela internet poderiam fazer pensar que o WikiLeaks finalmente faz parte de um projeto patrocinado pela CIA que visaria justificar medidas de restrição à liberdade na internet (A=>C).

Esse axioma de transitividade dá lugar a todas as teorias sobre o WikiLeaks. Mas elas são verdadeiras? Se algumas podem parecer grotescas, outras só serão desmentidas pela história. Uma coisa é certa, porém: nada é feito para diminuir os mistérios que pesam sobre Julian Assange, deixando lugar para a imaginação e para uma criatividade transbordante na interpretação dos fatos.

A suposição mais documentada continua sendo a relação entre o WikiLeaks e George Soros, o homem de negócios e filantropo que dirige a Open Society Institute (OSI, ou Instituto Sociedade Aberta), organização que promove a democracia no mundo. Wayne Madsen estabeleceu diversas coincidências que ligam as ações desse bilionário americano às do WikiLeaks.

Um vazamento revelando os dados de campanha do senador republicano Norm Coleman teria servido amplamente a seu adversário, o democrata Al Franken, apoiado por Soros.

Um membro do OSI participou de uma conferência europeia sobre mídia e novos serviços de comunicações em maio de 2009 ao lado da ministra da Cultura islandesa. Foi somente depois dessa conferência que a ideia da Iniciativa de Mídia Moderna Islandesa (IMMI) surgiu para Julian Assange.

A lista de alegações é longa: em janeiro de 2008, o WikiLeaks publica os extratos bancários de 1.600 clientes do Julius Baer Group, o maior banco suíço de administração de capitais. Esses detentores têm uma conta em uma filial nas ilhas Caimã. O banco tenta então uma ação na justiça e depois retira a queixa, diante da impossibilidade de eliminar as informações difundidas em *sites*-espelho. O ataque do Julius Baer Group teria sido a ocasião para uma oferta pública inicial de parte do banco Goldman Sachs, ligado ao fundo Quantum, de George Soros.

Mesmo que os resumos possam parecer rápidos, a única defesa de Julian Assange será dizer a propósito de Wayne Madsen: "Parece mais um caso [sendo o primeiro John Young, N.d.A.] de alguém que foi fantástico alguns anos atrás, mas que começou recentemente a ver conspirações em toda parte. Para os dois, sem dúvida por causa da idade". John Young tem 74 anos e Madsen, 57. É surpreendente dizer isso para alguém que construiu seu sistema de verdade para combater as conspirações que vê por toda parte.

Julian não gosta de ser contrariado e prefere se livrar de seus opositores com um gesto de mão. Ele não gosta de se justificar. A psicanalista Coline Covington comenta que, "para afirmar sua inocência, ele acusa os outros de abuso de poder. Faz referência [...] a 'investigações conduzidas em segredo' e 'campanhas de difamação' lançadas contra si. Suas acusações demonstram uma paranoia que confirma sua ansiedade de que seus próprios ataques sejam voltados contra ele. [...] Ele pode se tornar então o filho mártir que é abusado pelo pai-herói e vítima ao mesmo tempo".

Esse registro paranoico se encontra nas entrevistas de Julian. Ao *site* de investigação motherjones.com, ele conta em junho de 2010, em detalhes, que seis homens entraram na residência onde ele dormia em Nairóbi, Quênia, e o deitaram no chão. Graças a seus gritos, os seguranças da residência chegaram e fizeram os assaltantes fugirem. Ele declara ao jornalista que eles vieram por sua causa, sem explicar por que motivo.

Diversas vezes ele contou o caso de uma emboscada realizada em 2009 contra um de seus sócios no grão-ducado de Luxemburgo. Em um estacionamento coberto, um homem com sotaque inglês, usando terno "à James Bond" – portanto um suposto membro dos serviços secretos britânicos –, teria feito perguntas sobre a organização e instado o sócio a dizer mais... tomando um café. Aí também Julian deixa pairar o mistério. Assim como quando sentiu que dois agentes o vigiavam em um voo para a Islândia, ou quando se disfarçou de mulher idosa em Londres para escapar "de outros agentes".

O problema de todas essas declarações é que elas raramente são verificáveis, e algumas vezes vêm embaralhadas ou contraditadas em outras declarações. Ao garantir sozinho a comunicação de uma empresa tão inovadora e controversa como o WikiLeaks, Julian infelizmente entra em contradição com frequência.

Da mesma forma, em suas alianças o líder do WikiLeaks surpreende.

Em seu comitê consultivo, a maioria dos nomes citados tem, de perto ou de longe, relações com instituições governamentais americanas (NED, Radio Free Asia...). Finalmente, essas relações se revelaram caducas depois das declarações vagas dos principais interessados. Então por que exibir essas alianças?

O comitê consultivo tem como principal objetivo demonstrar a respeitabilidade da organização. Para atrair a benevolência de quem? Quem pode se tranquilizar com esse tipo de relação?

Nos membros do WikiLeaks, em seguida. Um rumor, confirmado posteriormente em uma entrevista de Kristinn Hrafnsson em dezembro de 2010, tratou do envolvimento de Israel Shamir no WikiLeaks para as relações com a imprensa russa.

Esse jornalista *free-lance* se fez notar várias vezes por suas declarações negacionistas e antissemitas. Como Julian Assange pode se permitir tal aliança? Ele, que, durante seu discurso no Fórum da Liberdade 2010, em Oslo, denunciou os Estados Unidos e beirou a comparação com os nazistas ao comparar os *slogans* exibidos em Auschwitz e em Guantánamo: *arbeit macht frei* – o trabalho traz liberdade, em Auschwitz; *honor bound to defend freedom* – a honra dedicada à defesa da liberdade, em Guantánamo.

Segundo uma pesquisa da rádio pública sueca, Israel Shamir é responsável por selecionar os telegramas diplomáticos do WikiLeaks e distribuí-los a seus contatos na imprensa russa. Como defender, então, a neutralidade quando se confia a intermediação a pessoas tão controversas?

Além disso, as opções de Julian Assange por seus parceiros de imprensa muitas vezes foram criticadas por uma certa opinião pública, que lamentava a orientação ocidentalista desses grandes grupos de imprensa, e pelos próprios parceiros, que tiveram muita dificuldade para compreender suas mudanças de orientação, os acordos pessoais com novos parceiros, suas reações problemáticas e a vontade de controlar tudo.

A tarefa não é fácil. Daniel Domscheit-Berg declarou ao deixar a organização: "Havia gargalos demais no WikiLeaks... Existe demasiada concentração de poder em uma só organização, responsabilidades demais".

É preciso confessar que os fundamentos do WikiLeaks evoluíram em três anos. Em 2006, a ideia fundadora se baseia em uma iniciativa tecnológica que repousa seu funcionamento nos fundamentos da Wikipédia e na famosa "sabedoria das multidões", descrita por James Surowiecki em seu *best-seller* homônimo. Um conhecimento totalmente descentralizado, aberto, independente, com uma ética compartilhada e repousando sobre nenhuma instituição. Muito rapidamente, as dificuldades, as pressões e as ambições levam a uma centralização das decisões cada vez mais personalizada, uma revisão unilateral do conteúdo com uma divulgação editorializada. Entretanto, a base permanece, sendo o fundamento do WikiLeaks divulgar ao máximo o maior número de informações fornecidas pelas fontes.

Mas quem são essas famosas fontes?

Julian Assange abordou os "lançadores de alertas". Durante seu combate, ao lado de sua mãe, pela guarda de seu filho Daniel, ele fez campanha com esta no governo para encontrar informantes. Mais tarde ele frequenta uma associação de "lançadores de alertas", a Whistleblowers Australia. Assange conhece essas pessoas, que, como Ellsberg, percebem um dia que a rotina profissional que os apaixonou durante algum tempo está derrapando para uma situação cada vez mais insuportável. O WikiLeaks é criado para eles, para que um Rudolf Elmer, que chegou ao ápice da incompreensão em sua empresa, decida denunciar as fraudes fiscais orquestradas por seu banco, o Julius Baer Group.

O sistema pretende ser aberto a todos esses informantes, garantindo-lhes a segurança e o anonimato. É nesses dois pontos que o WikiLeaks recebe mais ataques.

Aberto a todos, sem ter certeza de onde vêm. De repente, algumas informações podem ser recusadas por motivos objetivos ou não. Sobretudo, as informações podem ser empurradas para o WikiLeaks com objetivos ocultos. Uma entrevista de 29 de novembro de 2010 sobre a rede americana PBS, de Zbigniew Brzezinski, ex-conselheiro de Segurança Nacional durante a presidência de Jimmy Carter, revela seu ponto de vista de especialista. Ao analisar o teor dos vazamentos e a orientação dos possíveis impactos, Brzezinski, que continua sendo um dos homens mais informados dos Estados Unidos, declara: "Não duvido de que o WikiLeaks receba muitas informações de parte de fontes relativamente pouco importantes, como a que talvez seja identificada nas ondas. Mas por aí mesmo o WikiLeaks também pode obter coisas provenientes de comunidades de inteligência que querem manipular o processo e atingir certos objetivos muito específicos".

Essa ideia remonta a tempos mais antigos, pois o coronel da força aérea americana Leroy Fletcher Prouty, conhecido por suas atividades na CIA (ele inspirou o personagem Mister X no filme *JFK*, de Oliver Stone), disse sobre Daniel Ellsberg: "Existe outra categoria de escritores, que se autoproclamam autoridades em termos de serviços secretos. Esse homem é o parasita profissional e hipócrita que ganha sua reputação como repórter ao disseminar fragmentos de verdades divinas lançadas a ele pelos grandes homens que o utilizam. Esse escritor sabe, e raramente se preocupa com isso, que a maioria dos fragmentos com os quais desenha sua matéria foram semeados, são vazamentos controlados, e que ele é utilizado e glorificado porque utilizado, pelo interior da comunidade de serviços secretos".

Ao garantir a segurança e o anonimato das fontes, John Young defende a ideia de que não há segurança na internet, e Madsen chega a dizer que Tor, o sistema de anonimato utilizado pelo WikiLeaks, tem algumas falhas que permitem obter informações pessoais. Entretanto, as únicas fontes reveladas dos vazamentos do *site* não foram identificadas pelas forças governamentais. Rudolf Elmer já se havia feito conhecer em 2005, ao enviar seus arquivos à imprensa suíça antes de contatar o WikiLeaks em 2008. Bradley Manning foi denunciado por um correspondente de discussão na internet.

A única acusação verdadeira que pode ser feita contra Julian Assange referente à gestão de sua empresa é aquela sobre a qual muitos se unem. Seus parceiros, seus primeiros apoiadores, como John Young, alguns de seus sócios, como Daniel Domscheit-Berg e talvez outros, como esse misterioso *WikiLeaks insider* que denuncia através de *e-mails* enviados à Cryptome as ações internas do WikiLeaks. Assange tomou sozinho as rédeas do destino do WikiLeaks para satisfazer sua ambição pessoal.

Seu objetivo é chegar ao topo o mais rápido possível, por todos os meios. Ele, que citou em seu *blog* um poema dos irmãos Ethel e Julius Rosenberg (executados em 19 de julho de 1953 por espionagem contra os Estados Unidos):

De todo modo, fizemos aquilo em que acreditamos:
Traição, sim, talvez, mas por uma boa causa.
A história julgará por suas próprias leis.

27

Ondas de choque

MANNING: Passei tanto tempo isolado... Eu queria apenas ser um cara de bem e viver uma vida normal... Mas sempre os acontecimentos me obrigavam a encontrar um meio de sobreviver... esperto o suficiente para compreender o que acontece, mas desarmado quando é preciso fazer alguma coisa... Ninguém nunca prestou atenção em mim.

Eis as primeiras frases que Bradley Manning escreveu em 22 de maio de 2010 para um *hacker* que se tornou seu confidente. Trata-se de Adrian Lamo, que de confidente assumirá o papel de denunciante, entregando Manning às autoridades alguns dias depois. Quando redigiu essa correspondência, Manning está muito mal, cansado, ansioso, revoltado. A organização WikiLeaks entregou ao público o filme *Collateral Murder* em 5 de abril.

Bradley Manning nasceu em 1987. Ele se distingue desde cedo por sua singularidade. Seu pai, militar, é um homem muito severo, sempre ausente do domicílio conjugal. Sua mãe é de origem galesa. Não suportando o modo de vida americano, ela parte com Bradley para o Reino Unido depois de se divorciar, em 2001. Bradley continua os estudos no País de Gales na Tasker Milward School. Tom Dyer, um de seus colegas, diz: "Ele sempre teve uma mentalidade de 'reparador de erros'. Já era assim na escola. Se alguma coisa estava errada, ele exprimia seu desacordo. Teve até altercações com os professores quando encontrava alguma coisa injusta".

Depois da escola, sua mãe o envia para junto de seu pai nos Estados Unidos, mas, ao saber de sua homossexualidade, o pai o expulsa de casa. Entregue à rua, ele passa a viver em um carro, consegue pequenos trabalhos nos quais, às vezes, se distingue pelos acessos de raiva. Emprega-se brevemente em uma pequena companhia de informática. O diretor se lembra desse jovem de faces arredondadas e olhar claro como de um menino muito dotado para a programação, mas com "a personalidade de um elefante em uma loja de louças".

Em 2007 ele se inscreve no exército, sob os conselhos de um amigo, esperando ali encontrar seu lugar. Ele é reconhecido por sua competência em termos de informática. Trabalha então no Iraque, como agente da seção "Intel" de informações. Manning tem dificuldade para esconder sua homossexualidade, embora devesse fazê-lo em virtude da lei *Don't ask, don't tell* [Não pergunte, não conte]. Essa lei, em vigor desde 1993, seria abolida pelo presidente Barack Obama em dezembro de 2010, passando a permitir que qualquer pessoa sirva a seu país independentemente da orientação sexual. Antes, a legislação impedia que alguém que servisse ao exército divulgasse sua opção sexual ou mesmo falasse sobre casamento entre pessoas do mesmo sexo ou de homoparentalidade. O exército, por sua vez, não tinha autorização para fazer pesquisas sobre a vida íntima dos recrutas, sabendo que a lei continuava a proibir que qualquer pessoa que "demonstre propensão ou intenção de se envolver em atos homossexuais" servisse no exército americano, pois isso "criaria um risco inaceitável contra os altos padrões morais, a ordem, disciplina e coesão que formam a essência das capacidades militares".

Na caserna, Manning é objeto de comentários, zombaria, vexações. Ele é suspenso em abril de 2010 por causa de uma discussão com outro militar e é demitido de suas funções no serviço de informações. Sente-se muito mal desde esse momento e escreve para Adrian Lamo:

MANNING: Eu me encho de medicamentos quando não trabalho como louco no centro de serviço (é lá que estou agora, porque me desembarcaram; oficialmente não estou mais na Intel).

MANNING: Eu quero apenas divulgar essas informações... não quero ser cúmplice.

MANNING: Não consigo acreditar no que estou lhe contando...

Depois da postagem do vídeo *Collateral Murder* e da onda de choque que ele provocou, dois ex-soldados americanos da companhia Bravo 2-16 escrevem uma carta aberta à população iraquiana.

Ethan McCord é o soldado que tirou as crianças do caminhão. Em abril de 2010 ele fala diversas vezes sobre o que viveu no Iraque em julho de 2007, depois do ataque dos helicópteros: "Fomos os primeiros a chegar. Em um canto, vi imediatamente o que deviam ter sido três homens. Fiquei realmente abalado. Eles não tinham mais forma humana. Sei que haviam sido, mas a carnificina que eu tinha sob os olhos não parecia com nada. E havia o odor. Uma coisa que eu nunca havia sentido. Uma mistura de matéria fecal, urina, sangue e fumaça. E uma coisa indescritível. Ao lado deles havia uma **RPG** e um **AK-47**[13]. Soluços; ouço choro. Não soluços de dor, mas como se fosse uma criança que despertasse de um terrível pesadelo. Só então notei a caminhonete de onde parecia vir o choro. Com um soldado de cerca de 20 anos, aproximei-me do veículo; e examinamos o interior. O soldado recuou brutalmente e começou a vomitar antes de se afastar correndo. Era uma menina de cerca de 4 anos sentada no banco do passageiro. Ela estava gravemente ferida no ventre e coberta de cacos de vidro".

McCord ainda tira da caminhonete uma criança de 7 anos que à primeira vista pensou estar morta. Ele corre para o caminhão militar, que leva a menina para o hospital, rezando para que não morra. O menino desmaia em seus braços. Ele o instala o melhor que pode no caminhão quando o líder da patrulha grita: "Você está louco, McCord? Pare de arriscar a vida por essas crianças imbecis e ponha-se em segurança". "Certo, chefe", ele responde maquinalmente e corre para se proteger.

De volta à base, sozinho em seu quarto, Ethan tenta limpar o uniforme manchado com o sangue das crianças. Esfrega energicamente, como se quisesse que as imagens que acaba de ver se apagassem de sua memória. Mas não adianta: as manchas continuam na roupa. Ele está desamparado. Procura o sargento para pedir ajuda psicológica.

Ele conta assim a reação de seu comandante à revista *Wired*, periódico de San Francisco que se concentra na incidência de tecnologias nos domínios da cultura, economia e política: "Trataram-me como afeminado e me aconselharam a adotar um perfil discreto; disseram muitos outros horrores. Também me disseram que haveria repercussões se eu tivesse de ir para o serviço de saúde mental. Eles te liquidam, te esgotam. Me disseram para ser menos 'CDF'. Assim, adotei um perfil discreto e tentei pensar em outra coisa.. Diagnosticaram uma neurose pós-traumática crônica".

A ajuda psicológica solicitada não lhe é concedida. Então ele percebe que faz parte de um sistema que não consegue mais aceitar. Depois da difusão do vídeo *Collateral Murder*, ele decide, com seu colega Josh Stieber, escrever uma carta à população iraquiana. Essa carta é publicada no *site* dos veteranos do Iraque contra a guerra:

A todos aqueles que foram feridos ou perderam entes queridos durante os tiros efetuados em julho de 2007 em Bagdá e que são mostrados no vídeo intitulado "Collateral Murder",

---

13 – AK-47: fuzil de assalto, também chamado Kalachnikov.

postado pelo WikiLeaks, dirigimos esta carta. A vocês, a seus parentes e a sua comunidade, perfeitamente conscientes de que ela não pode reparar as perdas que vocês sofreram.
[...]
Somos dois soldados que passamos 14 meses na região onde vocês vivem. Ethan McCord tirou suas crianças da caminhonete, tendo na mente o rosto de seus próprios filhos. Josh Stieber era membro da mesma companhia. Embora ausente naquele dia, ele estima ter contribuído em diversas ocasiões para sua dor e a de sua comunidade. Não há nenhum meio de trazer de volta o que foi perdido.
Nossa experiência pessoal e a de outros veteranos com os quais cuidamos desse caso nos permitem afirmar que o que vemos no vídeo ocorre cotidianamente durante essa guerra e testemunha a maneira como os Estados Unidos conduzem o combate na região.
[...]
Afirmamos que nossa reputação não é nada comparada a nossos valores humanos comuns. Pedimos a nossos colegas veteranos, ao soldados ativos e aos civis nos Estados Unidos e no estrangeiro que apoiem esta carta e se façam conhecer em nome de nossos valores humanos comuns, distanciando-se da política destruidora conduzida por nossos dirigentes e estendendo a mão a vocês.
[...]
É claro que a amizade não pode nascer de tempos de dor. Queiram simplesmente aceitar nossas desculpas, nosso lamento, nossas condolências e a garantia de nossa determinação a provocar uma mudança radical.
[...]
Solene e sinceramente,

Josh Stieber, ex-especialista do exército americano
Ethan McCord, ex-especialista do exército americano

Manning entrega as imagens dessa tragédia ao WikiLeaks em fevereiro de 2010. Em 25 de maio ele continua conversando com seu novo amigo, Adrian.

MANNING: O incidente ocorreu em 2007. Vejo o vídeo em 2009 sem contexto, pesquisas, transmito informação ao grupo militante pela liberdade de informação, outras pesquisas, vídeo sai em 2010, as pessoas envolvidas saem da hierarquia para discutir o incidente, eu vejo as pessoas saírem para discutir em público, os adiciono até a meus amigos no Facebook... sem que saibam quem eu sou.

MANNING: Afetam a minha vida, eu afeto a vida deles, eles afetam novamente a minha vida... um círculo sem fim.

Enquanto Bradley Manning se expande sobre seus sentimentos, Adrian Lamo satisfaz sua curiosidade. Bradley confia e responde:

Lamo: ...você não se preocupa que o CID [Departamento de Investigação Criminal do Exército] meta o nariz nas suas histórias no Wiki? Eu era sempre paranoico.

Manning: O CID não abriu investigação. O Departamento de Estado vai ficar furioso... mas não creio que eles sejam capazes de chegar à fonte de tudo... portanto, isso causou prejuízos para a população, mas não intensificou os ataques ou a retórica...

Lamo: Por que seu trabalho lhe permite ter acesso às informações?

Manning: Porque eu tenho um cargo...

Manning: Eu tinha dois computadores... um conectado ao SIPRNET (Secret Internet Protocol Router Network, onde ficam os telegramas), o outro ao JWICS (Joint Worldwide Intelligence Communications System, utilizado pelo Departamento da Defesa e o Departamento de Estado para transmitir informações secretas)...

Lamo: Então você os colocou em local seguro?

Manning: Não, são portáteis do governo.

Manning: Eles foram reinicializados.

Manning: Por causa da retirada.

Manning: As provas foram suprimidas... pelo próprio sistema...

Manning: Elas foram armazenadas em um servidor central...

Lamo: E qual é seu plano para terminar a festa, agora?

Manning: Debates em nível mundial, eu espero, e reformas.

Manning: Se não... então estamos fodidos.

Manning: Eu não acreditarei mais em nossa sociedade se nada acontecer.

Manning: As reações ao vídeo me deram esperanças imensas.

Manning: Quero que as pessoas vejam a verdade... seja quem for... porque sem informação o público não pode tomar decisões com conhecimento de causa.

Manning: "Se eu soubesse então o que sei hoje"... esse tipo de sentimento...

Manning: Mas talvez eu seja apenas jovem, ingênuo e idiota...

Ainda em 25 de maio, Manning volta ao fato que o levará mais tarde a entregar as imagens ao WikiLeaks:

Manning: Eu vigiava 15 prisioneiros capturados pela Polícia Federal iraquiana... porque eles imprimiam "documentos anti-iraquianos"... a Polícia

Federal iraquiana não queria cooperar com as forças americanas, então me encarregaram de examinar a situação, de saber quem eram os "maus", e em que medida era importante para os policiais iraquianos... no caso, eles tinham imprimido uma crítica um pouco universitária ao primeiro-ministro Maliki... foi um intérprete que leu para mim... e quando eu percebi que se tratava apenas de uma crítica política tímida, intitulada "Para onde foi o dinheiro?", e que seguia uma rede de corrupção no gabinete do primeiro-ministro... corri diretamente com a informação para o oficial para lhe explicar de que se tratava... ele não quis escutar... me disse para me calar e explicar de que maneira podíamos ajudar a Polícia Federal iraquiana a fazer outros prisioneiros...

MANNING: Depois disso, tudo derrapou... comecei a ver as coisas sob outro ângulo.

MANNING: Eu sempre havia tido um olhar crítico para a maneira como as coisas se passavam e tentei descobrir a verdade... mas lá eu estava envolvido em alguma coisa... era cúmplice ativo de alguma coisa à qual eu me opunha totalmente...

É com esse olhar transformado que Bradley Manning prossegue em seu trabalho. É muito fácil transferir dados da base para o exterior. Seus colegas de escritório podem vir com pilhas de CDs de música. É muito simples trazer um CD regravável com o rótulo "Lady Gaga", por exemplo, apagá-lo e gravar ali dados escolhidos. Não praticam revistas corporais. A porta tem um código de cinco números, mas basta bater para que alguém abra. A maioria que chega a seus postos de trabalho assiste a vídeos, corridas de carros, explosões de prédios e copiam CDs e DVDs.

A parte mais difícil e a mais discutível está na cópia de dados secretos. Manning sabe disso, mas tem a impressão de que não existe outra opção. Está emocionalmente tocado. Os oficiais de informações deixam dados não protegidos em um servidor.

Ele se preocupa com eventuais represálias e "pergunta ao oficial da Agência de Segurança Nacional se este pode localizar atividades suspeitas nas redes locais... este levanta os ombros e responde: 'Não é uma prioridade'". Manning julga do modo seguinte o sistema de segurança: "Servidores pouco seguros, atualização pouco segura, proteção física fraca, contraespionagem fraca, análise de sinais pouco profunda... tudo está pronto para uma tempestade".

É simples para alguém como ele. Ele se explica assim para Lamo: "Se eu fosse mais mal-intencionado, poderia vender tudo à Rússia ou à China e ganhar muito dinheiro". Quando Lamo lhe pergunta por que não fez isso, ele responde ao *hacker*: "Porque isto pertence ao domínio público. Quer dizer, os telegramas", explica Manning. "A informação deveria ser livre."

Sobre as imagens do helicóptero, à primeira vista ele pensou que fosse apenas um caso habitual, "mas alguma coisa me pareceu bizarra nessa história de caminhonete... e o fato de que isso se encontrasse no repertório de um oficial JAG (Juiz Advogado-Geral)... então eu dei uma olhada... depois procurei a data, depois a coordenada GPS exata... e isso me... está bem, veja então o que aconteceu... legal... depois fui para a internet clássica... e aquilo ainda girava em minha cabeça... então eu digitei no Google... a data, o lugar... e encontrei isto:

http://www.nytimes.com/2007/07/13/world/middleeast/13iraq.html".

Ele vê a reportagem do *The New York Times* datada de meados de julho de 2007 sobre o caso da explosão de uma caminhonete, com foto. O artigo conta: "Na quinta-feira à noite, as forças americanas anunciaram em um comunicado que 11 pessoas foram mortas, nove insurgentes e dois civis. Segundo o comunicado, durante uma blitz, tropas americanas foram alvo de armas portáteis e de lança-foguetes. As forças americanas chamaram reforços e helicópteros de ataque. Durante o incidente, prossegue o comunicado, dois empregados da Reuters e nove insurgentes foram mortos. Não há qualquer dúvida de que as forças da coalizão estavam claramente envolvidas em operações de combate contra uma força hostil, declarou o tenente-coronel Bleichwehl, porta-voz das forças multinacionais em Bagdá".

Manning continua impregnado por essa reportagem até que envia as imagens em seu poder para o WikiLeaks. Manning descarrega então todo o "material" original: as imagens do ataque pelo helicóptero em Bagdá, os telegramas diplomáticos, as informações sobre a detenção de prisioneiros em Guantánamo e também as imagens de uma missão no Afeganistão que se referem a um ataque militar que deixou 140 vítimas civis.

Qual seria o motivo que leva Manning a confiar assim em Lamo? Ele se sente só. Quer passar informações que não pode mais guardar, e seu ato, que poderá ser considerado traição pelo governo, é também um segredo difícil de carregar.

Lamo já sabe muito sobre as ações de Manning e sobre seu estado de espírito. Depois de dois dias de conversa, ele já está em contato com as autoridades?

Lamo se interessa rapidamente pela relação entre Manning e Assange. O jovem militar explica que levou quatro meses para concluir que a pessoa com a qual trocava informações era o próprio Julian Assange. Seu interlocutor desconfiava.

Ele lhe diz que era vigiado por uma equipe da segurança diplomática da Europa do Norte. Tentava compreender quem o seguia e por quê. Manning o questionou sobre isso. Seus perseguidores buscavam descobrir como ele recebeu um telegrama diplomático de Reykjavik. Este, que valeu o lugar do embaixador islandês nos Estados Unidos, era na verdade o primeiro vazamento-teste enviado por Manning.

As perguntas de Adrian Lamo se tornam mais precisas em 25 de maio. Ele pergunta a Manning se sabe que o CID do exército vai investigar o WikiLeaks. Este lhe responde que não há qualquer prova de suas atividades e que tudo foi apagado de seu computador. Lamo tenta ainda saber como Assange e os membros do WikiLeaks se comunicam com o jovem soldado. Depois de um certo número de perguntas, Manning acaba por escrever: "Ele 'poderia' utilizar o servidor ccc.dejabber... mas não fui eu quem lhe disse isso".

Manning relativiza em seguida a gravidade de seu gesto: ele conta que o jornalista e escritor David Finkel estava há vários anos de posse das imagens entregues a Assange. Finkel, prêmio Pulitzer 2006 por seu trabalho no *Washington Post*, relatou no livro *Bons Soldadinhos* seu período de vários meses em Bagdá com o batalhão conhecido por 2-16 Rangers. A companhia de que Ethan McCord e Josh Stieber faziam parte estava presente para estabilizar uma parte da capital iraquiana. David Finkel, protegendo suas fontes, nunca confirmou ou desmentiu essa declaração.

As últimas frases trocadas pelos dois em 25 de maio de 2010 são eloquentes. Manning fala de si mesmo. Lamo tem uma ideia clara sobre o WikiLeaks:

> **MANNING:** Eu não poderia ser espião...
> **MANNING:** Os espiões não publicam o que sabem à vista de todo mundo.
> **LAMO:** Por que não? O WikiLeaks daria uma cobertura perfeita.
> **LAMO:** Eles divulgam o que é inútil.
> **LAMO:** E guardam o resto.

Adrian Lamo é muito conhecido nos Estados Unidos, onde é apelidado de "*hacker* sem-teto". Percorreu os Estados Unidos dormindo em casas de conhecidos, em hotéis bolorentos ou imóveis abandonados. Suas piratarias foram cometidas muitas vezes a partir de cibercafés. Deve seu renome ao fato de ter-se introduzido nas redes de empresas muito conhecidas como *The New York Times*, Yahoo e Microsoft, ou mesmo o Bank of America.

Em 2004 ele se confessa culpado pelas acusações feitas contra ele. É condenado a pagar 65 mil dólares e à prisão domiciliar na casa de seus pais durante seis meses, com dois anos de condicional. Tem então 23 anos.

Segundo um artigo publicado no *site* Cryptome, Adrian Lamo faz contato com as autoridades em 22 de maio. A partir dessa data, trabalha em colaboração com as autoridades federais para apanhar Manning. Lamo explica alguns dias depois: "Tive dificuldade para tomar a decisão de denunciá-lo, uma das decisões mais difíceis que tomei na vida. Também fui preso [mais ou menos] na idade dele, sei como é".

Paralelamente, ele está em contato com um jornalista do *Wired*, ao qual oferece a exclusividade desses bate-papos sob reserva de que ele dê sinal verde para toda reportagem sobre ele. Sem conhecimento de Lamo e do jornalista, Manning é interpelado em 26 de maio de 2010.

No início de julho, Manning é acusado de oito ações criminosas e quatro violações do regulamento militar. É censurado por ter "transferido dados confidenciais em seu computador e acrescentado um programa não autorizado a um sistema informático classificado como secreto" e de ter ilegalmente obtido "mais de 150 mil notas diplomáticas". Se for considerado culpado, estará sujeito a 52 anos de prisão.

Durante os meses seguintes, o governo americano tenta provar a ligação entre Bradley Manning e Julian Assange. Entretanto, os jornais publicam aos poucos os telegramas diplomáticos, e o incômodo do governo americano se expande pela mídia enquanto os outros países optam pela discrição. Os Estados Unidos prendem Manning e em nome da diplomacia mundial querem usá-lo para derrubar Assange. Manning torna-se então o efeito colateral do WikiLeaks.

Em 5 de julho de 2010, o rapaz é preso no Kuwait, no centro de detenção do teatro de operações. Essas celas são previstas para detenções de curta duração. Em 29 de julho ele é transferido para a base militar de Quantico, na Virgínia.

Julian Assange afirma publicamente que o WikiLeaks não pode saber se a fonte dos documentos publicados nos últimos meses no *site* é Manning. "Não é assim que nossa tecnologia funciona, não é assim que nossa organização funciona. Eu nunca havia escutado o nome de Bradley Manning antes que ele aparecesse na mídia", diz Assange. Ele qualifica então de absurdas as alegações de que o WikiLeaks conspirou com Manning.

Alguns veículos da mídia escrevem que Assange e o WikiLeaks abandonaram o jovem militar de 23 anos sem ajudá-lo em sua defesa, enquanto a de Assange engole centenas de milhares de euros, de dólares ou de libras. Ajudá-lo seria reconhecer a ligação entre os dois e garantiria a corte marcial para o jovem de rosto afogueado.

Manning sofre o isolamento total 23 horas por dia no fundo de uma cela. O prisioneiro é julgado potencialmente suicida, o que permite reforçar suas condições de detenção com exagero. David House, pesquisador no Instituto de Tecnologia de Massachusetts (MIT), é uma das raras pessoas a encontrá-lo desde sua prisão em Quantico. Ele dá o alarme em meados de janeiro de 2011, depois de ter feito mais uma visita ao prisioneiro acompanhado da blogueira e produtora americana Jane Hamsher.

Manning é reconhecido como potencialmente suicida a fim de reforçar duramente suas condições de detenção. O comandante James Averhart, responsável por sua supervisão, reconhece seu erro em 25 de janeiro de 2011. Considerado "suicida", recebe antidepressivos, deve entregar suas roupas ao guarda à noite e dorme sob uma coberta "antissuicida". Explica a House que ela "pesa tanto quanto os aventais de chumbo utilizados para se proteger dos raios ionizantes e era da mesma textura que um tapete grosso e cru". Manning deve "se manter rígido a noite toda para evitar queimar a pele com o tapete".

Manning explica que ficou sem ver a luz do dia durante quatro semanas, e que só tem contato com outras pessoas por algumas horas durante o fim de semana. Jane Hamsher relata que o prisioneiro "começava a manifestar alguns sintomas nocivos ligados a um isolamento prolongado: distanciamento emocional e função cognitiva deteriorada. Ele parecia reagir lentamente quando falávamos e não conseguia processar as informações tão rapidamente quanto em tempo normal".

O confinamento corre o risco de durar até o fim da investigação das autoridades. Vendo o tratamento infligido ao soldado, Julian Assange declara que Bradley Manning pode ser considerado um prisioneiro político.

Apesar dos esforços do exército, ainda não foi encontrada qualquer prova de ligação entre Assange e Manning.

No início de 2011, Manning é elevado à categoria de vítima da guerra pela verdade. Então Assange prossegue seu combate, mais que nunca envolto pela luz do cruzado nos caminhos da liberdade.

28

Uma parceria inusitada

Bruxelas – quinta-feira, 13 de janeiro de 2011 – em um café perto do Parlamento Europeu – encontro com Ian Traynor, jornalista correspondente do Guardian *em Bruxelas.*

IAN TRAYNOR: Assange veio aqui para participar de uma sessão do Parlamento Europeu sobre a liberdade de expressão. Ele falou a respeito da nova legislação islandesa. Birgitta Jónsdóttir também compareceu, e ambos ficaram no hotel Léopold. Eu vim porque estava a par do caso Manning, de Assange e do WikiLeaks, e tudo isso me deixou bastante interessado. Portanto, fui ao Parlamento assistir a essa sessão, que foi organizada por uma parlamentar.

ÉLISE: Exatamente, a parlamentar neerlandesa Marietje Schaake.

IAN TRAYNOR: Isso. Fui ouvir, e depois pude falar com eles. Mas já sabia que Assange viria, pois Nick Davies me telefonou de Londres dizendo: "Talvez seja interessante encontrar esse cara". Até escrevi sobre isso naquele dia e o entrevistei rapidamente. Foi a primeira vez que ele apareceu em público depois da prisão de Manning. Ele veio da Islândia e passou alguns dias no hotel Léopold. Depois, conversei com ele e disse que uma colaboração poderia nos interessar.

ÉLISE: Portanto, você tomou a iniciativa nessa ocasião.

IAN TRAYNOR: Sim, até certo ponto. Ele respondeu que tinha interesse, e foi assim que tudo começou. Informei meus patrões em Londres, e o redator-chefe resolveu que devíamos ir em frente. No dia seguinte, ele enviou Davies para cá, e nós dois fomos juntos encontrar Assange para uma conversa mais longa, novamente no hotel Léopold.

Segunda-feira, 21 de junho de 2010 em Bruxelas, capital da Europa. Sede do Parlamento Europeu. Esse mês de junho se destacou por ser muito quente, ensolarado e seco. Nesse dia, Julian Assange se encontra na capital belga para falar na conferência "(Self) Censorship New Challenges for Freedom of Expression in Europe" ("Censura e Autocensura, Os Novos Desafios da Liberdade de Expressão na Europa"). Ele é convidado pelo parlamentar alemão Alexander Lambsdorff e pela parlamentar neerlandesa Marietje Schaake, do Grupo Aliança dos Democratas e dos Liberais da Europa. Os outros oradores nesse dia são Birgitta Jónsdóttir, Lars Vilks, Naema Tahir, Flemming Rose e Alastair Mullis. O tema abordado é: "O que se passa na Europa não influencia apenas a Europa. Essa é uma justificativa usada para os tipos de abuso mais extremos no restante do mundo".

Nesse painel de discussões, o artista sueco Lars Vilks e a autora neerlandesa Naema Tahir compartilham suas experiências pessoais em relação à liberdade de expressão na Europa, o professor de direito britânico Alastair Mullis discorre sobre o especialista inglês em leis relativas à difamação, e Julian Assange e Birgitta Jónsdóttir falam sobre questões legais e políticas envolvidas na liberdade de expressão

Na segunda parte do seminário, Birgitta explica o conceito por trás da Icelandic Modern Media Initiative, assim como o processo coletivo e legal que permite sua absorção pelo Parlamento. Assange explica como as alianças que visam proteger os valores da cultura europeia foram negligenciados e continuam abandonados depois do fim da Guerra Fria. Ele dá exemplos concretos de casos britânicos de difamação que pensa serem resultados progressistas, semelhantes aos horrores descritos no romance *1984*, de George Orwell. Ele mostra como as listas negras secretas de censura dos governos e dos meios políticos, que servem de instrumento de combate à pornografia infantil, são utilizadas para abafar as opiniões não conformistas.

Julian veio direto da Islândia para sua primeira aparição pública após a prisão de Bradley Manning. Sua entrada é descontraída. Ele se atrapalha ajeitando o microfone e faz troça desse incidente para descontrair a atmosfera e iniciar sua intervenção de maneira mais leve.

Na sala do Parlamento Europeu estão, entre outros, Ian Traynor e Christian Engström, o parlamentar europeu do Partido Pirata, e seu assistente, Henrik Alexandersson.

Muito à vontade, Julian fala pausadamente, com os braços cruzados e apoiados na tribuna, e sentado à direita de Alexander Lambsdorff. Como veio direto do norte, ainda está usando um grosso pulôver de lã crua com desenhos cinzentos.

Segue um breve relato sobre sua intervenção:
Julian inicia seu discurso com um resumo de seus feitos: IMMI, caso Kaupthing, o mandado da RUV na Islândia.

Ele prossegue fazendo uma pequena alegoria sobre o autoritarismo derrotado por uma aliança histórica entre os liberais e os democratas. Hoje essa aliança deixou de existir, ao passo que o autoritarismo ainda subsiste na internet.

Depois, ele conta como o *Guardian* foi obrigado a suprimir artigos de seus arquivos devido a um vácuo jurídico europeu.

Ele salienta o paralelo com Orwell e seu livro *1984*, no qual "o ministro da Verdade" altera os arquivos. De fato, basta contratar um excelente escritório de advocacia londrino para suprimir uma parte do patrimônio jornalístico. Ele explica que, quando se manipulam os arquivos de jornais, a eliminação de certos dados não é claramente especificada, mas aparece uma mensagem de erro técnico para despistar a curiosidade.

Imagem sobre os fluidos. Uma colisão noturna entre navios pode alterar o estado do mar. Uma interação entre Estados na internet pode criar ressacas em outros Estados. Se leis são criadas para regular a internet e evitar essas agitações, isso bloqueia a comunicação dos jornais com seus leitores e dos partidos com seus afiliados, pois todos os intercâmbios passam pela internet.

Na Austrália, um dos primeiros vazamentos do WikiLeaks foi a publicação da lista dos *sites* bloqueados por um *firewall* nacional. A justificativa é bloquear os *sites* de pedofilia, mas estes perfazem apenas 32% do total, sendo os demais *sites* considerados inadequados pelo próprio governo.

Paralelo sobre as leis: as vigentes na África provêm da Comunidade Britânica, ou seja, todo país exerce maior ou menor influência sobre o resto do mundo.

"Será que conseguiríamos fazer na Europa o mesmo que fizemos na Islândia?", Julian duvida, mas coloca a questão para o auditório.

Bruxelas – terça-feira, 11 de janeiro de 2011 – Parlamento Europeu – encontro com Christian Engström e seu assistente, Henrik Alexandersson.

CHRISTIAN: No final da conferência, muita gente queria falar com Assange, inclusive eu. Queríamos dizer a ele que o Partido Pirata sueco estava disposto a ajudar o WikiLeaks em termos de assistência técnica, serviços etc. Mencionei isso às pressas, depois o jornalista teve uma conversa conosco. Não tínhamos muito tempo, pois havia uma fila de espera de jornalistas que também queriam falar com Assange. [...] Nosso encontro foi bastante breve. Encontrei outros ativistas partidários da liberdade na internet, e essas pessoas das quais vocês ouviram falar são muito especiais. É preciso ser realmente focado em sua ação para se tornar um ícone internacional.

HENRIK: Eu diria que ele não se importa de saber que o que diz provoca nervosismo. Durante essa conferência, por exemplo, como ele se exprime? Vejamos, na época da Guerra Fria, os conservadores e os progressistas tinham um objetivo em comum, mas, após o desaparecimento da União Soviética e do comunismo, é cada vez mais evidente que os conservadores... Como ele formulou isso? Os objetivos dos conservadores e dos progressistas são diferentes. Os conservadores são mais propensos aos grandes empreendimentos e mais corporativistas. De certa forma, Assange deixou os progressistas com um pé atrás... o que desagradou muita gente. Mas isso não o perturba. Ele diz o que tem que dizer e é pegar ou largar. [...] Admiro muito seu estilo, pois em certas situações a gente ouve muita enganação e chega um momento que não dá mais para aguentar. Assim, é sempre um alívio quando alguém vai direto ao ponto. Se as pessoas ficam chocadas, o problema é delas. As informações devem ser julgadas do ponto de vista do conteúdo, e as pessoas devem ser julgadas com base em suas ações. As vaidades humanas fazem parte do jogo, mas a ação é importante, e acho que Assange é alguém que valoriza muito a ação.

De volta à segunda-feira, 21 de junho de 2010, do outro lado do canal da Mancha, onde Nick Davies se apressa. Ele sabe que Julian Assange está em Bruxelas para esse seminário. Amanhã, ele irá pegar o Eurostar, o trem de alta velocidade que vai de Londres a Bruxelas em duas horas, para encontrar seu colega Ian Traynor.

Nick Davies é um jornalista investigativo muito conhecido em seu país. Exerce a profissão desde 1976, atualmente de forma autônoma, trabalhando regularmente como correspondente do *Guardian*, onde é o grande astro do jornalismo. Em paralelo, é escritor e diretor de documentários para a televisão. Ganhou prêmios de Jornalista do Ano, Repórter do Ano e Roteirista do Ano por suas investigações sobre crimes, drogas, pobreza e outros problemas sociais. Centenas de jornalistas assistem a sua *master class* sobre técnicas de investigação. Ele também ganhou o maior prêmio do jornalismo europeu por seu trabalho sobre a política das drogas. Publicou quatro livros, com destaque para *White Lies*, sobre um erro judiciário racista no Texas, e *Dark Heart*, sobre a pobreza na Grã-Bretanha. Sua obra mais recente, *Flat Earth News*, é polêmica: expõe a mentira, a distorção e a propaganda nas notícias divulgadas na mídia. Em novembro de 2009, a Universidade de Westminster deu-lhe um diploma honorário pelos serviços prestados ao jornalismo.

No início de junho de 2010, Davies ouve falar de vazamentos do Pentágono que estariam nas mãos do WikiLeaks. Paralelamente, leu também um artigo no *Guardian* sobre a prisão de Bradley Manning. O jornalista veterano está determinado a achar Assange. Então, tenta entrar em contato com o número um da associação para ver o que é publicável, mas não tem êxito. Há boatos de que Assange foi preso ou agredido. O fato é que ele continua inacessível. Por fim, um dos amigos do australiano avisa Davies da ida de Assange a Bruxelas, para a sessão do Parlamento Europeu.

Nick telefona para seu colega Ian Traynor. Jornalista especializado em política, Ian é correspondente do *Guardian* em Bruxelas há quatro anos. Com vasta experiência, cobre toda a Europa e tem um escritório na rua Joseph II. Ian Traynor se mantém humilde e discreto sobre sua participação nesse dia importante. A pedido de seu colega, vai à conferência do Parlamento Europeu ouvir Julian Assange, para depois falar com ele. Fica então sabendo que o fundador do WikiLeaks está de posse de 2 milhões de documentos.

Na terça-feira, 22 de junho de 2010, Nick Davies desembarca em Bruxelas na estação ferroviária do Midi, pega um táxi e vai direto para o hotel Léopold, no número 35 da Rue du Luxembourg. É nesse quatro-estrelas em um bairro comercial, a 500 metros do Parlamento Europeu, que se hospedam os convidados da conferência.

Davies chega com uma curiosa proposta na bagagem. No trem para Bruxelas, ele já falara por telefone com Assange, tendo afirmado que o material de posse do WikiLeaks terá mais impacto se for examinado meticulosamente e explorado em um artigo de jornal por fontes respeitáveis da mídia.

Por volta das 14 horas, os três homens – Julian Assange, Nick Davies e Ian Traynor – estão no Léopold. O hotel está praticamente deserto, e a calmaria impera nesse início de tarde. Eles se instalam no "jardim italiano". A sala está vazia, e assim continuará durante as seis horas de duração de sua conversa.

IAN TRAYNOR: Tomei um café e acho que ele pediu um refrigerante. Muito calmo, ele fala com suavidade. Mas, por conta de seu sotaque australiano e do tom sussurrante, é difícil entendê-lo. Ele parece muito... bagunçado, mas, na realidade, é bastante organizado, determinado e concentrado em um objetivo. É muito inteligente, mordaz, bem informado e extremamente prudente.

Davies propõe a Assange que o *Guardian* e o *The New York Times* colaborem no material. Assange explica claramente que, pela lei britânica, as autoridades podem impedir o *Guardian* de publicar documentos secretos; sob a lei americana, é totalmente inviável alguém deter as operações do *New York Times*.

IAN TRAYNOR: Naquela época, havia apenas relatórios sobre o Afeganistão e o Iraque. Foi bem antes do resto. Nós sabíamos que havia mais documentos, mas não qual era seu teor, então começamos pelos documentos iraquianos. Julian, porém, queria que mais jornais se envolvessem. Eu lhe sugeri a *Der Spiegel* porque falo alemão e trabalhei lá. A Alemanha é um país importante e teria interesse pelo material afegão: os alemães têm um problema sério com o Afeganistão e sua opinião pública. E a *Der Spiegel* é uma publicação conceituada, com dinheiro e muitos recursos. Além disso, é o único jornal alemão que faz jornalismo investigativo.

No final da tarde, os homens ainda estão sentados no terraço semiaberto do Léopold sob o céu azul. O vitral acima deles está aberto, permitindo a passagem dos raios de sol. Davies e Assange elaboram as premissas de sua colaboração. Traynor observa e escuta. Os dois homens criam uma senha secreta e a anotam em um guardanapo de papel.

Nick Davies nos explicou melhor: "Julian juntou certas palavras do logo comercial em um guardanapo para criar uma senha longa. Escreveu também as letras GPG no canto esquerdo – é uma espécie de programa de codificação. A equipe técnica do *Guardian* precisava dessa informação para decifrar o material. Não posso contar qual era a senha exata, pois Julian me pediu segredo levando em conta a chance de haver uma investigação policial".

ÉLISE: Julian falou de outros assuntos durante essa conversa?
IAN TRAYNOR: Só desse caso em questão, de política em geral e dos Estados Unidos.
ÉLISE: O que ele diz dos Estados Unidos?
IAN TRAYNOR: Ele fala de política em geral, assim como dos documentos. Tudo o que conversamos tinha ligação com os Estados Unidos: o Afeganistão, o Iraque, a diplomacia americana. Tudo tinha algo a ver com a América. Ele queria envolver o *The New York Times* porque achava que isso lhe garantiria uma proteção nos Estados Unidos. Uma espécie de medida de segurança. Se ele se ativesse a

outras mídias estrangeiras, seria mais fácil para os americanos o perseguirem por espionagem. Mas, se você dá suas informações para o *New York Times*, é impossível.

No início da noite é fechado um acordo de cavalheiros: Davies convence o número um do WikiLeaks de que os vazamentos teriam mais visibilidade com o compartilhamento da informação bruta com a mídia do que simplesmente publicados no WikiLeaks.

Em Londres, Alan Rusbridger, o redator-chefe do *Guardian*, telefona para Bill Keller, que tem o mesmo cargo no *New York Times*. Em tom misterioso, ele pergunta a Bill se este sabe montar um sistema de comunicação cercado de alta segurança. "Na verdade não", confessa o americano. Seu jornal não tem linhas de telefone criptadas. Keller conta como Rusbridger o abordou, cheio de circunspecção: "Com muitos rodeios, ele nos fez uma proposta incomum: uma organização chamada WikiLeaks, que é um esquema secreto de justiceiros que lutam contra o sigilo, está de posse de uma quantidade substancial de comunicações americanas sigilosas. O dirigente do WikiLeaks, Julian Assange, um ex-*hacker* excêntrico nascido na Austrália e sem residência fixa, ofereceu ao *Guardian* meio milhão de comunicações militares dos campos de batalha do Afeganistão e do Iraque. O fato é que ele tem bem mais do que isso, incluindo uma lista imensa de telegramas diplomáticos confidenciais. O *Guardian* sugeriu – tanto para aumentar o impacto quanto para compartilhar o processamento desse tesouro – que o *The New York Times* seja convidado a participar desse furo exclusivo. A fonte aceitou. Será que eu me interessaria? É claro que fiquei interessado".

Dois dias depois, em Londres, a equipe do *Guardian* baixa o primeiro lote de documentos secretos americanos, mais de 90 mil relatórios produzidos pelas unidades americanas em campo na guerra no Afeganistão, a partir do *site* secreto do WikiLeaks.

Esse *site* existiu apenas por algumas horas, só o tempo de ser descarregado, sumindo depois no ciberespaço.

O jornalista americano Eric Schmitt, da sucursal do *The New York Times* em Washington, entra correndo em um avião rumo à capital britânica para ver o material. Keller confidencia: "Sua missão principal era ter uma noção do material. Ele é autêntico? É interessante para o público? Schmitt também deveria encontrar o dirigente do WikiLeaks, que alguns jornalistas do *Guardian* já conheciam, ao contrário de nós. O primeiro telefonema de Schmitt para o *Times* foi animador. Ele não tinha a menor dúvida de que as comunicações afegãs eram autênticas. Elas eram fascinantes – um diário do baixo escalão sobre uma guerra perturbadora. Comentamos que havia muitos outros documentos pela frente, sobretudo telegramas sigilosos de toda a constelação dos postos avançados da diplomacia americana. Por ora, o WikiLeaks estava retendo esses documentos, sem dúvida, para observar o andamento de seu acordo com os veículos de mídia".

O material é autêntico. Está decidido: o *The New York Times* vai embarcar na aventura. Assange, valendo-se de seus direitos de proprietário, encarrega-se de fazer contato com Marcel Rosenbach, o redator-chefe da *Der Spiegel*. Como Davies previra, os vazamentos terão um impacto enorme. Vejamos o que ele disse no *Huffingtonpost* (informativo americano publicado apenas na internet) de 30 de dezembro de 2010:

"Eu fui o jornalista que resolveu achar Julian Assange e persuadi-lo a não publicar seu acervo mais recente de segredos no *site* do WikiLeaks, e sim dá-lo ao *Guardian* e a outros veículos de mídia. A publicação dos diários de guerra afegãos e iraquianos e, na sequência, dos telegramas diplomáticos é resultado dessa iniciativa. Fiz isso porque acredito que os jornalistas devem dizer a verdade sobre as questões importantes, sem ter medo, por exemplo, do governo da maior potência do planeta".

29
Revolução

É uma revolução no mundo da mídia! O WikiLeaks se alia a três grandes nomes do jornalismo: o britânico *The Guardian*, o americano *The New York Times* e a alemã *Der Spiegel*. Seu acordo tem por objetivo o maior vazamento de documentos da história. Julian Assange arrasta consigo esses três pesos-pesados da imprensa internacional, que terão prioridade nos documentos confidenciais.

Assange compara esse vazamento – o mais importante da história militar recente – à "abertura dos arquivos da Stasi". A Stasi era a polícia política encarregada de informações, espionagem e contraespionagem do regime comunista da extinta Alemanha Oriental.

Em julho de 2010, após receber as cópias de 92 mil relatórios sobre a guerra no Afeganistão, os três jornais enfrentam um dilema: publicar esses relatórios sem verificar sua procedência (conforme fariam se os tivessem descoberto) ou deixar o WikiLeaks sozinho, colocando-os *on-line*? Eles então aceitam entrar no jogo. Para o WikiLeaks o interesse é claro: Julian Assange se cerca para valer dessas três potências jornalísticas, a fim de criar um "enorme rumor".

Os novos parceiros do WikiLeaks têm os recursos humanos para editar e valorizar os dados. Nick Davies explica à revista semanal francesa *Télérama*: "Nossa competência jornalística para lidar com dados foi essencial para tratar o assunto de forma eficaz. Acho que é a reputação de honestidade e de independência do *Guardian* que teve peso. Após uma análise, escolhemos as informações que nos pareciam mais interessantes. Além disso, elas não deveriam prejudicar ninguém que esteja em campo no Afeganistão".

Segundo Julian, esse grande golpe midiático criou um enorme interesse pelo *site*, que passou a receber muito mais propostas após a divulgação do filme *Collateral Murder*.

Desde o início, a associação entre especialistas em mídias digitais e jornalistas tradicionais se mostra mais eficaz do que uma redação clássica. Nick Davies confirma: "Há pontos fortes em ambos os métodos. Sem o WikiLeaks, nós não teríamos material. Sem a mídia impressa tradicional, o WikiLeaks não poderia dar sentido às informações nem uma divulgação que atraísse suficiente atenção. Somos todos 'interdependentes' e vemos os benefícios desse trabalho conjunto".

A aliança começa em julho de 2010 e se amplia nos meses seguintes. De julho a novembro, um número impressionante de documentos secretos será liberado. Em 25 de julho, a primeira fase é marcada pelo lançamento de 92 mil relatórios confidenciais do exército americano sobra a guerra no Afeganistão: os *Afhganistan War Logs*.

Os três jornais apresentam o resultado de suas respectivas investigações sobre os documentos fornecidos pelo WikiLeaks, mas cada um lhes dá um tratamento diferente: *The Guardian* optou pela cartografia para destacar os fatos mais importantes. *The New York Times* favorece a escrita com um artigo muito longo, resgatando o contexto integral dos pontos marcantes. Por sua vez, *Der Spiegel* opta por uma "projeção de *slides*".

Londres – terça-feira, 18 de janeiro de 2011 – King's Place 90 York Way – encontro com Ian Katz.

Ian Katz é o redator-chefe adjunto do *Guardian*, no qual entrou em 1990 e onde também trabalhou como repórter.

IAN KATZ: Não faltaram pequenos embaraços. Na véspera de sua publicação, a *Spiegel* distribuiu por engano quarenta ou cinquenta exemplares em Basileia, os quais foram postos à venda em uma estação de transporte. Uma rádio local comprou um exemplar e passou a relatar seu conteúdo no ar. Depois, um jornalista *free-lancer* também obteve um exemplar e postou a notícia no Twitter. Todos nós ficamos acompanhando o Twitter enquanto as mensagens dele apareciam na conta de Twitter do *Spiegel* e questionando se era uma boa ideia divulgar essas informações tão prematuramente, enfim, precipitar as coisas.

Fazíamos reuniões telefônicas de hora em hora: "Agora há cem pessoas acompanhando no Twitter. Há um novo *seguidor*". Acompanhávamos obsessivamente toda a "twittosfera" alemã e acabamos tendo de publicar as informações na maior pressa por conta disso. Tivemos de enfrentar pequenas complicações: os documentos surgiam alhures porque um ou outro telegrama caíra no domínio público por uma ou outra via.

O WikiLeaks divulgou alguns deles. Um telegrama que pretendíamos publicar no dia seguinte acabara de aparecer e, de repente, tivemos de publicá-lo na mesma hora. A essa altura, choviam telefonemas de todos os lados. Para o *New York Times*, nós não podíamos publicar a informação naquele dia, pois eles fariam isso no dia seguinte; e o *Le Monde* nos disse: "Somos obrigados a fazer isso agora, pois a informação vazou".

Tivemos esses pequenos incidentes, mas nada de terrível. Um dos aspectos mais delicados de nossa colaboração, como todos sabem, era o trabalho de edição de todos os telegramas, a fim de proteger cuidadosamente nossas fontes. Por um processo muito complexo, cada jornalista responsável por uma história editava seus próprios telegramas; a seguir, uma pessoa era encarregada de checar o resultado: no nosso caso, é um redator-chefe que refaz o material.

Ele então entrava em contato com seus pares nos outros jornais, como a *Der Spiegel* e o *New York Times*, e lhes perguntava: "Como você editou esse documento? Nós tiramos tal e tal parte". Assim, eles comparavam seus textos e entravam em acordo sobre uma versão final que enviávamos ao WikiLeaks e eles publicavam. Todo esse processo implicava muitas intervenções.

Imagine que lidamos com 770 documentos e o *The New York Times* com mais de uma centena. Cada jornal editou várias centenas, e todos os documentos foram discutidos. Enfim, muito trabalho e muitas intervenções, mas, no geral, acho que tudo funcionou muito bem no sentido de não deixarmos escapar algo que fosse perigoso.

Então, era isso que acontecia até a publicação, e depois víamos o que ocorria na sequência para decidir o que publicaríamos a seguir. No início, tínhamos uma espécie de cronograma que cobria duas semanas, e acho que tínhamos estabelecido outro para uma semana adicional... Estou tentando me lembrar... Não, nós não estabelecemos cronograma para uma semana a mais, mas, após as duas iniciais, concordamos que avisaríamos uns aos outros quarenta e oito horas antes de cada publicação.

Enfim, quando tínhamos uma informação que pretendíamos divulgar, avisávamos: "Pretendemos abordar isso na quinta-feira". Se um dos outros estivesse interessado, nós lhe passávamos a informação. No decorrer da terceira semana, todos nós havíamos tomado direções um pouco diferentes, mas o acordo se manteve.

Élise: Esse tipo de acordo é fechado com advogados?

Ian: Não.

Élise: Sério?

Ian: Quer dizer, o acordo com Assange foi tratado através de seu advogado.

Élise: Quem do *Guardian* estava em contato com Assange?

Ian: No início, Nick [Davies], depois David [Leigh, o redator-chefe do *Guardian*] e, por fim, eu.

Élise: Você falava às vezes com ele?

Ian: Em uma sala de bate-papo criptografada.

Élise: Não havia contato telefônico?

Ian: Como você sabe, ele não atende telefone, mas você pode ligar para algumas pessoas que estão mais ou menos em contato com o pessoal do WikiLeaks.

Élise: Na Suécia, na Islândia ou aqui?

Ian: É... Bem, você pode falar com Kristinn por telefone.

Élise: Kristinn Hrafnsson? Quer dizer que ele está envolvido?

Ian: É, esteve, principalmente quando Julian estava na prisão. Nós tratávamos com três ou quatro pessoas.

Élise: Quem?

Ian: Fico constrangido em revelar seus nomes, pois acho que eles não iriam gostariam mas havia dois jovens voluntários do WikiLeaks encarregados do processo de produção. Ambos criaram um sistema no qual podíamos postar nossos documentos editados e automaticamente eles eram publicados no *site* do WikiLeaks. Graças a isso, podíamos ter certeza de que as versões que eles utilizavam eram aquelas que havíamos transmitido.

Evidentemente, estávamos constantemente em contato com as pessoas que cuidavam desse sistema: "Esqueça essa versão, pois vamos enviar outra". Outros canais eram um jovem jornalista de lá e Stephens [Mark Stephens, o advogado britânico de Julian Assange]. Enfim, tínhamos contato com quatro ou cinco pessoas. Obviamente, Assange se manteve inacessível por algum tempo.

Élise: Assange veio aqui? Em caso afirmativo, quantas vezes?

Ian: Ele veio a duas reuniões grandes com os parceiros e, durante o ano passado, veio com frequência a nossa redação, umas quatro ou cinco vezes.

Élise: Sozinho ou acompanhado?

Ian: Depende. Nas grandes reuniões, ele veio com seus advogados e Kristinn, que funciona como seu tenente. Outras vezes, ele veio sozinho. Nossa colaboração sempre teve um clima bem descontraído.

Élise: Você pode me falar um pouco sobre o lado humano de Assange?

Ian: Dotado de uma personalidade muito carismática, ele tem o dom de se tornar sutilmente o centro das atenções em uma reunião. Tem uma presença bem tranquila e magnética. É claramente muito inteligente, mas não emocionalmente. Acho que nem sempre percebe as sutilezas da situação. Seu espírito analítico é excepcional. Ele é muito esperto.

A impressão é a de que a gente está diante de um jogador de xadrez. Ele está três jogadas à frente, lida bem com a situação em que está e acha o meio de obter o que quer. Só que é muito suscetível e tem dificuldade para aceitar críticas. Tende também a ser um pouco paranóico, a buscar o lado oculto de coisas que podem ser totalmente inocentes, mas é uma personalidade admirável sob muitos aspectos.

Um desses aspectos é não ser absolutamente materialista. Além de alguns *laptops* e poucas peças de roupa, não sei de nada que ele possua. O que o motiva verdadeiramente é tornar públicas todas as suas informações. No decorrer de nossas conversas, sua maior motivação era achar o melhor meio de colocar as informações no domínio público e lhes dar o maior impacto. Não se trata simplesmente de esvaziar seus sacos, mas de trazer seu conteúdo à luz.

Élise: Vocês abordavam outros assuntos?

Ian: Acho que ele nunca me perguntou nada, pois não é do tipo que fica fazendo perguntas. Ele se concentra em uma coisa e dá a impressão de ser como um *laser*.

É um monomaníaco. Acho que considera uma organização como *The Guardian* e nós mesmos em função daquilo que podemos lhe proporcionar e do quanto podemos ser úteis a seu objetivo supremo.

A parceria continua em outubro de 2010, com a segunda rodada. Desta vez o WikiLeaks e seus parceiros britânico, americano e alemão revelam documentos secretos sobre a guerra no Iraque: os *Iraq War Logs*. A divulgação começa em 22 de outubro.

O maior efeito midiático se dá em novembro. Após haver testado sua aliança com as duas entregas iniciais, Julian Assange sugere um golpe forte: 250 mil telegramas diplomáticos americanos. A operação *Cablegate Log* é lançada em 28 de novembro de 2010 e faz barulho.

A essa altura, o homem forte do WikiLeaks deseja ampliar seu impacto. "Ele queria algo maior, mais opções", diz Ian Traynor. O jornal diário francês *Le Monde* e o espanhol *El País* embarcam na empreitada.

Agora com cinco parceiros, a aliança divulga publicamente 250 mil mensagens sigilosas emitidas por embaixadas americanas. Elas revelam o lado oculto da diplomacia dos Estados Unidos.

Os primeiros vazamentos sobre o Afeganistão continham poucas revelações importantes, e os relativos ao Iraque se concentravam majoritariamente em extorsões cometidas entre diferentes facções iraquianas. Agora, no terceiro golpe, o buquê final deixará marcas indeléveis.

Washington se inquietava com os vazamentos desde maio de 2010. O WikiLeaks, com sua atuação reforçada por esses cinco parceiros, lança uma bomba revelando informações relativas ao Irã, ao terrorismo, a Israel e Guantánamo, entre outros. A visão dos Estados Unidos sobre tais questões é parcialmente desmascarada. É o caos na cena internacional. Os diplomatas percebem que provavelmente nunca mais exercerão sua função da mesma maneira. A Casa Branca reage imediatamente, considerando essa publicação um "ato irrefletido e perigoso", que pode colocar vidas em risco e fazer os países "amigos" se sentirem ofendidos.

Bryan Whitman, porta-voz do Pentágono, assegura "que o Departamento de Defesa tomou uma série de medidas para impedir que tais incidentes voltem a se repetir". O Pentágono inclusive repudiou essas publicações "irrefletidas" e anunciou o reforço da segurança das redes de comunicação secretas do exército americano.

Os cinco jornais "trocaram muitas informações, análises e conhecimentos especializados", declarou Sylvie Kauffmann, diretora da redação do *Le Monde*.

Cento e vinte pessoas das cinco redações trabalharam sem parar durante várias semanas, de maneira protegida. A publicação de memorandos teve início na noite de domingo de 28 de novembro de 2010. Devido à enorme quantidade de informações, sua liberação foi gradual ao longo de vários dias. Os parceiros entraram em acordo sobre um plano de publicação e sobre a maneira de colocar os memorandos *on-line*. Eles tiveram o cuidado de suprimir nomes ou indícios para proteger a segurança das pessoas.

Em relação à veracidade dos documentos, Sylvie Kauffmann declara: "Não temos razão alguma para duvidar de sua autenticidade ou para pensar que alguns fossem falsos. O Departamento de Estado americano não desmentiu, não disse que eram falsos. Por outro lado, também fomos bastante criteriosos descartando memorandos cujo conteúdo não podia ser levado a sério".

Todos os memorandos fornecidos foram analisados pelos parceiros, que em seguida os colocaram *on-line* pelo WikiLeaks. A organização aceitou se sujeitar a esses procedimentos e, pela terceira vez, forneceu o material gratuitamente.

O que descobrimos concretamente através desses documentos "vazados"? As informações nos revelam, por exemplo, que doadores sauditas continuam sendo a principal fonte de recursos de organizações radicais como a Al-Qaeda. Na realidade, vários países da região, como o Qatar, fazem apenas esforços débeis na luta contra o terrorismo. Ficamos também cientes de que desde 2007 os Estados Unidos tentam checar a produção ilegal de combustível nuclear no Paquistão. Os esforços para confirmar a existência de numerosos reatores ativos não produziram resultados. As autoridades paquistanesas rejeitam as visitas de especialistas americanos, pelo temor de uma reação negativa da opinião pública, que pode suspeitar de um controle de Washington sobre a capacidade nuclear nacional. Sobre Guantánamo, parece difícil esvaziar a prisão. Washington teria pressionado países menores para acolherem alguns prisioneiros libertados. Pode-se ler ainda que Robert Gates, o secretário de Defesa americano, acha que investidas militares contra o Irã apenas retardarão de um a três anos a efetivação de seu armamento atômico.

Assim, o WikiLeaks espalha progressivamente suas "bombas", um "verdadeiro 11 de setembro para a diplomacia mundial", segundo o governo iraniano.

As autoridades americanas tentaram amortecer os efeitos devastadores para a diplomacia mundial entrando em contato com seus aliados estratégicos, notadamente a Grã-Bretanha, o Canadá, a Austrália, Israel, a Turquia e a França.

Para Javier Moreno do *El País*, os "jornais não são responsáveis".

O Departamento de Estado e o governo americano se apresentam como as principais vítimas desses vazamentos. O redator-chefe espanhol acha que "as principais vítimas são as centenas de pessoas que estiveram nos últimos anos nas embaixadas americanas em numerosos países e que almoçaram ou jantaram com os diplomatas ou os embaixadores americanos. Tais pessoas deram suas opiniões livremente e, acima de tudo, deram informações importantes para a máquina diplomática americana".

Moreno acha que a mídia tem uma grande responsabilidade, a de transmitir aos cidadãos e à sociedade uma informação verídica e importante, a fim de que eles possam fazer um julgamento acurado sobre a política de seu governo. Segundo ele, os jornais não têm a função de impedir ou evitar que os governos ou o poder em geral sejam expostos a situações embaraçosas, como aquela provocada pelos *Cablegate Logs*.

"O que demonstra a associação frutífera entre as novas mídias e as antigas na operação *War Logs* é que nós não estamos participando à toa de uma 'revolução do jornalismo', na qual um sistema será substituído pelo outro, como apregoam os gurus da 'revolução da internet'. Trata-se de uma hibridação do jovem rebento de um novo jornalismo, por certo mutante, no velho tronco do jornalismo tradicional. Como diz o próprio Julian Assange, *War Logs* é uma 'parceria'". Veja no *site* novovision.fr

Assim, em novembro de 2010, o *site* WikiLeaks, que milita pela liberdade de informações, entra na grande mídia: só se fala do golpe enorme armado por Julian Assange e de seu *site*, que revela os segredos mais bombásticos. Ele é citado por todos os grandes veículos de mídia internacionais e repreendido por todas as redes de televisão nos quatro cantos do mundo.

30
Virada de 180 graus

Em uma aliança, podem surgir problemas de relacionamento ou de compatibilidade de gosto. Toda colaboração tem seu quinhão de desentendimentos. Durante os últimos seis meses de 2010, a relação entre Julian Assange e os cinco jornais da corrente dominante passa por turbulências, protagonizadas principalmente pelo número 1 do WikiLeaks e o *Guardian*; e por Julian Assange e o *New York Times*.

A jornalista Sarah Ellison aborda isso na edição de fevereiro de 2011 da *Vanity Fair*. Após encontrar vários envolvidos no caso, a americana revela os bastidores dessa história tumultuada. Na matéria intitulada "O homem que revelou os segredos", ela mostra o confronto entre uma mídia tradicional, que segue os princípios à moda antiga, com ética jornalística, e um bando de pessoas que luta pela liberdade da informação de uma nova maneira. O conflito entre duas culturas. Ela dá uma visão externa sobre as relações agitadas entre Julian Assange e os parceiros da aliança. Sua investigação minuciosa traz alguns elementos novos sobre uma parceria tensa.

A primeira dificuldade encontrada na aliança ocorre no início do verão de 2010, quando Assange assume o papel de cavaleiro solitário para abordar a revista alemã *Der Spiegel* e incluí-lo na parceria. À medida que a colaboração se desenvolve, fica também aparente que as abordagens éticas dos dois grupos são diferentes. A mídia tradicional prefere dar contexto ao que publica, enquanto o WikiLeaks defende uma abordagem mais bruta. David Leigh dá seu testemunho sobre essa diferença de estilo: "Nosso ponto de partida é: 'Temos um documento em mãos. Quais partes dele devemos publicar?'. Por sua vez, a ideologia de Julian era: 'Quero publicar tudo em sequência e depois vocês devem tentar me convencer a barrar algumas passagens'. Nós abordamos a questão de maneira totalmente oposta".

Nessa época, certos colegas do WikiLeaks observam que Julian está ficando cada vez mais tirânico e desdenhoso. *The Guardian* também percebe isso.

As surpresas se sucedem enquanto Assange deseja que a agência de jornalismo investigativo (organização não governamental britânica dedicada à produção de artigos investigativos) tenha acesso aos *Iraq War Logs*, o que significa um atraso na publicação dos telegramas. Leigh aceita, desde que Assange lhes libere um novo lote de documentos, o "*pacote três*", contendo os famosos telegramas dos Estados Unidos. Assange responde o seguinte: "Vocês podem receber o '*pacote três*' esta noite, mas devem me dar uma carta do redator-chefe do *Guardian* assegurando que não publicarão o '*pacote três*' antes de eu dar minha permissão". Assange consegue a carta.

A seguir ocorre outro episódio, aquele em que *The Guardian* descobre que um ex-voluntário do WikiLeaks divulgou o conteúdo do "*pacote três*" a Heather Brooke, jornalista independente e escritora que milita pela liberdade de informação. David Leigh convida Brooke para entrar na equipe do *Guardian*. Ele percebe que, obtendo a base de dados de uma fonte diferente da de Assange, os veículos de mídia parceiros não precisam mais esperar seu "sinal verde" para publicar. Eles transmitem os documentos para o *The New York Times* e a *Der Spiegel*, e entram em acordo sobre uma publicação em 8 de novembro de 2010.

Sete dias antes dessa data, Julian Assange aparece furioso na sede londrina do *Guardian*, acompanhado por Mark Stephens, seu advogado. Como um furacão, Julian entra na sala do redator-chefe, Alan Rusbridger, ameaçando processá-lo.

Uma reunião-maratona é improvisada. Ao redor da mesa, os protagonistas: Rusbridger e Leigh, do *Guardian*, membros da *Der Spiegel* e, do lado de Mark Stephens e Julian Assange, Kristin Hrafnsson. O ambiente é eletrizante. Sarah Ellison escreve detalhadamente sobre esse encontro em alta tensão: "Assange estava pálido, suava e seu corpo magro sacudia devido a uma tosse que o incomodava há semanas. Estava irado e sua mensagem era simples: ele processaria o jornal se este continuasse publicando artigos baseados nos 250 mil documentos que ele havia dado ao *Guardian* três meses antes... Rusbridger conseguiu manter todas as partes ao redor da mesa – processo que demandou muito café, seguido de muito vinho. No final das contas, ele aceitou um adiamento suplementar, dando tempo a Assange para achar outros parceiros na mídia, desta vez o jornal francês *Le Monde* e o espanhol *El País*".

É dessa forma que *Le Monde* e *El País* embarcam na empreitada para lançar no final de novembro de 2010 a terceira rodada, aliás, a que terá maior notoriedade: a divulgação de 250 mil telegramas da rede diplomática americana.

A jogada foi perigosa, mas Rusbridger não se arrepende de nada: "Considerando a complexidade da situação [...], acho incrível como as coisas deram tão certo. Em vista de todas as tensões existentes, teria sido surpreendente não haver fricção alguma, mas nós negociamos tudo muito bem".

Ian Katz, redator-chefe adjunto do The Guardian, *rememora esse período conturbado.*

IAN: Acho que, no início dessa colaboração, Julian e o WikiLeaks tinham uma tendência bem maior a colocar informações brutas *on-line*. Isso era instintivo nele, como comprova o fato de ele ter divulgado todos os diários de guerra afegãos sem o menor critério. Ele teve tantos problemas justamente porque revelava quem eram os informantes. Ao trabalhar com ele, conseguimos convencê-lo gradualmente do contrário.

O mérito não foi especialmente meu. Ele concordará comigo quando eu digo que o material precisava ser um pouco modificado, refinado. Dessa maneira, nem tudo seria colocado *on-line*, mas os vazamentos seriam feitos de forma mais responsável. Esse era o ponto fundamental. Sarah Ellison exagerou na descrição do desentendimento que nós tivemos em novembro. Foi apenas uma tempestade num copo d'água. Nos oito meses de nossa colaboração houve apenas um encontro meio tenso, mas resolvemos o problema. Portanto, para mim não foi algo grave.

ÉLISE: Qual é a situação atual?

IAN: O que nós escrevemos sobre as acusações suecas relativas à vida sexual de Assange deixou-o raivoso. Ele achou que queríamos desonrá-lo, mas esses documentos simplesmente caíram em nossas mãos; não fomos nós que os procuramos! Se não mencionássemos o caso, imagine o que as pessoas iram pensar? Imagine só, toda a nossa credibilidade em termos jornalísticos ficaria arruinada, as pessoas diriam que o *Guardian* abafou o caso porque é ligado a Assange e não quer constrangê-lo.

A verdade é que não podíamos deixar de tocar no assunto, e demos a ele a possibilidade de responder. Adiamos a liberação da informação durante mais de quatro dias, e seus advogados nos fizeram garantir por escrito que ele teria espaço para reagir no dia seguinte, caso pudéssemos retardar mais um dia, depois outro dia, aí mais outro, mas ele não reagiu, nem seus advogados. Portanto, tenho plena convicção de que nós agimos da forma mais decente possível.

Creio que Julian tem a sensação de que fomos hostis com ele de várias maneiras, mas não alimentamos a menor hostilidade em relação a ele. Ele simplesmente não gostou desse artigo. Não gostou que o título de nosso livro fosse apresentado acidentalmente como "Ascensão e Queda do WikiLeaks". Ele não gostou do artigo da *Vanity Fair*, mas não fomos nós que o escrevemos. Em minha opinião, nossa história é como a de um casamento que durou muito tempo e teve bastante estresse. E, como todos os casamentos, teve seus momentos conturbados, mas eu tenho um respeito enorme por ele e a sensação de que o que fizemos juntos tem grande importância quanto à prática do jornalismo. Sei que ele também pensa da mesma forma porque falamos muito sobre isso. Acho que, pouco a pouco, isso acabará se esclarecendo. Da minha parte, acho que tenho uma boa relação com ele.

ÉLISE: Como vai esse casamento hoje em dia?

IAN: A meu ver, agitado, porém não esgotado. Em certa medida, como nos comunicamos principalmente por *chat* criptado e acompanhamos as informações no Twitter, podem surgir mal-entendidos e alguns podem concluir que isso esconde um lance premeditado. Mas, na realidade, o jornal geralmente considera Julian Assange e o WikiLeaks de maneira muito positiva. Basta ler tudo o que já escrevemos sobre ele e tudo o que já dissemos em nossos editoriais.

Em nossa avaliação, ele desempenha um papel positivo. Apoiamos e vamos continuar apoiando fortemente sua atuação, avançando na direção que ele apontou em relação ao nosso trabalho. Mas temos de traçar uma fronteira, por exemplo, entre seus problemas jurídicos na Suécia e seu papel na divulgação de documentos militares americanos, sendo que nisso o apoiamos cem por cento.

O *The Guardian* não está desenvolvendo projeto especial algum neste início do ano de 2011. Ian Katz sentiu, assim como seus colegas americanos e alemães, que a aliança entre eles é uma força. Eles retomarão a colaboração em outras ações sem qualquer ligação com o WikiLeaks. A possibilidade de montar outras operações com ele e os "cinco" permanece aberta. Isso só depende do que ele possa oferecer e de sua vontade de colaborar futuramente.

Entre os jornalistas envolvidos nessas três operações amplas, alguns viram em Julian um herói. Um herói imperfeito. Por meio de seu envolvimento, viram nele um grande personagem de um momento especial da história da informação que, provavelmente, acabará ganhando o devido reconhecimento. Um homem que define sua época e desempenha um papel positivo. Julian Assange não é isento de defeitos nem de fraquezas, mas esses jornalistas acham que ele age em prol do bem.

Nick Davies foi o primeiro deles. O jornalista fez um acordo com Julian. Uma relação especial nasceu de seu encontro em junho de 2010. Davies achava ter selado um acordo de cavalheiros, mas Assange deu uma leve trapaceada. Frustrado, Nick se aborreceu, tendo a impressão de que o australiano zombava dele.

Nick Davies concordou em nos contar sua história:

Quando trabalhávamos juntos, nós nos entendíamos bem. Eu gostava dele e o achava inteligente, corajoso, interessante e engraçado. Ele até veio a minha casa.

O problema que surgiu é que ele rompeu o acordo muito sério que havíamos fechado em Bruxelas. Esse acordo era de que o WikiLeaks fornecesse ao The Guardian *e ao* The New York Times *(e algum tempo depois a* Der Spiegel *foi incluída) quatro pacotes sucessivos de informações – Afghanistan War Logs, Iraq War Logs, telegramas diplomáticos e arquivos de prisioneiros de Guantánamo.*

Com base nesse acordo, os três jornais investiram muitos recursos nesse projeto – e Julian sabia muito bem que houve todo esse investimento somente porque havia garantido que eles teriam a primazia na publicação.

Nós nos esforçamos ao máximo para manter o projeto em segredo, a fim de protegê-lo de ataques americanos, e isso implicava mentir para os amigos, para a família e para os colegas sobre o que estávamos fazendo.

Com base nesse acordo, os jornalistas e editores envolvidos confiavam uns nos outros e em Julian.

Todos nós ficamos muito chocados ao descobrir que [quarenta e oito] horas antes da publicação dos Afghanistan War Logs, Julian, por trás de nossas costas, forneceu a base de dados afegãos à CNN, à Al Jazeera e ao Channel 4. Descobrimos também que ele fornecera informações para certos artigos em outros veículos. Isso tudo era uma violação grave de nosso acordo. Isso implicava um claro risco de que um desses outros veículos de mídia desse as informações em primeira mão – e o Channel 4 certamente iria tentar fazer isso. Isso significava que havia uma violação importante da segurança, com um novo contingente de pessoas sendo informado do projeto em um momento no qual o projeto estava muito vulnerável a um ataque americano.

Do ponto de vista pessoal, foi uma violação muito surpreendente da confiança que tínhamos nele. Ao descobrir que ele havia feito isso, todos nós ficamos furiosos e chocados. Conversei então com nosso responsável por investigações no The Guardian *[David Leigh] para saber como reagir.*

Nós concordamos que deveríamos fazer alguma coisa para demonstrar nossa reprovação. [...] Eu sugeri cortarmos todo contato com ele [...] Então terminei o trabalho em curso sobre os maus-tratos infligidos aos prisioneiros no Iraque e saí do projeto para me concentrar em outros trabalhos.

David Leigh então retomou a tarefa de fazer a ponte com Julian. Este rompeu novamente o acordo pedindo à Al Jazeera e à agência de jornalismo investigativo que fizessem programas de televisão baseados nos dados iraquianos.

David também cortou contato com ele.

Acho que é justo dizer que ele demonstrou a todos nós que não podíamos confiar nele. Parecia que ele resolveu se indispor com os veículos de mídia que estavam dispostos a apoiar o projeto WikiLeaks.

No seio das redações dos cinco, poucos jornalistas deixam de prestar solidariedade. Todos mantêm com carinho o desígnio compartilhado no início da aliança com Julian. Eles continuam adotando a visão dele, aquela de combater a cultura do sigilo e de fazer as informações circularem livremente. De combater as más formas de governo, assim como o despotismo, a corrupção e o abuso de poder em todas as esferas.

Ian: Acho sobretudo que ele vê que há muita injustiça neste mundo: o massacre de civis no Afeganistão, a espionagem feita pelos diplomatas americanos, a corrupção na Rússia, enfim, situações que a divulgação de informações pode combater. Acredito que é isso que nutre sua paixão.

Não demora para que o *The New York Times*, por sua vez, tenha relações tumultuadas com Assange. Quando lembra do final de junho de 2010, Bill Keller, o redator-chefe, descreve um *hacker* que mais parece um sem-teto. "Eu fiquei interessado. Mas, como se não bastasse ser bem complicado, o projeto implicava uma fonte esquiva, manipuladora e volátil. E que logo se tornaria hostil conosco". Quando o jornalista Éric Schmitt desembarca em Londres para verificar a veracidade dos documentos, suas primeiras impressões são promissoras, mas rapidamente os comentários sobre Julian Assange se tornam pouco elogiosos. Em seu primeiro encontro, o australiano está disfarçado de mulher por temor de ser seguido: "Ele parecia uma mendiga e usava uma jaqueta esportiva pavorosa, calça larga, uma blusa e meias sujas. E cheirava mal, como se fizesse uma semana que não tomava banho".

Os três da aliança montam uma base de dados que permite fazer pesquisas bem precisas, a fim de processar da melhor maneira possível os documentos recebidos pelo WikiLeaks. Para poder comentar com toda a discrição a evolução do trabalho, eles adotam códigos. Keller explica: "Assange foi sempre chamado de 'a fonte' e os dados, de 'o pacote'". Para o redator-chefe americano, o mais importante reside na manipulação dos documentos. O trabalho jornalístico demanda manter o anonimato dos protagonistas sempre que necessário e embaralhar os dados que poderiam dar informações estratégicas aos inimigos dos americanos no

Afeganistão. O *The New York Times* quer manter o máximo de liberdade em relação a Assange, que prega um jornalismo "científico", através do qual o público pode forjar uma opinião com base em uma informação bruta.

A cólera e a ruptura começam a se esboçar entre as duas partes em outubro de 2010. Julian Assange passa a se irritar com essa liberdade jornalística. A situação se agrava quando o jornal americano publica um perfil de Bradley Manning. "Ele nos reprovou dizendo termos explorado em excesso o lado psicológico de Manning, em detrimento de seu despertar político", escreve Bill Keller.

As represálias não tardam. Assange não quer mais partilhar suas informações com o *New York Times*, e sim com o *The Washington Post*. Em novembro, quando ele libera novos documentos para o *The Guardian*, a redação britânica opta por manter sua colaboração com Bill Keller. Julian fica furioso. A ruptura está em marcha. Keller faz a seguinte análise: "Parece que daqui em diante o *The Guardian* está na lista de inimigos do WikiLeaks. Primeiro por ter partilhado os documentos conosco, depois por ter mencionado as acusações de estupro dirigidas a Assange na Suécia".

Por fim, o redator-chefe do *The New York Times* assegura estar disposto a se opor a toda tentativa de perseguição de Assange movida pela publicação desses documentos, em nome da liberdade de expressão: "Não considero Assange um parceiro, e hesitaria em qualificar de jornalismo aquilo que o WikiLeaks faz, mas é assustador pensar que o governo possa perseguir o WikiLeaks por causa da publicação de segredos".

Seis meses após o início de uma parceria até então inédita, Bill Keller deplora que o fundador do WikiLeaks esteja chafurdando em seu exílio, tomado por uma paranoia delirante e pelo deslumbramento com sua condição da celebridade. Por sua vez, Julian Assange se posicionou em relação a essa avalanche de críticas. Em uma mensagem postada no Twitter, o WikiLeaks repreendeu o *The New York Times* por propagar "uma calúnia, sob a justificativa de estar apenas cumprindo seu papel. Os fatos são falsos do começo ao fim. Um dia sombrio para o jornalismo americano".

O rompimento é consumado.

31

Transparência

O "efeito Streisand" é um fenômeno *on-line* que ocorre quando uma tentativa de esconder ou remover informações tem o efeito não intencional de aumentar substancialmente sua publicidade.

Em 2003, Barbra Streisand tentou abrir um processo contra o fotógrafo Kenneth Adelman e o *site* pictopia.com, que publicou uma foto aérea de sua casa. Adelman alegou que havia fotografado propriedades de frente para o mar para documentar a erosão da costa, como parte de um projeto. Depois que o caso foi julgado, a divulgação pública da fotografia aumentou substancialmente, com mais de 420.000 visitas ao *site* durante o mês seguinte. A partir daquele momento, o fenômeno foi chamado de "efeito Streisand".

Julian Assange e o WikiLeaks haviam experimentado o "efeito Streisand" muitas vezes: com o caso do Grupo Julius Baer, por exemplo. O WikiLeaks publicou os nomes de 1.600 clientes que possuíam contas nas Ilhas Caimã. O Grupo Julius Baer revidou, abrindo um processo contra eles e exigindo que removessem a lista de seu *website*. Julian contra-atacou e apontou o dedo para os responsáveis por estimular aquela fraude secreta. Como resultado, centenas de pessoas repassaram a informação em *sites* e *blogs*, a tal ponto que se tornou um absurdo retirar os documentos do WikiLeaks, então o Grupo Julius Baer desistiu da ação.

Quando a televisão islandesa quis transmitir um relatório sobre o banco Kaupthing, explicando que tinha documentos para provar que o banco havia cometido uma fraude grave, a estação recebeu um mandado proibindo a transmissão do relatório. Em vez de transmiti-lo, a estação mostrou o *site* do WikiLeaks na tela. Os islandeses correram para seus computadores e baixaram os documentos comprometedores.

Assange deu palestras em diferentes eventos até novembro de 2010, alegando estar sendo seguido e ameaçado pelo governo americano. Em seguida, a polícia sueca o prendeu. Ele fez um alvoroço. Julian atraiu enorme interesse da mídia e do público em geral. O impacto foi de nível máximo. Ele se tornou uma figura altamente midiática. Habilmente eludiu o caso sueco, passando a mensagem da transparência, da verdade, da liberalização da internet e sua teoria da governança conspiratória e como ele propunha expô-los graças aos meios técnicos acessíveis a todos. Os cidadãos controlariam os governos.

Sua teoria sobre a verdade remonta à questão das missões diplomáticas. Desde 28 de novembro de 2010, o WikiLeaks tem exibido progressivamente sua coleção de 250.000 cabogramas diplomáticos americanos.

Tratar dos problemas sem violência, lidando de modo adequado com as negociações entre as pessoas, grupos ou nações, era trabalho para a diplomacia. Mas a mediação exigia manter em mente os valores humanos globais.

Jornalistas e políticos ajudaram a criar o medo da retórica em seus discursos escrevendo duas palavras que não se misturavam muito bem: ditadura e transparência.

Como poderia a transparência levar a algum tipo de ditadura? Percebendo que os governos sempre se colocam acima da lei.

O sigilo era normalmente apresentado como componente essencial da governança, princípio tão amplamente aceito que muitos jornalistas achavam que o trabalho do WikiLeaks tinha mesmo ido longe demais. O trabalho de um jornalista é, na verdade, revelar os trâmites ocultos dos Estados e oferecer uma visão da realidade que permita a todos formarem suas próprias opiniões.

Segundo Romain Bertrand: *"A eficiência do sigilo como modo de persuasão ou legitimação exige que sua existência seja reconhecida, mas seu conteúdo, ignorado*[14]*"*. Se houve um ponto em que o WikiLeaks insistiu, foi que o sigilo existia. O objetivo de Julian era revelar seu conteúdo, mas ao fazer isso ele alertou os governos de que deveriam rever o modo como protegiam suas descobertas mais valiosas. Ele bancou o bobo da corte que alertou o rei sobre o que seus súditos pensavam ao passo que ele mesmo não honrava seu posto apropriadamente.

Se os líderes governamentais fossem as estrelas da dança política, os diplomatas seriam seu corpo de baile. As pessoas sussurravam nos bastidores do poder, e Julian, como um diabinho, passou uma rasteira naqueles que se sentiam abençoados antes de entrarem no palco. E isso os trouxe de volta à terra, como o resto de nós!

Aqui estão alguns rumores de cabogramas diplomáticos:

Diplomatas norte-americanos disseram que o presidente russo Dmitri Medvedev "é o Robin do Batman-Putin".

O primeiro-ministro italiano Silvio Berlusconi é visto como "vaidoso e ineficaz como líder europeu moderno".

---

14 – Bertrand, Romain, *Sorcery and Politics. About the Occult Dimension of Public Sphere in Indonesia*, Politix, volume 14, no. 54, julho de 2001, pp. 43-73.

O presidente francês Nicolas Sarkozy é "suscetível e autoritário".

O presidente do Afeganistão, Hamid Karzai, é descrito como "fraco" e "facilmente influenciável".

O presidente do Zimbábue, Robert Mugabe, é um "velho louco".

O líder líbio Muammar Gaddafi sempre viaja acompanhado de uma "loira voluptuosa" que ele apresenta como sua "enfermeira ucraniana".

O rei Abdullah, da Arábia Saudita, acha que o presidente paquistanês é "podre".

Um conselheiro diplomático francês descreve o Irã como um "Estado fascista".

O diretor do Banco da Inglaterra acha que seu primeiro-ministro é "superficial".

Enquanto classificava essas correspondências semissecretas, Anne Applebaum, do *The Washington Post/Slate column*, disse que as pessoas caem das nuvens. Elas ficam chocadas, escandalizadas e horrorizadas com essas "avaliações" descrevendo seus chefes de Estado e percebendo que os diplomatas "julgam" seus interlocutores em linguagem muito comum, do mesmo modo que julgamos nossos colegas ou superiores.

Quem ficou verdadeiramente desconfortável com tudo isso? Os autores de palavras como essas, que deviam ser os últimos defensores de uma linguagem casta e que obviamente não eram mais? Os homens que foram seu alvo e tiveram de enfrentar um espelho distorcido? A verdade fere!

Para que esses comentários fossem publicados, só foi preciso que eles parecessem estar bradando a verdade, o que combina com o que já suspeitávamos!

Os vazamentos do WikiLeaks provavelmente não afetariam a política externa norte-americana, mas teriam um impacto sobre o modo como os diplomatas trabalhavam em suas respectivas embaixadas. No passado, os embaixadores eram os melhores conhecedores do país em que trabalhavam, a tal ponto que criavam a política externa de seus governos com relação ao Estado em que residiam.

Em 1946, George Kennan, conselheiro americano e diplomata em Moscou, formulou em seu "longo telegrama" de 8.000 palavras o princípio da "contenção", que inspirou a política externa americana com relação à União Soviética durante toda a Guerra Fria. O objetivo da contenção era manter a zona de influência soviética no nível que ela havia alcançado em 1947 e impedir qualquer outro Estado de adotar o comunismo.

Mas, numa era em que a informação circula em tempo real na internet, o papel das embaixadas e dos diplomatas estava destinado ao declínio. Numa época em que a ameaça do WikiLeaks é definida por uma avalanche de documentos classificados como confidenciais ou *noforn* (que não deviam ser liberados a cidadãos estrangeiros), o risco é que os departamentos de Estado não possam mais ter uma conversa honesta com seus aliados ou uma negociação secreta com um inimigo. Ficará mais difícil discutir assuntos delicados dentro dos governos.

O sigilo existe, e o WikiLeaks atualizou sua existência. O conhecimento de seu conteúdo, classificado como ultrassecreto, dar-se-á num círculo ainda menor com o perigo de que os elementos mais importantes não sejam transcritos mais de uma vez. Um ex-embaixador americano no Oriente Médio explica: "Se existirem relatórios e comunicações menores e em menor número, o que é catastrófico quando você precisa reconstituir o que aconteceu, as consequências serão dramáticas, e uma situação que já não era boa pode deteriorar. Todos vão começar a passar as informações adiante verbalmente para perceber, no final, que ela chegará totalmente deformada".

Muitos comentaristas alegam que os memorandos revelados pelo WikiLeaks não continham nenhuma novidade. No entanto, em meio a tantas coisas escritas pelos diplomatas americanos que foram publicadas até hoje, havia algumas pérolas.

Na Nigéria, a gigante do petróleo Shell se gabava de ter "gente infiltrada em todos os principais ministérios". A empresa farmacêutica Pfizer contratou investigadores para descobrir provas de corrupção contra o procurador-geral responsável pelo processo legal relativo aos testes clínicos do antibiótico Trovan em Kano, que causou a morte de várias crianças naquele país.

Ao anunciar ao embaixador americano em Paris sua intenção de concorrer à presidência, Nicolas Sarkozy invocou que a França necessitava ter um mandato "semelhante ao de Reagan ou Thatcher." Os socialistas também entraram nos escritórios da embaixada. Hillary Clinton estava preocupada com a dívida americana com Pequim: "Como lidar de modo incisivo com seu banqueiro?". Em 2009, a Nova Zelândia havia "restabelecido totalmente" suas relações de espionagem com os Estados Unidos, expostas em 1985 pela política antinuclear do governo de David Lange.

Aqui está uma visão mundial dos jornais após a publicação dos cabogramas diplomáticos:

The Independent, Robert Fisk – Londres

"Uma enorme quantidade de escritos diplomáticos prova que o esteio da política de Washington para o Oriente Médio está alinhado com Israel, que seu principal objetivo é estimular os árabes a se unirem à aliança americano-israelense contra o Irã, que o norteador da política americana ao longo dos anos tem sido a necessidade de domar/esmagar/oprimir e finalmente destruir o poder do Irã."

Komsomolskaya Pravda – Moscou
"Nem em seus piores pesadelos os diplomatas poderiam imaginar que o mundo inteiro chegaria a ler seus despachos secretos."

La Repubblica – Massimo Razzi – Roma
"28 de novembro de 2010 será lembrado como o dia em que:
A informação tornou-se dependente da internet.
Os cidadãos, pela primeira vez, tiveram acesso a segredos que até agora eram revelados somente pela história, quando e como as autoridades decidissem.
Esses mesmos cidadãos têm, pela primeira vez, a oportunidade de dissecar inúmeros eventos recentes e descobrir as mentiras daqueles que estão no poder.
Do mesmo modo, a informação profissional foi defrontada com um enorme desafio e a possibilidade de emergir vitoriosa."

Süddeutsche Zeitung – Nicolas Richter – Munique
"É uma delação sem precedentes de segredos de Estado, cujas consequências são imprevisíveis. Os americanos verão que as relações que tiveram com muitos países irão sofrer, comprometidas pelo julgamento arrogante que fizeram de seus políticos."

Yediot Aharonot – Sever Plocker – Tel Aviv
"É duvidoso que, em tempos recentes, a política externa e de defesa de Israel tenha sofrido um retrocesso e um reforço tão significativos como o que aconteceu no domingo [28 de novembro de 2010]."

Milliyet – Can Dündar – Istambul
"E o que vai passar pela cabeça do Ministro das Relações Exteriores Ahmet Davutoglu quando for confrontado com americanos que o consideram 'um islamista muito perigoso'? O WikiLeaks nos permitiu realizar o sonho de um 'Estado transparente'... Obrigado, WikiLeaks."

Kayhan – Teerã
"É importante notar que, sem a cumplicidade da mídia do Ocidente, o WikiLeaks nunca teria conseguido atrair a atenção da opinião pública interna e muito menos ser levado a sério. Por que essa informação também teria sido publicada nos jornais *The New York Times*, *Le Monde*, *The Guardian*, *El País* e *Der Spiegel* se o objetivo não fosse convencer a opinião pública do 'perigo' do Irã?"

Al-Quds Al-Arabi – Diário independente pan-arábico publicado em Londres
"O rei saudita não pensou nas consequências dramáticas de um ataque? Essas revelações certamente não agradarão ao Irã... Forte tensão pode ser esperada nas relações entre o Irã e seus vizinhos, principalmente a Arábia Saudita."

La Repubblica – Giuseppe D'avanzo – Roma
"Aqui está um resumo do que os documentos confidenciais revelam sobre a diplomacia americana no WikiLeaks: é o Berlusconi que conhecemos, mas metade do país teimosamente se recusava a 'reconhecer', porque a maior parte da mídia, controlada ou influenciada pelo *Cavaliere* não podia ou não queria divulgar nada."

The Telegraph – K.P. Nayar – Calcutá
"Nos próximos meses, quando os últimos telegramas publicados pelo WikiLeaks tiverem sido analisados, é praticamente certo que os escritórios do primeiro-ministro indiano emitam uma mensagem 'ultrassecreta' dizendo aos diplomatas indianos para serem prudentes quando lidarem com seus colegas americanos."

El País – José Ignacio Torreblanca – Madri
"É muito provável que o WikiLeaks tenha colocado o último prego no caixão da diplomacia clássica."

Podemos perceber que cada um dos jornais enfatizou sua escolha e a interpretou a seu modo. Festejar a verdade não cobriu o filtro necessário da imprensa tradicional mundial, um filtro sujeito às pressões do governo, caso do jornal francês *Le Monde*, que censurou um cabograma diplomático expondo proeminentes políticos franceses

O cabograma revelava que em junho de 2009, quatro dias depois da morte do presidente do Gabão, Omar Bongo, um alto funcionário do Banque des États d'Afrique Centrale (BEAC) alegou que o clã de Bongo havia desviado fundos que chegavam a trinta milhões de euros em seu benefício e no de partidos políticos franceses. O furo foi imediatamente captado pelo *El País*, mas não pelo *Le Monde*, que preferiu dizer que a informação não era segura o suficiente por causa de um comentário no final do cabograma, assinado pela embaixatriz americana em Camarões, Janet Garvey: "A embaixada americana não foi capaz de determinar a veracidade da alegação de que políticos franceses se beneficiaram das perdas do BEAC".

Entretanto, o *Le Monde* "esqueceu" um cabograma dirigido ao Secretário de Estado americano pela Embaixada Americana em Paris (cabograma 07PARIS306). Esse documento trazia um instrutivo ponto de vista da embaixada americana em Paris sobre a mídia francesa, entre outras coisas:

"17. Os melhores jornalistas franceses costumam ser produto das mesmas escolas de elite de muitos líderes do governo francês. Esses jornalistas não necessariamente encaram seu papel primordial como o de conferir o poder do governo. Em vez disso, muitos se veem mais como intelectuais, preferindo analisar eventos e influenciar leitores em vez de relatar eventos.

18. A mídia do setor privado na França – impressa e transmitida – continua a ser dominada por um pequeno número de conglomerados, e toda a mídia francesa é mais regulamentada e sujeita à pressão política e comercial do que a mídia americana. O Conselho Superior do Audiovisual, criado em 1989, nomeia os diretores de todos os canais de transmissão pública da França e monitora seu conteúdo político.

19. O acesso à internet está crescendo a passo firme na França, principalmente entre a geração mais jovem, substituindo rapidamente a mídia tradicional. Todas as principais emissoras de televisão e rádio no país têm seu próprio *website*, assim como a mídia impressa. Os *blogs* são um método cada vez mais popular de comunicação para as minorias e para as ONGs, que os usam para expressar opiniões que acreditam não ter ressonância na mídia tradicional".

"A transparência e o discernimento não são incompatíveis", escreveu Sylvie Kauffmann, diretora-executiva do *Le Monde*. Aparentemente, o *Le Monde* escolheu o discernimento e guardou a transparência para outro cabograma. Foram os *bloggers* e os jornalistas independentes que acusaram o jornal de omissão. E surge novamente a pergunta: podemos considerar jornalismo o que Julian fez? Será o jornalismo a liberação de informação que é mais crua do que a informação da grande imprensa?

Jack Shafer, da revista *Slate*, escreveu: "Assange atormenta os jornalistas que trabalham com ele porque se recusa a assumir qualquer dos papéis que esperam que ele desempenhe. Ele age como uma fonte de vazamentos quando lhe convém. Disfarça-se como sendo de uma editora ou agência de notícias quando isso lhe é vantajoso. Como agente de relações públicas, manipula novas organizações para maximizar a publicidade para seus 'clientes', ou, quando motivado, ameaça atirar bombas de informação feito um agente provocador. Ele é um camaleão astuto que não fica parado, um negociador imprevisível que está sempre mudando as condições do acordo".

Os jornalistas estavam se afastando de Julian, embora continuassem interessados em publicar histórias baseadas nos cabogramas divulgados no WikiLeaks. O comitê de liberdade de imprensa do Overseas Press Club of America o declarou "não um de nós". A Associated Press, que certa vez ingressou com uma ação judicial a favor de Julian, recusou-se a tecer comentários.

E o National Press Club, de Washington, o espaço onde há menos de um ano Julian Assange deu uma conferência para a imprensa, decidiu não falar em seu favor.

Segundo Lucy Dalglish, diretora-executiva do Comitê dos Repórteres para a Liberdade de Imprensa, o problema em falar pelo WikiLeaks é que ela não considerava Julian Assange um jornalista.

Ela disse que, embora Julian "tenha feito algumas coisas que jornalistas fazem... Eu argumentaria que o que o *The New York Times* faz é mais jornalismo. Eles examinam cuidadosamente a informação... Analisam as fontes externas. Eles assumem responsabilidades. Identificam-se publicamente... Agregam algum valor. Fazem algo original com ela".

Mas Joel Simon, diretor-executivo do Comitê para a Proteção dos Jornalistas, com sede em Nova York, acredita que, se Julian fosse processado, "seria porque ele é jornalista".

O WikiLeaks representou um recém-chegado não convencional que oferecia material para qualquer um analisar, e ao mesmo tempo driblava os clássicos fluxos de informação e todos os seus filtros éticos, políticos e comerciais.

Com o WikiLeaks, os jornalistas voltavam a driblar o caminho tradicional da informação entre as fontes e o público. O WikiLeaks havia sido enfiado entre um e outro. Já fora colocado de lado pela nova maneira com a qual o público podia adquirir informações, por dizer o que pensava, confrontado com uma crise dupla de legitimidade e confiança por parte do resto da população. Os jornalistas não gostaram nem um pouco.

Há um ano, falou-se de uma crise jornalística (falta de credibilidade, falta de condições para os jornalistas investigativos, editores brigando com grupos industriais, pressão política) que viu a criação de conselhos editoriais alternativos formados por *bloggers* e jornalistas *freelance* que queriam permanecer independentes. O WikiLeaks apareceu e forneceu ainda mais meios para esse novo tipo de jornalismo.

"Os meios de comunicação tradicionais não estão mais sozinhos; agora existe a internet." – *El País*

"Embora os jornalistas quase sempre fiquem a portas fechadas esperando por uma comunicação oficial, desta vez estão no cerne das conversas diplomáticas e políticas." – *Le Monde*

O jornalismo que o WikiLeaks propôs é denominado "jornalismo de dados". Esse monte de dados representa uma rica fonte para jornalistas investigativos, que agora poderiam fazer seu trabalho do modo que deveriam: buscar pepitas de informação e exibi-las à luz do dia. Para os que alegam que os artigos do WikiLeaks não fizeram grandes revelações, eles eram, no mínimo, confirmações. O dom de Julian era saber colocar os holofotes sobre eles e explicar o poder da verdade. Ao fazer isso, ele advogou a transparência de qualquer governança.

Segredos abertos surgiram como ideias novas e de repente atingiram um número muito maior de pessoas. Julian instigou as opiniões e criou alvoroço.

Parte IX
O teste final

Sempre se pode apagar o passado: é uma questão de arrependimento, de retratação, de esquecimento. O que não se pode é evitar o futuro.
– Oscar Wilde

32

O homem e seu oposto

Os fatos aqui relatados são reais, pelo menos os que foram contados e divulgados pelas partes envolvidas em um delicado processo sueco. Cada um tem seu relato, sua visão e sua parcela de verdade. Vejamos uma parte da verdade, a qual pode ser apenas versão ou uma possibilidade.

Perto das 11h da manhã, o auditório do LO-borgen, em pleno centro de Estocolmo, acaba de lotar. A sala está com sua capacidade para 40 pessoas esgotada. Todos estão ali para assistir à conferência de Julian Assange. O interesse por esse seminário é tamanho que ele será transmitido em tempo real na internet. Algumas pessoas, principalmente os técnicos, estão de pé. Na moldura da porta lateral aberta, podem-se ver fotógrafos, com câmeras nas mãos, aguardando. Uma câmera instalada no fundo da sala está pronta para filmar; o público está sentado em silêncio.

Julian Assange foi convidado para ir à Suécia pelo movimento de centro-esquerda Fraternidade, o *Broderskap*, ligado ao Partido Social-Democrata Cristão daquele país. Ele terá diversos encontros com organizações políticas e jornalistas nos próximos dias.

Assange chegou à capital sueca com três dias de antecedência, na quarta-feira, 11 de agosto de 2010. Durante sua estada, fica hospedado no apartamento da secretária política do *Broderskap*, Anna Ardin, uma bela loura de 31 anos. Ambos não se conhecem pessoalmente e só tiveram contato por telefone e *e-mails*. Anna se dispôs a hospedá-lo, mas estará fora da cidade até o dia da conferência.

A Suécia é um território interessante para Assange e o WikiLeaks. Julian deve aproveitar a estada para checar a viabilidade de implantar sua organização por lá. Afinal de contas, a Suécia tem numerosas leis que protegem a mídia. Por outro lado, a Islândia foi a base inicial da organização, e uma das empresas que dirigem o WikiLeaks, a *Sunshine Press*, está instalada por lá. Entretanto, segundo Assange, o controle exercido pelos Estados Unidos sobre a política islandesa torna esse país pouco confiável, para não dizer perigoso, para sua organização.

No dia seguinte a sua chegada, na quinta-feira, 12 de agosto de 2010, Julian janta com militantes engajados por uma governança aberta e um jornalista americano que deseja falar com ele sobre seu livro ainda inédito a respeito do clã Bush. Todos se encontram no Beirut Café. O jornalista em questão é Dexter Filkins, então do *The New York Times*, mas que entrou para a equipe da *The New Yorker* em dezembro de 2010. Ele também é o autor de *The Forever War*, que relata sua experiência no Afeganistão e no Iraque.

Quanto a Anna Ardin, sua chegada está prevista para sábado, 14 de agosto de 2010. Ela chega, porém, um dia antes e se depara com Julian em seu apartamento. Conversam um pouco, têm um bom entrosamento e concluem que podem conviver por alguns dias.

A jovem, que na realidade é cubana e cujo nome real seria Ana Bernardín, se apresenta em seu *blog* como "cientista política, comunicadora, empresária e escritora *free-lancer*, com amplo conhecimento sobre religião e política, questões de igualdade, feminismo e América Latina". Formada na Universidade de Uppsala, na Suécia, sua tese de mestrado foi sobre pluripartidarismo em Cuba.

Nessa primeira noite, eles jantam em um restaurante próximo ao apartamento dela. Segundo o *The Guardian*, Anna relatou que, na volta ao apartamento, aconteceu o seguinte:

"Enquanto eles tomam um chá, Julian começa a acariciar a perna da moça e depois arranca o colar e as roupas que ela estava usando. Ela tenta se vestir de novo, porque a abordagem acelerada a desagrada, mas ele arranca as roupas dela novamente. Ela não quer continuar, mas é tarde para deter Julian. A situação já foi longe demais, então ela se deixa despir."

Na sequência, ela percebe que Assange quer fazer sexo com ela sem proteção. Ela tenta várias vezes pegar um preservativo, mas ele a impede, imobilizando seus braços e pernas. Por fim, ele solta a moça e concorda em usar o preservativo. Anna não se sente à vontade. Durante o intercurso sexual, o preservativo se rompe. Julian ejacula dentro da moça. Anna então o repreende por não ter interrompido a relação.

No dia seguinte, no LO-borgen, Julian é o orador principal do seminário War and the Role of the Media (A guerra e o papel da mídia). Após uma breve introdução de Peter Weiderud, o presidente da agremiação *Broderskap*, o homem que criou o WikiLeaks se levanta e caminha em direção à tribuna.

O presidente lhe diz: "Pode tomar a palavra". Julian se instala, ajeita os microfones e começa com um toque de humor: "Estou com a palavra, mas será que vou atrair seus olhares? Estou extremamente feliz por estar aqui".

Visivelmente fascinada, uma jovem sentada na primeira fila não tira os olhos do número 1 do WikiLeaks. Ela usa óculos escuros e um pulôver de caxemira fúcsia que chama a atenção dele. Alta e esbelta, seus longos cabelos castanhos estão presos por um elástico azul-turquesa. Sofia Wilén tem 27 anos. Ela observa e escuta, como o restante da plateia.

Todos estão concentrados nas palavras de Julian Assange. O presidente está sentado na frente do telão, voltado para o público, e apenas um console separa os dois homens. À esquerda dele, Anna Ardin mantém seu *notebook* diante de si. Postado na tribuna, Assange está à direita de Peter Weiderud e se dirige ao público por um ângulo oblíquo. Sofia Wilén metralha Julian Assange com sua câmera fotográfica durante os 90 minutos da palestra.

Algumas semanas antes, Sofia Wilén descobrira Julian Assange pela televisão, em uma reportagem sobre o WikiLeaks. Ficou imediatamente fascinada pelo homem e intrigada com sua atuação. Ela disse a amigos que o achava "interessante, corajoso e admirável". Desde então, ela acompanha avidamente as notícias sobre ele e se tornou uma partidária fervorosa da organização WikiLeaks.

Certa noite, fazendo uma pesquisa no Google, ela descobre que ele virá em breve a Estocolmo. Determinada, Sofia faz contato com o movimento *Broderskap*, que organiza a conferência, e se oferece para atuar como voluntária no evento, mas não obtém resposta. Posteriormente, ao ver a chamada publicitária do seminário, ela decide tirar folga naquele sábado preciso e ir à capital sueca para assisti-lo.

"Eu estava lá pontualmente e consegui entrar em contato com Assange. Ele veio em minha direção e perguntou se eu podia ajudá-lo a achar um cabo para seu computador."

A jovem pegou um táxi imediatamente, foi comprar um cabo e voltou em cima da hora para a conferência.

Julian fala durante uma hora e meia, dominando o público por completo. Sua explanação pausada é acompanhada pela projeção de dados no telão. Surgem alguns problemas técnicos, mas ele os encara com descontração e humor. Anna Ardin, que passou a noite anterior com ele, é quem o ajuda nesses momentos, fazendo o papel improvisado de assessora de imprensa em prol de seu movimento.

Uma série de perguntas e respostas encerra a conferência, e o presidente agradece ao público e a Assange pelo êxito do seminário. A reunião é finalizada com uma ponta de humor, com Peter Weiderud perguntando a seu convidado: "Você voltará logo à Suécia?". Julian então menciona sua afeição pelo país e conclui sorrindo que "a Suécia é muito agradável no verão, mas no inverno é melhor ainda".

São 14 horas. Todo mundo ri e aplaude calorosamente. Alguns jornalistas se espremem para entrevistar Assange. A aglomeração diminui, mas uma jovem não arreda pé. "Ela era um pouco esquisita e queria chamar a atenção de Julian. Ninguém sabia direito quem ela era", comenta depois um dos participantes, o qual acrescenta: "Quando todo mundo foi embora, ela permaneceu lá".

Assange, acompanhado de amigos e alguns democrata-cristãos, vai almoçar no bistrô Bohème, na Rua Queen. Sofia Wilén também vai. Durante o almoço, Julian a cerca de atenção e enlaça seu ombro. A certa hora, pergunta se ela pode comprar um carregador de bateria para o computador dele. Sofia fica lisonjeada e, a essa altura, parece-lhe evidente que Julian está interessado nela. Aliás, a atração é mútua.

Eles saem juntos do bistrô e vão ver o filme *Fundo do Mar 3D* no Cosmonova, um cinema de Estocolmo. Sentados na última fila da sala, desfrutam momentos de intimidade e ficam de mãos dadas durante a projeção. O australiano a acha muito atraente. Ele a beija e a acaricia sob as roupas.

Enquanto isso, Anna Ardin finaliza a organização de uma *kräftskiva* em homenagem a Julian Assange. Trata-se de uma tradicional festa de verão sueca, que consiste na degustação de lagostins, em geral acompanhada de bebidas alcoólicas.

Ao sair do cinema, Sofia e Julian pegam novamente o metrô até a estação Zinkensdamm. Lá, ele deixa a moça e pega um táxi para ir à *kräftskiva* organizada por Anna Ardin. Sofia pergunta antes de se separarem: "Vamos nos ver de novo?" Assange responde: "Claro".

Sofia volta para Enköping de trem. Enköping é uma cidadezinha de 38 mil habitantes no condado de Uppsala, situada 80 quilômetros a noroeste de Estocolmo. O trajeto até seu apartamento dura uma hora. Assim que chega lá, recebe um SMS de Julian. Ela telefona para ele, que ainda está na festa. Eles conversam longamente e trocam vários SMS ao longo da noite.

No domingo, 15 de agosto de 2010, Sofia conta a colegas sobre seu encontro fabuloso com aquele que ela considera "o jornalista mais conhecido do mundo". Eles sugerem que agora cabe a ela a iniciativa de procurá-lo caso queira revê-lo. Ela tenta ligar para Julian, mas o telefone dele está desligado. Nesse dia ele não responde às suas ligações. Ele está com Rick Falkvinge e Anna Troberg, do Partido Pirata, para uma sessão fotográfica que visa demonstrar o apoio deles ao WikiLeaks.

A jovem tenta contatá-lo novamente na segunda-feira, dia 16, e desta vez ele responde dizendo ter um compromisso nessa noite, mas que deve estar liberado às 20h30. E propõe que eles se encontrem mais tarde, o que ela aceita imediatamente. Ela fica andando por Estocolmo à espera dele, mas por volta das 21 horas, ele ainda não deu nenhum sinal. Ela então decide ligar para ele. Julian está em Hornsgatan, acaba de se liberar de seu compromisso e pede que ela vá ao seu encontro. Sofia concorda.

O casal se encontra um pouco mais tarde e caminha até a parte antiga da cidade. Sentam-se em um banco no parque Munkbron, conversam por um bom tempo e depois tomam o trem para Enköping, no intuito de ir para o apartamento de Sofia. Ela paga 107 coroas suecas (cerca de 17 dólares) pelos dois bilhetes de trem. Ele está sem dinheiro e não quer usar seu cartão de crédito para não deixar pistas. Assange passa a maior parte do trajeto consultando seu computador e praticamente ignora Sofia.

No apartamento, Julian e Sofia se deitam a fim de fazer amor, mas Julian não quer usar preservativo. Sofia se afasta, pois não quer ter relações sexuais sem proteção. Julian então perde o interesse pela jovem e adormece. Eles acordam durante a noite, fazem amor uma vez e Assange concorda a contragosto em usar um preservativo.

De manhã, ela sai para comprar o café da manhã, depois volta para a cama e dorme de novo ao lado de Julian. Acordando em meio a um novo intercurso sexual, ela pergunta se ele está usando preservativo e obtém uma resposta negativa. Ela diz esperar que ele não tenha AIDS, e ele lhe assegura não ter a doença. Ela não suporta a ideia de pedir novamente que ele use preservativo, pois já insistiu nisso durante a noite inteira. Esta é a primeira vez que ela tem relações sexuais sem proteção, e isso a deixa com muita raiva de Julian.

Mesmo assim, quando eles saem da cama, ela lhe oferece uma tigela com cereais e suco de frutas. Eles brincam que ela pode estar grávida. Sofia se incomoda com o clima estressante, então faz piadas sarcásticas para desanuviar a tensão.

Eles vão juntos, na bicicleta de Sofia, até a estação de trem. Assange tem de voltar a Estocolmo para um encontro ao meio-dia com Agneta Lindblom Hulthén, presidente do Sindicato Sueco de Jornalistas. Julian transfere o encontro com a jornalista para as 16 horas. A moça o deixa na estação e, como ele continua sem dinheiro, paga novamente seu bilhete de trem. Ele promete que lhe telefonará.

249

Na quarta-feira, 18 de agosto de 2010, há uma reviravolta. Sofia entra em contato com Anna para contar que teve uma relação sexual sem proteção com Julian Assange. Ela está muito deprimida por ele não ter usado preservativo e teme ter contraído uma doença sexualmente transmissível, ou mesmo AIDS, ou engravidado. Por sua vez, Anna Ardin lhe confessa que também teve relações sexuais com Assange na véspera de sua conferência no LO-borgen e que Julian inclusive a violentou.

No mesmo dia, Anna diz a Julian que ele não é mais bem-vindo em seu apartamento, mas ele se recusa a ir embora. Após sua conversa telefônica com Sofia Wilén, a moça entra em contato com um colaborador próximo do WikiLeaks na Suécia informando-o de que quer Assange fora de seu apartamento, mas ele não quer ir embora e continua dormindo em sua cama, embora os dois não se deitem mais juntos. De fato, Julian continua no apartamento dela, mas passa a maioria das noites sentado diante do computador. O amigo acionado então pergunta a Julian por que ele se recusa a sair do lugar. Julian fica surpreso e diz que Anna nunca lhe pediu para sair. Ardin, por sua vez, conta que Assange continuou a assediá-la sexualmente. Nessa mesma noite, ele se aproxima, nu da cintura para baixo, e se esfrega na moça.

Nos dois dias subsequentes, o clima fica mais tenso. As duas mulheres trocam SMS e decidem se encontrar para partilhar suas experiências. Julian continua plantado no apartamento de Anna Ardin.

Anna pede ao tal colaborador que convença Julian a fazer um exame de DST[15], a fim de tranquilizar Sofia. Assange se recusa. Anna então afirma que Sofia o denunciará à polícia, mas ele não cede à chantagem.

Na sexta-feira, 20 de agosto de 2010, já faz uma semana que o fundador do WikiLeaks dorme no apartamento de Anna Ardin, fora a noite que passou em Enköping com Sofia. Por fim, Julian Assange vai embora. Ele afirma que a jovem só lhe pediu para deixar o imóvel nesse dia.

As duas mulheres se encontram às 14 horas em uma delegacia de polícia no centro de Estocolmo, em busca de orientação. Elas querem saber se é possível obrigar Assange a fazer um exame de DST. Nisso já se passaram seis dias desde que Julian Assange participou da conferência no LO-borgen.

---

16 – Doenças sexualmente transmissíveis. (N. da T.)

33

Represálias

"Acreditei imediatamente em sua história, pois tive uma experiência semelhante à que ela me contou."

As noites suecas de Julian Assange terão sérias consequências. A ida de Ardin e Wilén na sexta-feira, 20 de agosto de 2010, à delegacia de polícia de Klara, no centro de Estocolmo, transtorna a vida do australiano.

Resta saber como Sofia achou Anna e por que entrou em contato com ela. As duas mulheres afirmam ter-se conhecido no Facebook. Elas também participaram do mesmo seminário, aquele no LO-Borgen, em que Anna Ardin desempenhou com perfeição seu papel de assessora de imprensa improvisada, no dia seguinte a sua noite com o fundador do WikiLeaks, e no qual Sofia Wilén fez de tudo para atrair o olhar do mesmo homem.

Naquela tarde de sexta-feira, as duas se encontram e comparam suas histórias. Às 14 horas, elas chegam juntas à delegacia de polícia, com o intuito principal de pedir orientação. Anna acompanha Sofia para lhe dar apoio moral e ajudá-la em sua declaração.

Elas são recebidas por uma policial. O depoimento de Sofia é o seguinte:
"Fui estuprada em meu apartamento na manhã de terça-feira, 17 de agosto de 2010; um homem teve relações sexuais comigo contra minha vontade".

Ela quer saber se é possível obrigar Julian Assange a fazer um exame de DST. Anna, que veio apenas para dar apoio moral, declara ter tido relações sexuais com o mesmo homem e que ele rasgou o preservativo deliberadamente durante os intercursos.

Ela não se dá conta de que a policial, que passa a ter boas razões para acreditar que Anna foi vítima de um crime sexual, deve depor sobre seu caso, queira ou não. A seguir, a policial de plantão as escuta separadamente e registra uma ocorrência por violação. A agente conclui que as duas mulheres foram vítimas: Sofia de violação e Anna de agressão sexual. Em seus relatos, elas confirmam a recusa de Assange a usar preservativo no caso da primeira, e a sabotagem do preservativo em relação à segunda.

A policial assistente finaliza sua declaração da seguinte forma:
"Todas as pessoas que interroguei estavam de acordo em concluir que se tratou de estupro".

Ainda nessa sexta-feira, Maria Kjellstrand, a procuradora de plantão, é acionada. Ela confirma que Assange deve ser considerado suspeito de estupro. Às 17 horas, ela acusa Julian Assange por coerção ilegal: embora esteja ausente, ele é suspeito de estupro contra a pessoa de Sofia Wilén e de não haver respeitado a liberdade e a vontade de Anna Ardin. No idioma sueco, a procuradora qualifica o delito cometido contra Anna de *"ofredande"*, que significa negação da liberdade. Não há termo equivalente a essa expressão na lei inglesa.

O depoimento das duas jovens é encerrado às 18h40. Um colaborador sueco do WikiLeaks declara mais tarde que Julian Assange concordou em fazer o exame de DST nessa mesma noite, mas que todas as clínicas estavam fechadas por ser final de semana.

Ainda nessa noite, o jornalista Niklas Svensson, do tabloide *Expressen*, cobre as deliberações relativas ao orçamento da coalizão no poder na Suécia. Ele está em Harpsund, a residência secundária de Fredrik Reinfeldt, o primeiro-ministro sueco. Assim que fica sabendo que Julian Assange é suspeito de estupro, ele volta a Estocolmo.

"Rapidamente passei a concentrar toda a minha atenção nesse caso. Uma hora e meia depois, eu já estava de volta à redação, em Estocolmo. Meu colega Diamant Salihu havia conseguido a confirmação da procuradora sobre o caso e, da minha parte, trabalhei com minhas próprias fontes."

Niklas Svensson é um jornalista político de 38 anos, muito conhecido na Suécia. Polêmico e criticado, não é visto com bons olhos por certos suecos. Segundo uma de nossas fontes em Estocolmo, ele trabalha para um dos jornais mais lidos do país. Em geral escreve a respeito de crimes ou de celebridades, mas há alguns anos passou a se interessar também por política. Com abordagem igual à de um *paparazzo*, ele nunca faz análises profundas. Adepto do sensacionalismo, não hesita em distorcer os fatos em maior ou menor grau, a fim de arquitetar uma história.

Em 2006, Niklas Svensson foi afastado pelo *Expressen* por ter invadido ilegalmente a base de dados do Partido Social-Democrata. Na realidade, ele apenas utilizou uma senha à qual não tinha direito. Passou então a trabalhar de forma autônoma e dirigiu por algum tempo o *blog Politikerbloggen* ou *O blog dos políticos*, que divulga fofocas sobre eles. Em 2007, o *blog* foi comprado pela rede de televisão TV4. Niklas Svensson voltou para o *Expressen* em fevereiro de 2010.

No dia seguinte, um sábado, 21 de agosto de 2010, às 9h15, Julian reagiu em um *tweet*: "Já havíamos sido prevenidos de que poderíamos ser alvo de 'jogadas sujas'. A primeira acaba de começar".

Por sua vez, Anna é novamente interrogada pela polícia e mantém as alegações de abuso sexual feitas contra Assange.

Os jornalistas do *Expressen* finalizam o relato que, em poucas horas, sacudirá toda a imprensa ocidental. Um pouco mais tarde nesse dia, o furacão midiático atinge em cheio o gabinete do procurador sueco. Karin Rosander, a diretora de comunicação da Procuradoria da Suécia, tenta explicar o pedido de prisão contra Julian Assange.

A procuradora-chefe para a região de Estocolmo, Eva Finné, é alertada pela mídia, ao mesmo tempo que recebe o dossiê. Ela rejeita prontamente as acusações de estupro, mas ainda não se pronuncia sobre o assédio sexual. Embora não conteste o testemunho de Wilén, por ora não está convencida de que houve estupro.

Por fim, às 16h48, Eva Finné decide anular o mandado de prisão contra Julian Assange, que, não obstante, deve procurar a polícia para saber se será ou não considerado suspeito de assédio.

De Nova York a Londres, os jornalistas questionam como as suspeitas de estupro puderam ser abandonadas em menos de um dia. Enquanto isso, visivelmente constrangida, Karin Rosander tenta explicar a estranha reviravolta nesse caso a um apresentador da rede de TV Al Jazeera. O apresentador não entende como um erro tão grave pôde ter acontecido. Ela responde sucintamente:

"Não se pode falar em erro, pois a procuradora em questão certamente decidiu com base nas informações disponíveis no momento da decisão".

Essa moça é conhecida pela inteligência, elegância e cultura. Durante a entrevista, ela defende a Procuradoria sueca, dizendo que a procuradora seguira o procedimento normal e tivera de tomar uma decisão rapidamente. Ela salienta que Eva Finné, que rejeitou a acusação de estupro, teve acesso no sábado a informações que o procurador de plantão na sexta-feira desconhecia.

Se rumores falsos se espalharam sobre o assunto, isso se devia sobretudo ao fato de o acusado ser muito conhecido na mídia. A seguir, Karin Rosander se recusa a dar mais detalhes.

Nessa mesma noite, investigadores de polícia vão a algumas boates conhecidas no bairro de Stureplan tentar encontrar o fundador do WikiLeaks na farra, mas este continua com o paradeiro desconhecido.

No domingo, 22 de agosto de 2010, o caso ganha a seguinte manchete no diário sensacionalista *Expressen*: "Julian Assange é acusado de coerção ilegal, estupro e agressão sexual". O artigo é publicado simultaneamente na edição impressa e na internet a partir das 5 da manhã. Niklas Svensson fica satisfeito:

"Quando cheguei em casa às 2h30, percebi que esse poderia se tornar um dos nossos maiores furos de todos os tempos. O que mais me surpreende é que aconteceu bem antes de outros jornalistas cobrirem o caso".

Reação imediata de Assange no Twitter:
"Advertência: os serviços de inteligência dos Estados Unidos planejam destruir o WikiLeaks desde 2008".

Todos os detalhes das acusações feitas contra Assange são revelados no *Expressen*. O jornal pode ser comparado ao *Herald Sun* da Grã-Bretanha: tem o mesmo estilo e a mesma política. Fundado em 1944, esse diário sueco é claramente de centro-direita. Sua linha editorial é descrita como "liberal e independente". As críticas a seu respeito são ásperas, e sua reputação volta e meia é manchada.

Os vazamentos só podem ter origem nas partes queixosas ou na polícia. Será que as duas mulheres recorreram a um jornal sensacionalista para aumentar o embaraço de Assange? Niklas Svensson nega.

"Se foi Anna quem me advertiu da situação? Eu desminto firmemente ter tido o menor contato com ela. Nós absolutamente não nos falamos."

A onda de choque é iminente. Em poucas horas, veículos da mídia internacional estão na Suécia. Enquanto isso, Assange nega todas as acusações feitas contra ele. O homem sob suspeita afirma não ter feito nada de mal e que suas relações sexuais com as duas mulheres foram consensuais.

Ardin, por sua vez, concede uma entrevista, mantendo o anonimato, ao jornal *Aftonbladet*. Atualmente, o *Aftonbladet*, ou "Folha da Noite", é o jornal diário mais lido em toda a Escandinávia. Anna Ardin afirma nessa entrevista que Assange não fora violento nem intimidador. Seguem trechos selecionados.

"Eu não me senti ameaçada. [...] É completamente falso que nós ficamos com medo de Assange. [...] Ele não é violento e eu não me senti ameaçada por ele. [...] A outra mulher queria denunciar um estupro. Eu contei minha história como um testemunho da história dela e para apoiá-la. Nós confirmamos a exatidão das informações que demos. [...] As acusações não são uma encenação. [...] Em ambos os casos, o sexo foi inicialmente consensual e depois se transformou em abuso. [...]"

Ainda nessa entrevista, Anna rejeita as acusações de um complô internacional para fazer Assange cair na armadilha.

"Evidentemente, as acusações feitas contra Assange não foram orquestradas pelo Pentágono ou por quem quer que seja. A responsabilidade do que nos aconteceu a mim e à outra moça cabe somente a um homem que tem uma atitude descabida em relação às mulheres e dificuldade em aceitar um 'não' como resposta."

O *Aftonbladet* faz contato com Julian Assange e pergunta se ele teve relações sexuais com as duas acusadoras. Sua resposta é sem rodeios:

"Como a identidade delas permanece anônima, não tenho a menor ideia de quem são. Fomos advertidos de que o Pentágono, por exemplo, pretende recorrer a jogadas sujas para nos arruinar".

À noite, as duas mulheres contratam, ou aceitam, os serviços de Claes Borgström, o advogado mais célebre e caro do país. Ele fora mediador para a igualdade dos sexos no governo social-democrata anterior da Suécia, retomando o exercício da advocacia em 2008. Na realidade, esse advogado simpatizante do feminismo foi designado para representar as duas querelantes antes mesmo da conclusão da investigação preliminar. Todavia, quem é ele exatamente? E, sobretudo, quem paga seus honorários neste caso? Sabe-se que Anna Ardin e Sofia Wilén não têm meios financeiros para isso.

Claes Borgström é ligado ao ex-ministro da Justiça Thomas Bodström, autor, entre outros, de um editorial para o *Aftonbladet* no qual reivindicava uma ampliação da definição jurídica de estupro. Como advogado pró-feminista, Claes

Borgström se notabilizou por diversas propostas polêmicas. Em 2006, por exemplo, sugeriu que a Suécia boicotasse a Copa do Mundo organizada na Alemanha, a fim de protestar contra o rumor não confirmado de uma intensificação no tráfico de mulheres durante o evento.

No que tange ao estupro, a legislação sueca é exemplar na Europa e, desde 2005, mais severa do que as vigentes nos países vizinhos. A lei dá uma definição ampla a esse crime, o qual se divide em três tipos: o estupro, punido com seis anos de prisão, o estupro grave, que gera pena de dez anos de prisão, e o estupro de menor gravidade, cuja pena é quatro anos de reclusão. Este último consiste na relação sexual com uma pessoa inconsciente, embriagada, enferma ou adormecida. Muitos casos relevantes desse tipo geraram condenações. A lei sueca é de fato especialmente severa com homens que desrespeitam o "não", *principalmente* se a vítima estiver incapacitada de indicar sua concordância com a relação. Mesmo que a relação esteja em andamento, a mulher sempre tem o direito de dizer não, e o homem que não leva isso em conta pode ser acusado. A ampliação da lei triplicou a quantidade de queixas registradas na Suécia, pois o que antes era qualificado como agressão sexual hoje pode se enquadrar na categoria de "estupro".

Assim, a Suécia detém o recorde europeu de queixas por estupro: 53 para 100 mil habitantes em 2010. É o dobro da Grã-Bretanha e quatro vezes mais que a França. As leis suecas ampliaram a possibilidade de apresentar queixa. As vítimas são ouvidas sem preconceito pela polícia. A sociedade eliminou a culpabilidade das mulheres, dando-lhes o poder de dizer não, independentemente da roupa que estejam usando e do grau de ingestão alcoólica.

Entretanto, apenas 5 a 10% das pessoas acusadas de estupro são efetivamente condenadas. É difícil provar que houve estupro quando não há traços de violência. Fica uma palavra contra a outra. A reforma da lei deu um peso maior à palavra feminina, e certos detratores suecos ironizam que não farão mais amor sem autorização por escrito de sua parceira!

34

Histórias de procuradores

"Por que essas acusações vieram à tona agora? Eis uma questão interessante. A polícia não entrou em contato comigo. Essas alegações não têm fundamento e são extremamente perturbadoras."

A questão entra em pauta na última semana de agosto de 2010. Seria uma tentativa de desestabilizar o fundador do WikiLeaks, cujo *site* causa tantos embaraços aos governos? No dia seguinte à acusação de estupro, Julian Assange foi considerado fora de suspeita.

"Em 11 de agosto de 2010 os serviços de inteligência australianos haviam nos advertido de que deveríamos estar preparados para esse tipo de coisa. Eles se preocupavam que pudéssemos ser alvo de algum ataque do gênero", declarou o fundador do WikiLeaks em uma entrevista concedida à rede de televisão Al Jazeera.

"Àquela altura não tínhamos qualquer prova direta de que fosse uma operação dos serviços de inteligência ou mesmo influenciada por eles, mas o contexto atual é perturbador", salienta ele.

TRECHOS DE COMUNICADOS DE IMPRENSA DO MINISTÉRIO PÚBLICO

• Declaração da procuradora Eva Finné, em 23 de agosto de 2010.
Nesse dia preciso, a mencionada procuradora calcula poder tomar uma decisão rápida, salientando, porém, que todos os fatos do caso devem ser atentamente considerados.
"Vou estudar o caso de maneira aprofundada e avaliar os aspectos jurídicos, a fim de poder tomar uma decisão relativa à continuidade da investigação. Acho que poderei dar uma resposta esta semana, talvez amanhã mesmo, terça-feira.

Não tive qualquer contato com Julian Assange e tampouco sei se são verdadeiras as informações de que ele teria um advogado sueco.

Julian Assange não é suspeito de estupro. Vou estudar o caso de forma mais ampla a esse respeito para decidir se outra infração pode ou não ser considerada. Quanto à questão das suspeitas iniciais relativas ao assédio, ainda não fiz uma avaliação.

Minha decisão de anular seu mandado de prisão, já que acho que ele não pode ser suspeito de estupro, não é uma crítica à decisão do procurador de plantão. No sábado, tive acesso a mais informações para tomar minha decisão do que o outro procurador teve na sexta-feira."

• Declaração do procurador-geral, Anders Perklev, sobre as questões de transparência e confidencialidade, em 23 de agosto de 2010

"A pressão exercida sobre as autoridades foi enorme nestes últimos dias, em razão da decisão de prender Julian Assange. O diretor de comunicação do tribunal ficou de plantão durante todo o fim de semana respondendo às perguntas de redações da Suécia e do exterior.

A decisão de detenção e as outras decisões do tribunal são tomadas por um único procurador, sob sua exclusiva responsabilidade, e não pelo tribunal em si. Isso limita as possibilidades de outros, senão o próprio procurador, se envolverem no caso e darem informações ou comentarem uma decisão. Além disso, é preciso levar em consideração a confidencialidade exigida na investigação, a fim de não entravar seu desenvolvimento.

Contudo, é muito importante que a informação que possa ser fornecida seja revelada o mais rápido possível e de maneira correta. Nós o faremos de modo que as autoridades fiquem mais bem preparadas, a fim de poder satisfazer o grande interesse existente por informações relativas a casos de maior repercussão."

CRONOLOGIA DO CASO ASSANGE

• Fatos entre sexta-feira, 20 de agosto, e sábado, 21 de agosto de 2010

Por volta de 17 horas de sexta-feira, 20 de agosto, o procurador de plantão em Estocolmo decide que Julian Assange deve ficar detido à revelia, com base na suspeita de estupro e de assédio sexual. O procurador baseia sua decisão nos elementos do dossiê que a polícia lhe comunicou por telefone, o que corresponde ao procedimento habitual. O procurador também entendeu que se tratava de um elemento estrangeiro prestes a deixar o país. Portanto, um dos motivos do pedido de prisão preventiva é o risco de Assange partir antes que tenham tempo de interrogá-lo.

Não obstante, a informação relativa à sua detenção chega, por meio desconhecido, a um serviço de informação sueco. A redação do referido jornal então faz contato com o procurador de plantão a partir da noite de sexta-feira. Quando o procurador percebe que a redação está a par de todos os detalhes do caso, confirma a existência de um dossiê sobre Julian Assange.

Todavia, o procurador não fornece detalhe algum sobre o caso. Isto é muito importante, em especial em casos de crimes sexuais, pois as pessoas envolvidas devem ser protegidas. Está estipulado na lei sobre confidencialidade.

Assim que a notícia aparece na mídia no sábado, a rotina do procurador de plantão em Estocolmo é muito afetada. Torna-se evidente que o caso deve sair da alçada desse procurador para que ele possa se ocupar das atividades de praxe. Assim, desde sábado a procuradora Eva Finné está encarregada de comandar a investigação.

Uma das irmãs de Claes Borgström, o advogado das duas querelantes, pode ter sido a responsável pelo vazamento de detalhes do caso. Annette Kullenberg e Kerstin Vinterhed são ambas jornalistas. Kullenberg colabora desde 2009 com o *Expressen*, o jornal que torna públicas as acusações feitas contra Julian Assange.

• Continuação do trecho do comunicado de imprensa:
Assim que é nomeada diretora da investigação, Eva Finné estuda o dossiê. Por volta das 16h30 de sábado, ela decide anular a decisão de deter Julian Assange, pois avalia que ele não pode ser suspeito de estupro. Os elementos que servem de base à decisão de Eva Finné são mais amplos do que aqueles aos quais o procurador de plantão teve acesso na sexta-feira. Os detalhes exatos do caso não podem ser revelados por ora, pois a investigação ainda está em curso, o que exige confidencialidade.

Em geral, após um fim de semana, todos os casos pendentes são distribuídos a vários procuradores. Às vezes, porém, um procurador comum pode ser designado antes do fim da semana, caso haja dossiês graves ou delicados, como aquele de Julian Assange, pois o plantão não pode ser mobilizado por um só caso e precisa funcionar normalmente.

• Evoluções no sábado, 21 de agosto de 2010
Eva Finné decidiu, portanto, que Assange não pode mais ser suspeito de estupro. Todavia, ela não toma posição quanto à qualificação penal de seu ato, até então considerado como estupro. Ela tampouco toma posição quanto à queixa de assédio sexual. A investigação prossegue, e as suspeitas levantadas contra Assange não são anuladas.

• Nenhuma decisão suplementar no caso Assange na terça-feira, 24 de agosto de 2010

A procuradora Eva Finné finalmente declara que não tomará decisões nesta terça-feira, 24 de agosto. Informações adicionais serão publicadas assim que estiverem acessíveis.

• Decisão da procuradora Eva Finné na quarta-feira, 25 de agosto de 2010

Há duas queixas no caso, provenientes de duas mulheres distintas. A primeira queixa foi qualificada de estupro e a segunda, de assédio sexual.

Queixa nº 1, K246314-10

"A natureza dos elementos provenientes do depoimento da vítima, conforme declarado anteriormente, por si só elimina as suspeitas de estupro. Isso significa que não dou crédito a essas informações. Estudei o conteúdo do depoimento para avaliar se outra infração poderia ter sido cometida, em primeiro lugar o assédio ou o assédio sexual, mas segundo minha análise não é esse o caso.

Portanto, a investigação em relação a essa queixa está encerrada, pois não há suspeita de infração."

Queixa nº 2, K246336-10

"As suspeitas de assédio estão mantidas. Darei instruções aos investigadores, a fim de escutar o suspeito."

• Evoluções do caso na segunda-feira, 30 de agosto de 2010

Claes Borgström, o advogado das duas querelantes, faz contato com a promotora Marianne Ny, diretora da Promotoria Pública de Gotemburgo, encarregada de monitorar as evoluções jurídicas sobre as infrações sexuais. Ny dirige uma unidade especial de acompanhamento de crimes e é especialista na elaboração de leis envolvendo agressões sexuais.

O último dia de agosto é marcado pelo início de um transtorno no procedimento. Nesse dia, Assange é interrogado na delegacia de polícia de Kungsholmen, em Estocolmo. Ele admite ter ficado uma semana no apartamento de Ardin e ter tido relações sexuais com ela, porém nega o estupro e a agressão. Enquanto Anna Ardin acha que ele rasgou deliberadamente o preservativo, ele afirma o contrário. Ele não o rasgou e nem sequer estava a par da existência de um problema desse tipo. O australiano declara ainda que dormiu na cama de Anna Ardin durante toda a semana posterior a suas relações sexuais e que ela jamais mencionou o preservativo rompido.

Posteriormente, Julian declara à televisão sueca que rejeita todas as acusações feitas contra ele. Ele não teve qualquer relação sexual não consensual e daí em diante se recusa a responder às demais perguntas sobre sua relação com as querelantes, às quais não dirige críticas.

Durante o interrogatório a respeito de sua relação sexual com Ardin, ele afirma que "não tinha razão alguma para supor que seria acusado de uma coisa dessas". E não parou de repetir que as acusações feitas a ele junto à polícia e propagadas na mídia sueca não passavam de "uma teia de mentiras".

• Nenhuma decisão de revisão penal na terça-feira, 31 de agosto de 2010

As partes civis, representadas pelo advogado Claes Borgström, exigiram na sexta-feira, 27 de agosto, a revisão da decisão da procuradora Eva Finné, segundo a qual Assange não pode ser suspeito de estupro. Esse requerimento foi analisado pela Promotoria Pública de Gotemburgo. Uma decisão é aguardada para os próximos dias.

A Promotoria Pública de Gotemburgo, porém, não pôde tomar decisão alguma sobre a revisão do caso Assange antes da terça-feira, 31 de agosto, dia em que obteve novas informações. A promotora Marianne Ny declara:

"Durante a terça-feira, novas informações surgiram em uma investigação. Mas, como nós as recebemos apenas no fim da tarde, não pudemos tomar decisão alguma nesse dia.

Aguarda-se uma decisão na quarta-feira, 1° de setembro, por volta de 11 horas?"

O caso dá uma reviravolta na quarta-feira, 1° de setembro de 2010, quando a promotora Marianne Ny decide retomar a investigação.

• Decisão de revisão penal no caso Assange na quarta-feira, 1° de setembro de 2010

A promotora Marianne Ny decide que a investigação sobre o estupro deve ser retomada. Ela também decide que a investigação sobre o assédio deve ser ampliada e incluir todos os acontecimentos envolvidos na queixa.

"Com base na nova decisão do procurador, em 25 de agosto de 2010, eu decreto que a investigação relativa à queixa K246314-10 está retomada.

A investigação relativa à queixa K246336-10, envolvendo um caso qualificado como assédio, está ampliada para determinar outros acontecimentos que figuram na queixa e são qualificados como coerção sexual e assédio sexual.

Nós estudamos o caso e avalio que, por um lado, há razões para pensar que uma infração relevante à lei foi cometida. Há igualmente razões para efetuar mais diligências investigativas. Por outro lado, tenho outra avaliação da qualificação."

Marianne Ny será a diretora de investigação nesse caso, contando com a assistência da vice-procuradora Erika Leijnefors no tribunal de Västerorts, em Estocolmo. Erika Leijnefors ficará em contato permanente com os investigadores da polícia e será encarregada da investigação. Todas as ações importantes, assim como as decisões sobre eventuais meios de coação e a finalização da investigação, serão conduzidas por Marianne Ny.

Por sua vez, Borgström, o advogado das duas querelantes, declara que não é a primeira vez que um homem que forçou uma mulher a ter uma relação sexual sem proteção tem de enfrentar esse tipo de acusação, em conformidade com a legislação sueca sobre estupro.

Julian Assange não reagiu diretamente a esse retrocesso na situação. Mas seu advogado sueco, Leif Silbersky, conhecido por defender os casos mais polêmicos, manifestou-se no jornal *Expressen*:
"Agora fiquei realmente surpreso. Eu achava que Eva [Finné] fosse uma procuradora qualificada e competente, que tiraria as conclusões adequadas com base nas informações de que dispunha. Agora, outra procuradora declara que não foi isso o que ela fez. Voltamos ao ponto de partida – o circo continua".
O advogado acrescentou ainda que Assange continua na Suécia, "irritado e decepcionado" com o sistema legal do país.

Seria tudo uma armadilha? O caso rapidamente causou controvérsia. Os simpatizantes de Assange e do WikiLeaks continuam convencidos de que ele é a vítima e as duas mulheres são cúmplices de uma *vendetta* americana. Os Estados Unidos estariam tentando punir o WikiLeaks por ter divulgado centenas de milhares de documentos americanos secretos na internet.

A possível conspiração contra Julian Assange é no mínimo uma estranha coincidência, pois vem sendo armada desde o momento em que Julian Assange passou a perturbar o governo americano. Isso também pode significar que o gabinete dos procuradores suecos sofreu pressão política.

Borgström falou sobre a suposta *vendetta* nos seguintes termos:
"O sr. Assange e sua equipe jurídica interpretaram mal um sistema judiciário que requeria a aprovação das cortes mais altas de apelação suecas antes que o mandado de extradição fosse ou não aprovado. Aqueles que clamam que os juízes de nossas cortes de apelação foram influenciados por qualquer pressão dos Estados Unidos não sabem o que dizem. Isso é absurdo".

O advogado Borgström acrescenta que Assange, ao evocar uma conspiração política, transformou suas duas clientes em mulheres vilipendiadas e até ameaçadas de morte pela internet. A verdade é que somente Assange e as duas querelantes têm condições de saber se o caso envolve ou não uma trama da CIA ou da administração Obama.

35
Confronto de verdades

O relato das duas suecas que acusam Julian Assange está salpicado de incoerências. Seus defensores estão convencidos de que ele é vítima de uma armadilha. Assange confirma, e acusou abertamente o Pentágono nas páginas do jornal *Aftonbladet*. Fora seu advogado, poucos ousam se pronunciar na Suécia. Nem mesmo os membros do Partido Pirata, que hospedaram durante algum tempo os servidores do WikiLeaks e que continuam defendendo o *site*. Em 21 de agosto de 2010, em um comunicado, Anna Troberg, vice-presidente do partido, declarou simplesmente:

"Se não queremos atirar Assange aos lobos, também não queremos questionar as duas mulheres que deram queixa contra ele".

O coordenador do grupo WikiLeaks em Estocolmo, um colega próximo de Assange, declarou:

"Trata-se de uma investigação policial habitual. Deixemos a polícia descobrir o que realmente aconteceu. É claro, os inimigos do WikiLeaks poderiam utilizar esse caso, mas ele começa com as duas mulheres e Julian. Não foi a CIA que enviou uma mulher de minissaia".

Coincidência ou insistência? Uma coisa é certa: a complexidade da lei sueca sobre violação está no centro do caso. O retorno aos fatos, depoimentos cruzados, listagem de incoerências flagrantes.

Julian Assange aterrissou em Estocolmo na quarta-feira, 11 de agosto de 2010, para falar em um seminário organizado pelo partido de esquerda sueco. Anna Ardin se ofereceu para hospedá-lo. Ela estaria ausente durante sua estada. Mas voltou antes do previsto, na sexta-feira, véspera da conferência. Julian e Anna se conheceram, ele podia ficar na casa dela. Mantiveram relações sexuais, mas o preservativo rasgou. Anna censurou Julian por não ter interrompido a relação apesar disso. No entanto, observamos que em nenhum momento, durante a semana que seguiu, Anna pediu que Julian deixasse sua casa. Ela o autorizou a ficar sob seu teto por mais alguns dias e até organizou em sua homenagem um *kräftskiva*, durante o qual postou no twitter que estava passando uma noite agradável em companhia das pessoas mais interessantes do planeta. Depois ela tentaria apagar a mensagem. Quando Assange foi interrogado pela polícia sobre o caso, admitiu que teve relações sexuais com Anna Ardin, mas disse que não rasgou o preservativo e que não percebeu que ele estava danificado.

No dia da conferência, Sofia Wilén estava na primeira fila. Ela se convidou para o almoço em homenagem a Assange. Na verdade, as versões divergem: uma diz que a jovem de 27 anos se impôs, outra que o próprio Assange a convidou. Em todo o caso, está claro que ela soube atrair sua atenção.

Nick Davies confirmou nas páginas do *The Guardian* que as duas mulheres, Sofia e Anna, estavam presentes no almoço e que a primeira telefonou para a segunda para saber se poderia assistir ao seminário. Perturbador.

Prossigamos. Na madrugada da noite que passaram juntos em seu apartamento em Enköping, Julian e Sofia fizeram amor, mas desta vez, segundo as declarações da jovem, ela dormiu e Julian não quis utilizar preservativo. Seu desentendimento não os impediu de tomar o café da manhã juntos. Sofia chegou a acompanhar Julian de bicicleta até a estação e pagou pela segunda vez sua passagem de trem. No entanto, o caso era importante para Wilén. Antes ela nunca tinha tido relações sexuais sem proteção. Seu ex-namorado, interrogado pela polícia, confirmou que em dois anos e meio juntos eles nunca fizeram sexo sem preservativo, o que para ela era "inimaginável".

Podemos nos surpreender com o fato de que, depois de ter as relações sexuais que descrevem em seus depoimentos, as duas mulheres continuassem em contato com o suposto violador.

Com efeito, entre os dias 13 e 20 de agosto de 2010 nada aconteceu. Nenhuma delas se manifestou ou decidiu dar queixa. Foi preciso esperar vários dias para que Anna e Sofia, que supostamente não se conheciam, empurrassem juntas as portas de uma delegacia para dar queixa de violação. Somente depois de descobrir que as duas haviam tido relações sexuais com o mesmo homem e vivido uma experiência semelhante.

Para os advogados de Julian Assange, a situação é clara.

"Compreendemos que as duas queixosas admitiram ter iniciado as relações sexuais consensuais que tiveram com Assange. Elas não se queixam de nenhum ferimento físico. A primeira queixosa não deu queixa durante os seis dias seguintes (durante os quais hospedou o acusado em sua casa – na realidade em sua cama – e falou sobre ele para seus amigos nos termos mais calorosos). A segunda queixosa, igualmente, não foi capaz de dar queixa durante os dias seguintes, isto é, antes que encontrasse a primeira queixosa. Ela salienta que, depois de várias relações sexuais consentidas, dormiu e acredita que o acusado ejaculou então sem utilizar o preservativo – uma eventualidade sobre a qual ela riu com ele após o ato.

As duas queixosas afirmam que não deram queixa para que Julian Assange fosse processado, mas para que ele faça um teste de DST. No entanto, seu advogado sueco obteve a prova de que as duas trocaram mensagens de texto confirmando que esperavam ganhar dinheiro ao contatar vários tabloides e que estavam motivadas por todo tipo de sentimento, entre os quais o desejo de vingança."

Outra revelação de uma amiga de Anna Ardin à polícia. Durante o *kräftskiva*, esta confidenciou à amiga sobre o preservativo rasgado e a relação sem proteção que havia tido com o convidado. Durante o jantar, ela revelou a outro amigo que havia tido com Assange a pior relação sexual possível.

"Não somente foi um fracasso total como também foi violenta."

Nesse caso, por que organizar uma noite em homenagem a Assange? Anna Ardin confirmou em sua declaração que ele havia rasgado conscientemente o preservativo. Ela contou a uma amiga que ele ficou em seu apartamento, mas que eles não tiveram mais relações sexuais, pois ele havia "ultrapassado os limites do que ela poderia aceitar", e ela não se sentia em segurança.

Por outro lado, as mensagens trocadas entre as duas jovens na última semana de agosto de 2010 pareceram favorecer a defesa de Julian Assange. Björn Hurtig, seu advogado sueco, leu algumas dessas comunicações entre Anna e Sofia. Ele não foi autorizado a copiá-las ou anotá-las. Mas sabemos que Sofia pensava em contatar o *Expressen*, pois um amigo lhe havia sugerido que poderia conseguir muito dinheiro por revelar sua história. Marianne Ny, a procuradora, não divulgou todos os documentos ligados ao caso, em particular as mensagens trocadas entre as duas acusadoras. Entretanto, antes que seja tomada a decisão de processar um acusado, a lei o autoriza a examinar todos os documentos disponíveis, desde que o procedimento seja iniciado.

Julian Assange é provavelmente um homem com grande apetite sexual, que explora sua recente celebridade junto do público feminino. Mas quem são as duas mulheres que o acusam de violação e de agressões sexuais? Poucas informações circulam sobre Sofia Wilén. As suspeitas se concentram diretamente em Anna Ardin. A blogosfera ferve. Ela é a instigadora do complô que desestabiliza Julian Assange!

Anna Ardin é uma militante de extrema esquerda. É secretária política do Movimento Fraternidade, um grupo polêmico próximo do partido social-democrata. Feminista radical, Anna Ardin se instruiu principalmente com um *Manual de vingança legal, ou como sabotar uma relação sexual em sete etapas*, publicado em seu *blog*. Em setembro ela apagou todos os vestígios desse guia. Tratava-se de uma nota humorística para atrair a atenção das mulheres que queriam se vingar dos ex-amantes. Em sete etapas, seria possível recorrer à justiça e garantir que a vítima sofresse bastante.

Uma polêmica se instalou ao redor desse artigo e do passado de militante de Ardin. Os textos do *CounterPunch*, com efeito, contribuíram amplamente para inflamar a tese segundo a qual o principal acusador de Assange na Suécia teria um passado cheio de colaborações com grupos de oposição a Fidel Castro. Deve-se notar que *CounterPunch* é um boletim americano que trata da política de maneira polêmica e voluntariamente provocadora.

As declarações seguintes são as relatadas em *CounterPunch.org* e depois transmitidas por um grande número de *blogs* que propagam ilimitadamente a ideia de que Anna Ardin seria uma agente da CIA.

> *"Anna Ardin (a queixosa oficial) é muitas vezes descrita pela mídia como 'esquerdista'. Ela tem ligações com os grupos anti Castro e anticomunistas financiados pelos Estados Unidos. Publicou seu próprio panfleto anti Castro na versão sueca da* Revista de Asignaturas Cubanas, *publicada por* Misceláneas de Cuba. *De Oslo, o professor Michael Seltzer salienta que esse periódico é publicado por uma organização sueca anticastrista muito bem financiada. Ele também comenta que o grupo é ligado à União Liberal Cubana, dirigida por Carlos Alberto Montaner, cujos laços com a CIA são aqui evidenciados. O professor nota que Ardin foi expulsa de Cuba devido a suas atividades polêmicas. Em Cuba ela colaborou com o grupo feminista anticastrista As Damas de Branco, que recebe fundos do governo americano. Além disso, o terrorista anticomunista convicto Luis Posada Carriles é um simpatizante desse grupo. A Wikipédia cita Hebe de Bonafini, presidente das Mães da Praça de Maio, da Argentina, declarando que 'as chamadas Damas de Branco apoiam o terrorismo dos EUA'."*
>
> *"Além de sua inclinação anti Castro e pró-CIA, Anna Ardin aparentemente se dedica a seu esporte favorito, que consiste em caluniar os homens. Um fórum sueco relata que ela é perita em assédio sexual e que domina as 'técnicas de repressão' masculinas. Assim, enquanto ela dava uma conferência, um estudante na sala olhava suas anotações em vez de para ela. Anna Ardin o denunciou por assédio sexual, pois ele a havia discriminado enquanto mulher e havia usado uma das 'técnicas de repressão' masculinas a fim de que ela se sentisse invisível. Quando o estudante foi advertido de sua queixa, ele a contatou para se desculpar e se explicar. A reação de Ardin foi, mais uma vez, denunciá-lo por assédio sexual, pois ele havia novamente usado 'técnicas de repressão' masculinas, desta vez depreciando seus sentimentos."*

Esses trechos são escritos por Israel Shamir, jornalista conhecido como negacionista e antissemita, que também escreve sob os nomes de Adam Ermash e Jöran Jermas.

É interessante escutar o que se diz em certos lugares de Estocolmo. Apenas abrindo os ouvidos compreendemos muitas coisas...

Em primeiro lugar, é importante notar que, embora não esteja atualmente no poder, o social-democrata é o maior partido político sueco há muito tempo. Tem raízes no socialismo, mas sempre foi um partido democrático, diferentemente de vários movimentos e partidos de esquerda e comunistas. Devido a essa herança, os membros do partido social-democrata tendem a ser extremamente desconfiados do comunismo. Isso se reflete também na opinião geral social-democrata sueca sobre Cuba e Castro. Para um sueco social-democrata, é totalmente normal ser anticastrista.

Por outro lado, durante os últimos anos o feminismo foi adotado como parte integrante da social-democracia (e, por conseguinte, da maioria dos partidos políticos). Simplesmente isso significa que se reconhece que as mulheres, para trabalho igual, são menos remuneradas que os homens, que são sub-representadas nos cargos-chave da sociedade e que é necessário intervir para remediar essa situação. Não é nada radical ou extremista.

Existem aqueles, na Suécia, que se situam à esquerda do partido social-democrata, que têm uma percepção mais positiva do regime de Castro em Cuba e que consideram o atual governo cubano legítimo. No entanto, eles representam uma minoria marginal. Há também conservadores que não aderem à análise das feministas. Entretanto, também são pouco numerosos.

A partir disso, Anna Ardin deve ser considerada uma social-democrata sueca *lambda*, embora fosse igualmente verdadeiro dizer que ela deu provas de uma verdadeira paixão pelos dois debates.

O rumor segundo o qual Ardin teria acusado Assange de agressão sexual participando de um complô organizado pela CIA parece absurda. Segundo vários *sites* conspiracionistas da internet, o rumor se baseia nos encontros entre Ardin e as Damas de Branco, o movimento cubano de oposição que reúne as esposas e outras mulheres próximas dos dissidentes presos, e que escreve sobre Cuba nos jornais. Segundo algumas fontes, as Damas de Branco, assim como os ditos jornais, são financiados pela CIA.

Um amigo de Ardin nos confidenciou:

"Não tenho a menor ideia sobre a maneira como a CIA tenta – se é que isso é verdade – abater o regime de Castro. Entretanto, parece absurda a ideia de que eles esperem conseguir seja

o que for ao apoiar os encontros de Ardin com dissidentes cubanos ou encorajando seus textos sobre Cuba. Ela simplesmente não é tão importante assim.

A Anna Ardin que eu conheço é uma pessoa inteligente e apaixonada por política. Ser uma partidária fervorosa dos ideais do WikiLeaks lhe corresponde ainda mais do que desejar causar danos a esse site ou a sua evolução. Isto considerado, não creio que ela se calaria se tivesse a sensação de que ela ou alguém que ela conhece tivesse sofrido algum dano.

Na Suécia temos uma expressão sobre a importância de sempre manter na cabeça duas ideias ao mesmo tempo. Nesse caso, eu diria que é totalmente possível que Ardin seja uma partidária fervorosa do WikiLeaks e que ela admire o trabalho de Assange, mas seja igualmente determinada a que se faça justiça sobre o que ela viveu como uma afronta da parte dele.

Na dúvida, muitas vezes é preferível se referir ao princípio da navalha de Occam; a explicação mais simples é provavelmente a boa. Parece portanto bem mais plausível que – devido a diferenças culturais ou malentendidos – Assange tenha se comportado sexualmente de maneira indesejável diante dessas duas suecas, e não que elas o tenham apanhado em uma trama coordenada pela CIA".

36

Rumo à rendição

"Este caso entrará na história como o caso do preservativo." É assim que James Catlin, o ex-advogado australiano de Julian Assange, resume esse caso de "estupro", bem mais complexo do que parece.

Na verdade, Assange suspeitava de uma intervenção política, a qual se confirma quando a decisão da promotora geral Marianne Ny é tomada em 1º de setembro de 2010. Passando por cima da decisão de Eva Finné, esta restaura as alegações iniciais, afirmando que a acusação de estupro era apropriada.

Mark Stephens, o advogado de Assange em Londres, declara, sem mais detalhes, que um "alto responsável político" iniciou a reabertura do caso. Em particular, ele se refere à influência que o advogado das duas queixosas, Claes Borgström, teria exercido.

Especialistas jurídicos suecos pensam que essa decisão não tem nada de excepcional, sobretudo depois dos últimos 30 anos, em que o movimento feminista conseguiu a reformulação das leis sobre agressões sexuais, permitindo assim uma melhor proteção das mulheres. Salientemos, por outro lado, que a promotora Marianne Ny, encarregada do caso Assange, milita pela reforma das leis suecas sobre estupro, principalmente por sua extensão à recusa de usar preservativo. Portanto, ela retomou a investigação por estupro e agressão sexual. Assange está sujeito a uma pena de quatro anos de prisão.

Entretanto, desde setembro de 2010 o suspeito pediu para ser representado por outro advogado na Suécia, no caso Björn Hurtig. Ele estima na verdade que Leif Silbersky não o defendeu com ardor suficiente. Björn Hurtig colaborou anteriormente com a embaixada dos Estados Unidos em Estocolmo. Nascido em 1965, esse advogado tornou-se membro da banca sueca em 2002. Tem vários casos importantes em seu favor.

Claes Borgström, o advogado das duas queixosas, por sua vez, afirma que tem provas de estupro nos dois casos. Ele mesmo havia pedido que o caso fosse revisado por um promotor do Centro de Desenvolvimento de Processos de Gotemburgo.

• Desenvolvimento do caso Assange na sexta-feira, 3 de setembro de 2010
Nenhum novo esclarecimento pode ser dado ainda.
"Não posso fornecer novos esclarecimentos sobre esse caso. Nenhuma informação será fornecida durante o fim de semana", declara a promotora Marianne Ny, diretora da investigação.

• Entrevista exclusiva de Julian Assange na terça-feira, 7 de setembro de 2010
Assange faz declarações à rede sueca NV4 em entrevista exclusiva. Ele se recusa a lembrar sua vida privada, assim como a de outras pessoas. Também nega jamais ter forçado quem quer que seja. Por outro lado, não pensa que as jovens estejam sob a influência da CIA nem tenham sido incitadas a acusá-lo.
O australiano se diz igualmente preocupado, pois efetuou um pedido de permissão de permanência dois dias antes de ser acusado de estupro, e se pergunta se poderá ser detido no aeroporto se tentar deixar o país.

• No dia seguinte, nova contestação de Julian Assange
Na quarta-feira, 8 de setembro de 2010, Julian Assange declara:
"A totalidade dessa investigação foi conduzida sem minha contribuição. Ninguém me interrogou sobre esse caso. A polícia se recusa a dizer se há um mandado de prisão contra mim ou não. Eu soube de tudo através da imprensa. Isso já dura duas semanas agora".

• Desenvolvimento do caso Assange na quinta-feira, 9 de setembro de 2010
"O trabalho de investigação progride, mas atualmente e na próxima semana eu não poderia fornecer novos esclarecimentos sobre o caso", declara a diretora da investigação, a promotora Marianne Ny.

• Desenvolvimento do caso Assange em 24 de setembro de 2010
O trabalho de investigação prossegue e está bastante adiantado hoje. Algumas pesquisas faltam ser realizadas antes que uma decisão sobre os processos possa ser tomada.

Em 27 de setembro de 2010, Assange deixou a Suécia, mas voltou a Estocolmo em 10 de outubro.

• Desenvolvimento do caso Assange em 29 de setembro de 2010
"Ainda é impossível pronunciar-se sobre o momento em que será tomada uma decisão. Em consideração à confidencialidade da investigação e das pessoas

envolvidas, nenhuma informação mais detalhada referente à investigação pode ser fornecida por enquanto", declara a promotora Marianne Ny.

- Desenvolvimento do caso Assange em 22 de outubro de 2010

A promotora Marianne Ny faz uma breve descrição da situação:

"O trabalho de investigação progrediu, mas ainda há alguns atos a efetuar antes de se tomar a menor decisão. É impossível pronunciar-se sobre o momento em que uma decisão será dada. Ela pode ser tomada em um futuro próximo ou ainda pode necessitar de tempo."

No mesmo dia, documentos secretos sobre a guerra no Iraque, os *Irak War Logs*, são divulgados pelos jornais *The Guardian*, *The New York Times* e *Der Spiegel*.

- Em 30 de outubro de 2010, o pedido de Assange de permissão de trabalho e residência na Suécia é recusado.

- Desenvolvimento do caso Assange em 4 de novembro de 2010

O caso segue seu curso, mas a promotora Marianne Ny declara que ainda é impossível pronunciar-se ou dar mais detalhes devido ao sigilo profissional que se impõe.

Julian Assange está na Suíça, onde declara, em entrevista ao vivo à TSR, que pretende pedir asilo político nesse país. A partir daí, Assange vai ao Reino Unido trabalhar no lançamento dos telegramas diplomáticos americanos.

- 18 de outubro de 2010, lançamento de um mandado de busca contra Assange

A promotora Marianne Ny deposita um pedido junto ao tribunal de primeira instância de Estocolmo para obter, à revelia, um mandado de apreensão contra Julian Assange.

O tribunal de primeira instância decide então, à revelia, colocar Assange sob mandado de detenção por estupro, assédio sexual e coerção ilícita.

Em consequência dessa decisão, Assange deve agora ser procurado no estrangeiro.

Em consideração à investigação e às partes envolvidas, a promotora não tem possibilidade de fornecer informações mais detalhadas referentes às supostas infrações e aos atos de investigação efetuados.

"Peço que o tribunal de primeira instância coloque Assange sob mandado de prisão à revelia, pelas acusações de estupro, assédio sexual e coerção ilícita. Isto se baseia na necessidade de interrogá-lo no quadro da investigação, o que não pôde ser realizado", declara a diretora da investigação, Marianne Ny.

Entretanto, a audiência para a emissão do mandato de prisão contra Julian Assange deve ocorrer nesse mesmo dia às 14 horas, no tribunal de primeira instância de Estocolmo.

Em seguida, informações suplementares serão publicadas no *site* www.aklagare.se. Marianne Ny será então igualmente encontrada por telefone.

A reação de cada uma das partes é imediata.
Hurtig, o advogado de Assange, manifesta-se primeiro:
"É claro que [Julian Assange] nega todas essas alegações [...] e não pensamos que pedir sua prisão seja uma medida proporcional e justificada para um simples interrogatório. Um interrogatório poderia ser organizado de 'diversas maneiras'".
Ele declara que seu cliente fez tudo para ajudar a justiça sueca.

A promotora Ny, por sua vez, estima "ter esgotado todos os procedimentos para realizar um interrogatório". E Borgström exclama: "Finalmente isso [o mandado de prisão] deveria ter sido feito antes". Mark Stephens, por sua vez, também não se contém. Ele acusa a justiça sueca de conduzir "não uma instrução, mas uma perseguição".

Julian Assange, que está então na Grã-Bretanha, diz-se pronto para responder às perguntas da justiça sueca, mas não a qualquer momento, pois "ele tem sua própria agenda e muito trabalho", segundo Björn Hurtig. E Stephens conclui: "Todas as suas ofertas foram categoricamente recusadas por uma promotora que abusa de seu poder".

• Desde 22 de novembro de 2010, em nome de seu cliente, o advogado Hurtig apela da decisão e pede a anulação do mandado de prisão.

Marianne Ny se recusa a cooperar com o advogado sueco de Assange, que no entanto tentou várias vezes disponibilizar seu cliente para um interrogatório quando este ainda estava na Suécia. Ny recusa a proposta de Assange de responder a essas perguntas por telefone ou por qualquer outro meio de comunicação adequado, pois ele está na Inglaterra.

• Em 24 de novembro de 2010, a corte de apelação confirma a decisão de detenção

A decisão da corte de apelação sueca referente à detenção de Julian Assange significa que ele ainda é procurado no estrangeiro.

Em 22 de novembro de 2010, Assange apela da decisão de detenção emitida à revelia pelo tribunal de primeira instância. A corte de apelação sueca é informada da apelação dessa decisão. Na segunda-feira à tarde, a corte de apelação exige a opinião da promotora.

Hoje, 24 de novembro de 2010, a corte de apelação se pronuncia sobre a apelação e decide que Assange deveria ser mantido em detenção, suspeito de estupro, assédio sexual nos dois casos e de coerção ilícita. O aviso de busca e o mandado de prisão internacional serão modificados em consequência disso.

Em consideração à investigação e às partes envolvidas, a promotora não tem possibilidade de dar informações mais detalhadas referentes às infrações suspeitas e aos atos de investigação efetuados até então.

- Evolução da situação no fim de novembro de 2010

Em 28 de novembro de 2010, os primeiros telegramas diplomáticos americanos são divulgados, através de cinco mídias da aliança, depois transmitidos por todo o mundo.

Em 30 de novembro de 2010 a Interpol lança um alerta vermelho sobre a pessoa de Julian Assange, com base no mandado de prisão sueco. Esse mandado exige a detenção da pessoa procurada onde quer que esteja no mundo, autorizando sua extradição.

No *site* da Interpol na internet, explica-se:

"Um alerta vermelho da Interpol não constitui um mandado de prisão internacional. Esses alertas vermelhos divulgados pela Interpol representam apenas uma pequena parte de todos os alertas vermelhos administrados pela Interpol. As pessoas envolvidas são procuradas por jurisdições nacionais (ou pelos tribunais criminais internacionais, quando apropriado), e o papel da Interpol é acompanhar as forças de polícia nacionais na busca e identificação dessas pessoas, com vistas a sua detenção e sua extradição. Os alertas vermelhos autorizam a divulgação do mandado de prisão através do mundo, especificando que a pessoa procurada deve ser detida com fins de extradição. A pessoa deve ser considerada inocente até que sua culpa seja estabelecida".

Hurtig estima que "outros motivos ligados ao WikiLeaks estariam por trás dessa decisão". Stephens declara: "O segredo foi revelado... depois de tudo o que vimos até agora, vocês podem razoavelmente deduzir que se trata de uma maquinação em grande escala".

O advogado atribui as alegações contra Assange a forças do mal. O próprio Assange continua insistindo no fato de que não fez nada errado e que as relações sexuais com as duas mulheres foram consensuais.

O jornalista britânico Nick Davies também depõe sobre o assunto:
"O *The Guardian* compreende que a recente decisão sueca de recorrer a um mandado de prisão internacional decorre da decisão que Assange tomou de deixar a Suécia no fim do mês de setembro e de não voltar ao país para um encontro já planejado, isso quando ele deveria ser interrogado pela promotora. Os partidários de Assange negaram esse fato, mas ele mesmo contou a seus amigos em Londres que deveria ir a Estocolmo para um interrogatório na semana de 11 de outubro de 2010, mas decidiu manter-se afastado. Os documentos do processo que o *The Guardian* pôde consultar relatam que ele deveria ser interrogado em 14 de outubro de 2010".

• Mandado de prisão europeu emitido contra Assange em 2 de dezembro de 2010
A promotora Marianne Ny confirma nesse dia que um mandado de prisão europeu foi emitido contra Julian Assange. Entretanto, ela não pode dar informações suplementares por motivos de confidencialidade.

A suprema corte decide não conceder uma possibilidade de apelação a Assange. Elementos complementares devem ser enviados à polícia britânica.

Julian Assange é objeto de um mandado de prisão à revelia por violação, assédio sexual e coerção ilícita. Assange contesta essa decisão na corte de apelação.

Para que a suprema corte se pronuncie sobre uma apelação, é preciso ter autorização. Esta pode ser emitida se o caso tiver grande importância para a aplicação da lei ou por outros motivos particulares.

O mandado de prisão se baseia na decisão de prisão que agora foi validada pelas três instâncias. As informações complementares exigidas pela polícia britânica se referem às penas ligadas a outras infrações, fora o estupro, pelas quais Julian Assange é processado. As informações exigidas serão transmitidas o mais rápido possível. O mandado de prisão anterior continua em vigor.

Assange é agora um dos homens mais procurados do mundo. Atualmente ele se encontraria no sudeste da Inglaterra. "Quando você recebe tantas ameaças de assassinato, é melhor permanecer discreto", confia Kristinn Hrafnsson, porta-voz do WikiLeaks. Segundo o islandês, ele não procura fugir da justiça sueca, mas teme por sua segurança.

- Relatório sobre o mandado de prisão europeu em 6 de dezembro de 2010

Marianne Ny transmite as informações complementares que a polícia britânica pede. O caso agora é administrado pelas autoridades repressivas competentes, conforme a regulamentação europeia. A promotora, por enquanto, não dará informações suplementares referentes à execução do mandado de prisão.

- Declaração da promotora Marianne Ny em 7 de dezembro de 2010

A polícia britânica detém Julian Assange. Depois dos acontecimentos desse dia, Marianne Ny declara:

"Fora a detenção, não há nada de novo na investigação, mas essa detenção era uma condição para que pudéssemos avançar. Não posso divulgar o que vai ocorrer agora na investigação. Por enquanto o caso é tratado pelas autoridades britânicas.

Devo explicar que não fui objeto de qualquer pressão, de caráter político ou outro. Agi enquanto promotora devido a suspeitas referentes a crimes sexuais que teriam sido cometidos na Suécia no mês de agosto. Os promotores suecos são totalmente independentes em sua decisão".

Em 7 de dezembro de 2010, diante do tribunal inglês, Gemma Lindfield, a representante das autoridades suecas, detalha as quatro acusações mantidas contra Assange. A saber, a "coerção ilícita" e a "agressão sexual" exercidas contra a senhorita Ardin na noite de 14 de agosto de 2010, primeiramente segurando firmemente seus braços, depois obrigando-a a ter uma relação sexual desprotegida. Julian Assange também é acusado de "agressão voluntária" contra a pessoa de Anna Ardin. Finalmente, ele é censurado por ter, em 17 de agosto de 2010, "explorado abusivamente" o fato de que Sofia Wilén dormia a fim de ter uma relação sexual não protegida com ela.

Gemma Lindfield acrescenta que a libertação sob caução deveria ser recusada a Assange, devido a seu "nomadismo", a contatos que ele tem no mundo inteiro e ao dinheiro de que dispõe graças a numerosos doadores, mas também porque ele já se recusou a submeter-se a um teste de DNA ou a dar suas impressões digitais. Lindfield salienta por outro lado que isso permitiria garantir a proteção do acusado, que pessoas instáveis poderiam querer ferir seriamente.

Em 7 de dezembro de 2010, Julian Assange está atrás das grades. Ele se apresenta no início da manhã e comparece às 14 horas à presença de um tribunal de Westminster, assediado por jornalistas.

Depois de ter salientado "a extrema gravidade das acusações" feitas contra ele, o juiz Howard Riddle recusa seu pedido de liberdade condicional, pois o réu "tem os meios e a capacidade de fugir". Julian Assange está agora na detenção à espera de um novo depoimento, marcado para 14 de dezembro de 2010.

Nesse ínterim, a organização WikiLeaks enfrenta ofensivas de toda parte: ataques cibernéticos, fechamento de domínios e proibições bancárias. Julian Assange, entretanto, afirmava ter tomado todas as disposições para garantir a continuidade dos vazamentos, qualquer que seja seu destino pessoal.

James Ball, um jornalista britânico colaborador do WikiLeaks, declara: "Tudo estava previsto, tudo vai continuar como sempre".

Assange dorme nessa noite em uma cela. Corre o risco de pegar até quatro anos de prisão.

37

Atrás das grades

Publicado em 20 de dezembro de 2010 por sophox | Deixe um comentário |

Julian sai da prisão na noite desta quinta-feira, 16 de dezembro de 2010. Ele estava detido desde 7 de dezembro na Grã-Bretanha, devido a um mandado de prisão europeu expedido por autoridades suecas. Processado por estupro, coerção e agressão sexual, corre o risco de ser extraditado para a Suécia a qualquer momento nas próximas semanas. Assange sempre negou essas acusações, alegando que há uma campanha suja contra ele desde que o WikiLeaks revelou milhares de documentos diplomáticos confidenciais dos Estados Unidos. "Não gosto de ver a palavra 'estupro' associada a meu nome. Nunca tive qualquer relação sexual com uma mulher sem seu consentimento", afirma enfaticamente. Ele também pode pegar quatro anos de prisão por "estupro de menor gravidade".

"É ótimo sentir de novo o ar frio de Londres", disse Julian após sua estada forçada em "confinamento solitário nas entranhas de uma prisão vitoriana".

Ele sai da prisão depois de pagar uma fiança de 240 mil libras (390 mil dólares), coletada por amigos e simpatizantes. Não é fácil juntar esse montante, razão pela qual sua libertação atrasa pelo menos dois dias. Isso implica arrecadar 390 mil dólares, dos quais 200 mil têm de ser pagos em dinheiro vivo. Muitas celebridades, como o cineasta britânico de esquerda Ken Loach, o ajudam. Outros que colaboram no pagamento de sua fiança são a encantadora Jemima Khan, ex-mulher do astro de críquete paquistanês Imran Khan, embaixadora da Unicef e aristocrata bilionária que foi amiga da princesa Diana, e o documentarista americano Michael Moore.

"É uma quantia considerável, e o que é lamentável é a impossibilidade de usar Visa ou MasterCard na coleta desses fundos", diz o advogado Mark Stephens, em uma referência jocosa ao fato de que essas duas bandeiras de cartão de crédito americanas bloquearam transferências monetárias para o *site* do WikiLeaks.

Julian, portanto, sai da prisão "acreditando no sistema judicial britânico". "Espero dar continuidade ao meu trabalho", diz o fundador do WikiLeaks na escada do edifício do Tribunal Superior, após nove dias de detenção. Como quer provar sua inocência, ele se entrega à polícia em 7 de dezembro de 2010.

Após uma cela de prisão, chega a hora de um "confinamento em alto estilo". Julian está hospedado na Ellingham Hall, uma mansão em Norfolk, a duas horas de Londres.

Vaughan Smith, dono do clube de imprensa londrino Frontline, é o anfitrião de Julian em sua propriedade campestre antiquíssima, situada em um bosque ao lado de um lago. Smith, ex-militar que virou correspondente de guerra, diz ter uma boa conexão de internet.

Na realidade, trata-se de uma gaiola de ouro, pois a liberdade condicional de Julian implica seguir instruções bem rígidas: usar um bracelete eletrônico, observar um toque de recolher e apresentar-se diariamente a uma delegacia de polícia. Ele vai todo dia, entre as 14 e as 17 horas, à delegacia de Beccles. Situada no condado de Suffolk, Beccles é uma cidadezinha a cerca de 15 minutos de Ellingham Hall e próxima à costa do mar do Norte.

Julian é proibido por seu advogado de dar entrevistas em sua residência. Ele também não pode falar sobre o caso, pois somente seus representantes legais têm permissão para fazê-lo. No entanto, ele pode ser abordado em seu pequeno carro preto quando vai à delegacia de polícia de Beccles.

"Ele está bem acomodado na casa e fica trabalhando", diz Vaughan Smith. "Eu não fico o tempo todo de olho nele, pois sou seu anfitrião, não seu carcereiro", acrescenta o dono da propriedade rural.

Para Smith, a inocência de seu hóspede é inquestionável.

Ele acredita na luta de Julian. "Ele desencadeou acontecimentos que mudarão nosso mundo, pois representam uma oportunidade para os governos mudarem. Em consequência, teríamos um mundo melhor", explicou.

Julian hospeda-se na residência com alguns amigos, incluindo o porta-voz do WikiLeaks, Kristinn Hrafnsson.

Embora seu passaporte tenha sido confiscado, ele permanece disponível para as autoridades suecas, pois acredita que todo esse caso tenha sido pura armação dos americanos.

Um especialista da inteligência francesa levanta a seguinte hipótese: "Os suecos estão tentando pregar uma peça nele. A ideia é alquebrá-lo e usá-lo como exemplo, para que futuramente ele pare de fazer barulho na mídia". De fato, ele terá menos tempo para provocar os governos ocidentais se estiver às voltas com advogados para assegurar sua defesa.

No início havia duas jovens suecas, Anna Ardin e Sofia Wilén.

O erro de Julian foi recusar-se a usar preservativos quando teve relações sexuais com elas. Isso aconteceu em meados de agosto do ano passado, por ocasião de um seminário em Estocolmo, na Suécia. Elas são as principais acusadoras de Julian.

O que me intriga é que elas esperaram vários dias para ir à polícia, o que alimentou os rumores mais absurdos *on-line*. Mas Julian também jogou lenha na fogueira. Desde o começo ele sempre afirmou que as duas suecas foram recrutadas para jogá-lo em uma armadilha.

Li inclusive que uma das duas acusadoras tem um irmão servindo no Afeganistão. Talvez elas estejam envolvidas nisso só por dinheiro, a menos que queiram se vingar de um homem que as enganou, ou quem sabe dos homens em geral, já que aparentemente Anna é uma feminista radical.

Há um rumor recente de que Anna deixou Estocolmo e foi para a Faixa de Gaza, nos territórios palestinos, integrando um grupo beneficente cristão.

Ela não está mais cooperando com os promotores encarregados do caso e nem sequer com seu advogado.

Lemos tudo o que há na internet sobre essas duas moças.

Achei algumas coincidências perturbadoras: como essas mulheres foram persistentes para conhecer Julian e, após ter relações sexuais com ele, continuaram tendo contato com seu suposto estuprador? É muito estranho.

O que mais me perturba é a ferocidade dos ataques *on-line* dirigidos a elas, embora tenham diminuído muito desde o final de agosto.

Sabe-se muito pouco sobre Sofia Wilén. Dizem que trabalhava meio período em um museu e que seu namorado era um artista americano chamado Seth Benson.

Nenhuma delas dá entrevistas. Desde as acusações de crimes sexuais, muitas vezes qualificadas por Julian como uma armação para acabar com a credibilidade do WikiLeaks, as jovens fogem da mídia.

Sofia inclusive desativou seu telefone. Em 17 de dezembro, Anna escreveu em seu *blog* que "está dando um tempo", mas anunciou que irá se pronunciar em breve no *site* prataomdet.se (*prata om det* significa "falar a respeito disso"). Criado em dezembro de 2010, esse fórum contém depoimentos de mulheres que afirmam ter sido vítimas de agressões sexuais semelhantes, os quais vêm sendo publicados no Twitter e em jornais suecos desde o início do caso.

No Twitter, Ardin diz estar feliz em escrever que ela é "a verdadeira" Anna Ardin. Por fim, em 8 de dezembro, ela postou uma estranha alusão ao caso: "Agente da CIA, feminista radical/amante muçulmana, fundamentalista cristã, frígida e perdidamente apaixonada por um homem, pode-se ser tudo isso ao mesmo tempo...". Eu li que, segundo o *Granma*, o jornal diário do Partido Comunista de Cuba, Anna é feminista militante e anticastrista. Segundo a revista americana *CounterPunch*, ela é ligada à CIA, e dizem ainda que trabalhou para a Embaixada dos EUA na Suécia.

Conversei com alguns suecos no Facebook, especialmente com Lars, que é bem informado em termos de política. Ele conhece Anna Ardin. Nós dois trocamos *e-mails*. Ele achava que a ligação dela com a CIA era puro boato. Na Suécia é possível um social-democrata ser anticomunista e até mesmo anticastrista. Lars me disse que Anna criticava com frequência a política externa dos EUA com relação, por exemplo, ao embargo comercial contra Cuba, à sua falta de firmeza contra o acordo israelense nos territórios ocupados e à presença de tropas americanas no Iraque e no Afeganistão.

Houve ou não houve estupro? Acho que essa questão ganhou proporções épicas. A questão tem de ser destrinchada e depois julgada. Transformá-la em um circo na mídia por seis meses não é produtivo, pois confunde as referências e quaisquer que sejam os fatos.

Julian Assange é acima de tudo um homem jovem e solteiro, que parece ter uma libido tão forte quanto um astro de *rock*. As mulheres o acham fascinante, ou pelo menos achavam até o incidente sueco. O que ele faz é incrivelmente atraente e excitante. Destemido, ele ridiculariza o *establishment* internacional, como uma espécie de Robin Hood. Isso é muito sedutor.

Mesmo agindo sozinho, ele é mais forte do que alguns líderes das maiores potências mundiais. Isso é altamente excitante. Seu carisma o torna *altamente* atraente para muitas mulheres. Indubitavelmente, Sofia Wilén era uma delas. Como muitos outros homens, ele sabe tirar proveito disso. Afinal, passou a maior parte da vida sem ser alvo de admiração, e de repente a situação se inverte. Acho que ele se relaciona com uma grande quantidade de mulheres e que as acusações suecas denotam seu vício em sexo. Se o relato das mulheres for verdadeiro, não acredito que ele seja condenado por estupro. Os argumentos são um pouco frágeis, embora bem asquerosos.

A história é muito repugnante. Os encontros com essas duas moças não pareceram muito respeitosos. Como mulher, acho que "não" deve significar "não". Penso que, se uma mulher diz "coloque o preservativo", isso deve ser respeitado.

Um detalhe me faz sorrir com ironia: como Julian estuprou Sofia Wilén quando ela estava dormindo ou parcialmente adormecida? A lei sueca condena investidas sexuais contra pessoas que estejam inconscientes, bêbadas ou doentes, mas não menciona pessoas adormecidas. Quão profundo deve ser seu sono ou quantos soníferos ou outras drogas é preciso ingerir antes que você acorde e perceba que um homem está tentando fazer sexo com você? Estupro ou não? Com base no que li, não houve estupro, e sim violência no sentido de um certo abuso e falta de respeito. As moças tiveram razão de ir à delegacia de polícia. Lamentavelmente para elas, a situação logo fugiu ao controle. Elas foram atropeladas pelos eventos, independentemente de quais fossem suas intenções. Instâncias muito mais altas, inteligentes e manipuladoras assumiram o controle da situação.

A oportunidade é boa demais para atacar o mensageiro. Há uma confusão óbvia quanto às referências entre o homem e sua atuação.

Mas a batalha já está perdida. A mensagem foi lançada no instrumento mais veloz e penetrante já inventado: a internet. Ela é viral e exponencial. Nada a detém.

Quanto a Julian, ele continua sua odisseia: "Agora que voltei para ajudar na condução de nossa nave, nosso trabalho continuará de maneira mais rápida. Mas, como vimos durante minha ausência, as coisas estão bem engrenadas para continuar funcionando mesmo sem meu envolvimento direto". Assange se referia ao que passou na prisão. Isso me dá arrepios.

Julian disse que, nos dez dias em que ficou preso, foi transferido três vezes: "Primeiro, fiquei nas celas para réus primários. Mas, ao contrário do que ocorria com outros detentos, minha cela ficava trancada o tempo todo. Fui então transferido para o Centro Onslaw, que tem cerca de 350 prisioneiros considerados perigosos para outros prisioneiros ou guardas, gente que foi condenada por crimes sexuais, assassinatos de crianças... Eu não podia sair da minha cela". Todas as celas são individuais e monitoradas por câmeras. Ele até mencionou tratar-se de um sistema carcerário em "estilo soviético". E disse que, embora não pudesse sair de sua cela, recebia bilhetes de detentos por baixo da porta, pois sua presença despertou muita curiosidade. Seu advogado também se manifestou na Sky News, uma rede televisiva de notícias: "Ele está isolado, sem acesso a jornais, televisão e outros meios de comunicação. Não pode sequer receber correspondência, pois está sujeito às formas mais mesquinhas de censura". Julian Assange evoca um sistema "muito burocrático", com procedimentos que duram "uma eternidade" apenas para fazer telefonemas. Ele só conseguiu telefonar quatro vezes, e seu advogado, nenhuma.

Queria muito saber se durante sua estada na prisão Julian pensou em Alexander Soljenitsyn, um de seus escritores prediletos. Dissidente russo, autor de *Arquipélago Gulag*, ele foi preso em 1945 e condenado a oito anos em um campo de trabalho por "propaganda antissoviética". Será que Julian lembrou das condições duras no campo de concentração soviético, como o pavor e a tensão constantes sentidos pelos prisioneiros? A comida racionada para manter as pessoas famintas? A destruição de toda a resistência física e moral? Será que os sofrimentos impostos a Bradley Manning na prisão foram inspirados nesse modelo punitivo soviético? Teria Julian lembrado disso durante seus nove dias na prisão? Ele diz que não conhece Manning.

Eu também não, mas não consigo parar de pensar nele.

O que está acontecendo com Bradley Manning, o soldado de 23 anos? Isso me deixa revoltado. O caso desse jovem soldado anglo-americano de olhos azuis e rosto pueril vem sendo amplamente negligenciado nos últimos meses, ao contrário do alvoroço feito pela mídia em relação a tudo o que Julian faz. Detido desde 29 de julho de 2010, Manning permanece sozinho em sua cela 23 horas por dia, só tendo uma hora para caminhar e outra para ver televisão.

Ele fica com as mãos e os pés algemados durante visitas. Não tem permissão para trabalhar na prisão. Está em isolamento máximo há cinco meses, com um guarda perguntando a cada cinco minutos se está bem. À noite, caso não o veja, o guarda o acorda para ter certeza de que o jovem está bem. Ele não tem direito a travesseiro nem a lençóis. Livros e revistas que lê durante o dia são retirados à noite. Tem de entregar suas roupas à noite antes de dormir. O que a mídia está esperando para denunciar isso? As privações a que está submetido são inaceitáveis, e ele está sendo tratado de modo desumano pelas autoridades americanas.

A previsão era de que Manning seria ouvido no início de 2011 para uma audiência preliminar, antes de comparecer a uma corte marcial em data incerta na primavera.

Acho que os Estados Unidos não respeitam o princípio da presunção de inocência. E as autoridades militares parecem estar usando todos os seus meios para sancioná-lo durante sua detenção.

Nesse ínterim, Julian comentou que "as condições da detenção eram cada vez mais difíceis em cada prisão". Ao ser liberado, declarou: "É maravilhoso sair do confinamento e da solidão. Estou cheio de determinação, pois vi que recebemos apoio do mundo inteiro, especialmente da América Latina e da Austrália". De fato, Luiz Inácio Lula da Silva, então presidente do Brasil, declarou que prender o fundador do WikiLeaks era uma violação à liberdade de expressão na internet. Por sua vez, o Equador estava disposto a acolhê-lo e, através de seu Ministério de Relações Exteriores, sugeriu a Julian que pedisse asilo político.

Mas o presidente equatoriano Rafael Correa retirou essa proposta e chegou a acusar o *site* WikiLeaks de infringir a lei. Segundo Correa, o WikiLeaks "violou a lei ao revelar documentos americanos". Provavelmente, Julian continuará sofrendo reveses. As autoridades britânicas ainda têm de examinar sua extradição para a Suécia, sem esquecer as instruções dadas pelas autoridades americanas que estão tentando juntar todas as provas necessárias para indiciá-lo por conspiração.

O australiano, que afirma ter recebido ameaças de morte, assim como seu advogado e seus filhos, disse que na prisão teve o apoio de 50% dos guardas: "Recebi um cartão de um dos meus carcereiros negros com a seguinte mensagem: Eu só tenho dois heróis no mundo: o dr. (Martin Luther) King e você".

Esta entrada foi publicada em Assange. Você pode inseri-la como um link entre seus favoritos.

Conclusão

Assim como um ator não deixa de ser um homem quando veste seu figurino, Julian Assange não deixa de ser um homem quando usa a armadura do número 1 do WikiLeaks.

Pretendemos neste livro descobrir o sentido profundo da vida desse homem que busca revelar a verdade, nada mais que a verdade. Sua busca é motivada por uma fé inquebrantável: somente as provas dos atos dos homens e das instituições obscuras permitem compreender seu funcionamento e ampliar o conhecimento humano. Julian Assange tem esse desejo indomável de despertar a consciência, de ser um porta-voz: o primeiro guerreiro da verdade.

Julian Assange se revela pouco a pouco ao atravessar as provações que lhe são impostas. E a experiência que lhe resta a viver ainda é vasta. A provação intensifica a questão já colocada durante a travessia do limiar: onde colocar seu ego no desejo de agir em nível mundial? É preciso se expor ou não? É preciso deixar que a mídia o transforme em estrela ou não?

Desde o início do WikiLeaks, Julian Assange desejou se tornar um grande homem, e que sua obra tivesse a maior repercussão. Como escreveu Joseph Campbell, "a primeira partida para o país das provas era apenas o início de um longo caminho, verdadeiramente perigoso, marcado por vitórias iniciadoras e instantes de iluminação". Este livro acompanha a viagem de Julian Assange com a divulgação dos vazamentos, a ajuda preciosa das fontes, o reconhecimento dos jornalistas. Narramos as dificuldades, as reações dos países, o balanço dos acordos com os grandes jornais e o caso judicial que ainda envolve Assange ao final da elaboração deste livro.

"Entretanto, houve uma multidão de vitórias preliminares, de êxtases passageiros e de visões efêmeras do país maravilhoso", prossegue Campbell em *O herói de mil faces*. Nós o constatamos com as novas leis sobre a informação na Islândia, a reação de apoio dos "Anônimos" ou os diversos movimentos civis que nascem em repercussão aos vazamentos.

Em entrevista dada junto à Mediapart em 31 de janeiro de 2011, Julian Assange explicou o papel desempenhado pelo WikiLeaks na revolução na Tunísia. Prestou uma homenagem à população, sem a qual a revolução e a mudança não teriam ocorrido. Depois saudou a mídia via satélite, em particular a rede Al Jazeera, que transmitiu as revoltas.

Quanto ao papel significativo exercido pelo WikiLeaks, deve-se ao fato de que os telegramas diplomáticos sobre o assunto foram tratados e traduzidos em árabe pelo jornal libanês *Al-Akhbar*. "Ora, esses telegramas mostravam que os Estados Unidos estavam prontos para apoiar o exército contra o poder político se este fosse desestabilizado." O exército se envolvia então com confiança, e a população, com o apoio do exército, ousou se levantar contra o regime do presidente tunisiano Ben Ali.

Assange depois salientou: "Não há a menor dúvida sobre o fato de que as manifestações na Tunísia influenciaram e encorajaram os levantes seguintes, na Jordânia e na Síria, na Argélia e no Egito".

O WikiLeaks talvez não seja o inspirador do movimento que se desdobra, mas é um de seus apoios evidentes. E nesses países as jovens populações bem formadas na internet já elevaram Julian Assange à categoria de herói.

O mais precioso valor que esse homem pode nos dar é sua fé na verdade. Ele tinha de transmitir ao grande público sua determinação. Diversas mídias contribuíram para tanto. Julian Assange fala de coragem, pois é exatamente o que é necessário para enfrentar essas verdades que nos causam medo. Hoje ele ousa levar essa noção ao nível dos Estados. Propõe uma reapropriação do engajamento dos cidadãos. Pede a nossos políticos que assumam suas responsabilidades. Nós o apoiamos também pela vitalidade democrática que a ação do WikiLeaks provoca, com seu objetivo de reencontrar a confiança na ação política pelo bem de todos.

Assange partiu em cruzada contra as forças da manipulação e seus tentáculos de mentira. Ele conduziu o combate com sua equipe do WikiLeaks. Suas armas são as fontes de informação e a internet. Hoje ele conta consigo mesmo para enfrentar uma última batalha judiciária.

O herói, quer seja deus, personagem mítico ou homem, descobre durante a jornada sua própria dualidade. Julian é um ser de sombra e de luz, que "deve se submeter e aceitar que ele e seu contrário não têm naturezas diferentes, mas formam uma única carne".

O homem é julgável, talvez até condenável, se suas ações cometidas no plano pessoal se mostrarem injustas. No entanto, na eventualidade de ele ser declarado culpado, não queremos negar o que sua ação pode trazer ao mundo: uma ideia da verdade, uma convicção de que a liberdade de expressão livra o homem da servidão.

Os políticos nos falam de coragem referindo-se ao sacrifícios que devemos fazer para enfrentar as crises que afetam nossas sociedades. Julian Assange nos fala de coragem em nossos pensamentos para imaginar um mundo melhor; coragem em nossas ações para conservar nossas liberdades e em nossa reflexão para olhar a realidade de frente; e de coragem em nossa própria humanidade, para enfrentar nossa posição nesta sociedade que criamos. Encontrar nossa parte individual de verdade diante da verdade nua que ele nos propõe.

São muitos os que replicam que ele não é melhor que os outros. A imprensa de "baixo nível" ou os colaboradores rancorosos podem descrevê-lo como um "acariciador de gato que gosta de garotas bonitas". Nós nos recusamos a acreditar que essas vozes farão mais ruído que aquelas de sua ideologia. As tochas da liberdade de informação também são erguidas por outros. Recusamo-nos a crer que somente as repercussões do "caso sueco" interessem ao público. Por isso fizemos a opção de terminar nosso texto com sua prisão em dezembro.

Agora cabe a cada um escolher o eco da história que deseja escutar.

Epílogo

"Vamos prosseguir nosso trabalho sem descanso no WikiLeaks e vamos acelerar a publicação de telegramas diplomáticos."

Foi nesses termos que Julian Assange deixou o tribunal de Belmarsh em Londres em 11 de janeiro de 2011. Jornalistas do mundo inteiro se amontoaram na sala para assistir a essa audiência preliminar. Uma sessão de dez minutos, habitual na condução desses casos. O tribunal britânico deveria, ao longo das semanas seguintes, decidir se o fundador do WikiLeaks, no quadro das alegações de estupro e agressões sexuais feitas contra ele, seria ou não extraditado para a Suécia.

Uma audiência de dois dias relativa a esse pedido de extradição ocorreu em 7 e 8 de fevereiro de 2011, em virtude do mandado de prisão europeu. Uma última sessão se realizou em 11 de fevereiro de 2011 para que as duas partes tivessem tempo de expor suas conclusões.

A saga judiciária continua. O juiz Howard Riddle está encarregado de examinar o caso. Assange nega firmemente as alegações contra ele e luta para evitar que seu processo corra na Suécia.

Um pedido de doações foi feito pelo grupo de advogados Finers Stephens Innocent LLP. Uma página foi criada para esse fim no Facebook. O dinheiro recolhido permitirá cobrir as despesas judiciais, e a soma restante será destinada a obras de caridade que defendem a liberdade de expressão.

O advogado britânico de origem australiana Geoffrey Robertson completa a equipe. Foi Julian quem decidiu se fazer representar por esse tenor da banca desde que saiu da prisão, em dezembro passado. Defensor dos direitos humanos, Robertson é conhecido por ter atuado em casos de repercussão como o de Salman Rushdie, o escritor britânico de origem indiana conhecido por sua luta pela liberdade de expressão.

A estratégia do clã defensor de Assange é agressiva e audaciosa. Seus membros tentam, através de aproximadamente 15 argumentos, convencer o juiz a não enviar seu cliente para uma corte sueca. Eles atacam primeiramente a ligação hipotética entre Estocolmo e Washington. A Suécia teria a intenção de enviar Julian Assange aos EUA, plano que seria implementado para calar Assange. Ele também teme ser morto se for enviado para uma prisão americana.

Segundo a defesa, sua extradição para a Suécia abriria a porta para o envio de seu cliente para os Estados Unidos, onde ele corre o risco de ser internado na base de Guantánamo ou de ser condenado à morte por traição. Aliás, sempre segundo seus advogados, uma investigação penal está aberta desde o verão de 2010, e o governo Obama procura na lei americana as acusações que poderiam ser feitas contra o fundador do WikiLeaks.

A Austrália, pátria de Julian e aliada dos EUA, continua discreta no plano diplomático, enquanto a opinião pública o apoia amplamente. Em dezembro passado a primeira-ministra Julia Gillard declarou que a ação do WikiLeaks era ilegal, sem poder realmente argumentar. Hoje o governo australiano abandonou completamente seu cidadão; nenhum protesto diplomático ocorreu até hoje, nem na Suécia nem nos EUA.

A mãe de Julian lamenta que o ministro das Relações Exteriores não tenha respeitado sua promessa de fornecer assistência diplomática a seu filho, cidadão australiano. Entretanto, Julian está impaciente para voltar a Melbourne. Ele pediu que seu país tome medidas para sua repatriação, a fim de protegê-lo e a sua equipe. Vítima de manobras políticas, Julian está convencido hoje de que Gillard entrega secretamente informações sobre ele às autoridades americanas.

A defesa prossegue em sua argumentação com a invalidez das acusações de estupro. Assange garante efetivamente, desde o início do caso, em agosto, que as duas mulheres haviam consentido. Além disso, na Grã-Bretanha os fatos que censuram nele não são assimilados a delitos tais como definidos na Suécia. O clã da defesa prossegue insistindo no fato de que um processo nesse país seria prejudicial a seu cliente. Os casos de estupro lá são julgados a portas fechadas. Seria uma negação de justiça para Assange.

Marianne Ny, a promotora-geral, foi muito criticada nesses dias de debates. O mandado de prisão europeu é inválido segunda a defesa. A magistrada não estava autorizada a emiti-lo.

Por outro lado, Björn Hurtig acusa a polícia e a justiça suecas de terem fornecido informações para a mídia desde agosto passado. Sven-Erik Alhem, ex-promotor sueco citado no tribunal, surpreendeu-se com o fato de que o nome de Julian Assange tenha sido colocado em praça pública enquanto ele não é sequer acusado. A extradição não é necessária; a justiça sueca deseja simplesmente interrogá-lo.

Técnica hábil de Robertson para evitar a extradição: ele retoma as declarações do primeiro-ministro sueco, Fredrik Reinfeldt, que prejudicam seu cliente. O advogado fala de um ambiente tóxico na Suécia, onde Julian Assange hoje é visto como inimigo público número 1. Comportamento escandaloso, que arruína todas as probabilidades de seu cliente ter um processo justo se for extraditado para a Suécia. Em todo país a esfera judiciária é separada da política, mas aparentemente não é esse o caso na Suécia, segundo a defesa.

O primeiro-ministro sueco lamenta que os advogados de defesa pouco levem em conta os direitos das mulheres e seus pontos de vista. Irritado, sua reação é viva quando é abordada a ideia de complôs com os Estados Unidos. Reinfeldt lamenta a maneira como a defesa de Julian Assange apresenta a justiça de seu país. Lá, o sistema judiciário é independente. Ele não concorda com as insinuações segundo as quais os direitos de Assange seriam tripudiados se ele for extraditado. Segundo ele, trata-se de uma técnica advocatícia para dar uma descrição condescendente do sistema judiciário de outro país para defender seu cliente.

Julian parece descontraído durante os três dias de audiência. Ele considera que os debates esclarecerão o caráter injusto do sistema do mandado de prisão europeu e os métodos da polícia e da justiça suecas. Queixa-se de que nunca pôde expor sua versão dos fatos e de que as comunicações se limitaram a debates sobre procedimentos. Já anuncia um plano de divulgação de documentos secretos, um novo dilúvio, se seu *site* for definitivamente fechado.

A sessão é adiada para 24 de fevereiro de 2011, data em que o juiz Riddle deve dar sua decisão sobre a extradição ou não de Julian para a Suécia. Nessa quinta-feira o sinal verde é dado: o juiz ordena a extradição do australiano para a Suécia. Depois de uma curta audiência, Howard Riddle estimou que as alegações de agressões sexuais e de estupro eram suficientemente graves para justificar a extradição. Segundo ele, o procedimento adotado pelas autoridades suecas era habitual; nenhum erro foi cometido na emissão do mandado de prisão internacional. Riddle afirma que Julian Assange terá um processo justo na Suécia, salientando o respeito mútuo e a confiança do tribunal britânico em outros tribunais europeus. Assim, ordena a extradição de Assange para a Suécia dentro de dez dias.

Depois de três meses de processo desde que saiu da prisão, Julian, usando terno escuro e gravata, não piscou durante a leitura do veredito. A equipe de defesa, conduzida por Robertson, vai interpor um recurso diante da Suprema Corte de Londres.

Seu cliente mais uma vez negou formalmente todas as acusações. Mas o juiz estimou que Assange havia deliberadamente tido uma relação sexual com uma das duas suecas aproveitando-se de maneira desonesta do fato de ela estar mergulhada no sono. Nesse país isso equivale a um estupro.

Diversos recursos ainda serão possíveis de ambas as partes. A equipe de Assange tem sete dias a partir de 24 de fevereiro de 2011 para lançar sua apelação. O inimigo público número 1 poderá então interpor outras diante da Corte de Apelação, diante da Suprema Corte e finalmente diante da Corte Europeia de Direitos Humanos.

Vários meses de processos se anunciam. A batalha jurídica será longa.

Agradecimentos

Gostaríamos de agradecer às pessoas que nos ajudaram a realizar este incrível projeto. Em primeiro lugar, aqueles que nos colocaram na rede, Elisabeth Nataf e Bob Oré. Obrigadas a vocês dois, criadores de oportunidades.

Obrigadas a nosso editor, Pierre Turgeon, por nos ter concedido toda a sua confiança.

Nosso reconhecimento a Franck Bachelin, sem o qual não poderíamos ter escrito este livro. Colaborando ao longo de toda a redação, ele soube, graças a suas pesquisas minuciosas, fornecer documentos inéditos para nosso trabalho. Sua ajuda foi essencial.

Um grande obrigado a toda a equipe da Cogito Média, pelo trabalho incrível.

Queremos agradecer vivamente a todas as pessoas que encontramos: Xavier Damman, Frédéric Jacobs, Jonas Morian, Ian Katz, Ian Traynor, Nick Davies, Christian Engström e Henrik Alexandersson. Assim como nossas fontes anônimas, que preferem permanecer na sombra.

Que nossos "abridores de portas" na Islândia e na Suécia também sejam agradecidos aqui: Cécilia, Jonas e Stina, de Estocolmo, e Leifur e Carl, da Islândia.

Obrigadas a Martina Norell, por essas preciosas conexões.

Um agradecimento carinhoso a Arnaud Ozharun, que nos deixou bem bonitas cuidando de nós em Natural Mind e em Letizia Ferrara.

Obrigadas a todos os blogueiros que entregam suas análises e a todos os internautas que se exprimem na rede.

De Valerie

Obrigada a Sophie, por ter-me colocado nessa perspectiva tão apaixonante e por ter sido a guardiã do justo desenvolvimento desse projeto.

Obrigada a meus filhos, Chloé, Pol e Lilou, por terem me apoiado durante a intensa elaboração deste livro.

Obrigada a meu marido, que me ajudou durante o mergulho no universo de Julian Assange. Meu reconhecimento é profundo por seus conselhos judiciosos, sua paciente releitura e sua escuta extraordinária.

Desejo salientar meu grande interesse por Joseph Campbell e seu livro *O herói de mil faces*. Sua inspiração é grande para ver os heróis de nosso tempo.

De Sophie

Obrigada a minhas duas fãs número 1, minhas irmãs Valérie e Muriel, pelo apoio incondicional em todos os instantes.

Carinhos ternos a Léa e Matéo, que me mimam com maravilhas através de seus desenhos, e a Justine, que me aquece com seus JTM.

Um pensamento salgado para minha *mamy* e uma piscada de olho a toda a tribo "Rader".

Penso muito em meus pais: meu papai adorável e minha mamãe excepcional.

A você, que devorou tantos livros na vida, esta obra é dedicada com todo o meu amor.

Agradeço intensamente a meus amigos de Bruxelas: Aude, Marc, Maria, Philip, Nathalie, Yves, Co, Lio e Emmanuelle.

Obrigada pelas presenças inesperadas, especialmente Charlotte, Richard e Matthaios. Uma dedicatória especial a meu mestre, M.M., que me conduziu justamente com tanta benevolência.

Para terminar, uma homenagem singular e cheia de ternura para minha amiga e parceira Valérie, sem a qual eu jamais poderia ter escrito este livro.